浙江省普通高校"十三五"新形态教材

"创新融合"高职高专酒店管理专业新形态系列教材

U0647869

酒店管家服务

主编 娄金霞 叶秀霜 沙绍举

Hotel Butler
SERVICE

ZHEJIANG UNIVERSITY PRESS
浙江大学出版社

图书在版编目（CIP）数据

　　酒店管家服务 / 娄金霞,叶秀霜,沙绍举主编. —杭州：
浙江大学出版社，2021.9（2025.7重印）
　　ISBN 978-7-308-21759-0

　　Ⅰ. ①酒… Ⅱ. ①娄… ②叶… ③沙… Ⅲ. ①饭店—
商业服务—高等职业教育—教材 Ⅳ. ①F719.2

　　中国版本图书馆 CIP 数据核字（2021）第 185772 号

酒店管家服务

主　编　娄金霞　叶秀霜　沙绍举

责任编辑	徐　霞
责任校对	秦　瑕
封面设计	春天书装
出版发行	浙江大学出版社
	（杭州市天目山路 148 号　邮政编码310007）
	（网址：http://www.zjupress.com）
排　　版	杭州好友排版工作室
印　　刷	杭州钱江彩色印务有限公司
开　　本	787mm×1092mm　1/16
印　　张	13.75
字　　数	361 千
版 印 次	2021 年 9 月第 1 版　2025 年 7 月第 2 次印刷
书　　号	ISBN 978-7-308-21759-0
定　　价	39.00 元

编 委 会

主　编：

　　娄金霞（浙江旅游职业技术学院）

　　叶秀霜（浙江旅游职业技术学院）

　　沙绍举（浙江旅游职业技术学院）

副主编：

　　张水芳（浙江旅游职业技术学院）

　　张雪丽（浙江旅游职业技术学院）

　　胡　磊（浙江旅游职业技术学院）

　　王琼琼（浙江旅游职业技术学院）

参　编：

　　江颖娜（杭州香格里拉酒店集团）

　　陈　瑶（南京旅游职业学院）

　　冯文昌（浙江商业职业技术学院）

前　言

在酒店管理等专业人才培养方案中,对客服务能力是高职学生需要具备的重要职业能力之一,如何才能更好地实现对客服务是高端酒店服务永恒的话题,酒店管家服务在业内也越来越多地被关注和开展,然而,目前国内尚无统一的标准和相应的教材。如何结合我国的实际系统地培养和实践管家服务,正是本教材编写的初衷。本教材重视对知识、能力和素质的培养,借助二维码等数字新技术,营造自学式和交互式的学习氛围,通过小组学习的方式,实现群策群力的自学模式;通过小组竞赛的形式,实现交互式的学习过程,激发学生的学习热情,并实现资源共享,帮助学生养成长效学习的良好习惯,从而达到综合素质得到普遍提高的理想教学效果。

本教材具有以下特点:其一,体现了业内管家服务相关的最新资讯和动态。其二,采用多媒体融合手段,营造立体化学习氛围。配套教学资源形式丰富,纸质教材与在线教学资源一体化设计,方便学生的自学和互动。其三,采用小组形式,强化互动的学习方式,有效激发学生的学习热情,培养学生的良好习惯,进而有效提升其综合素质。其四,编写团队阵容强大,采用校企合作方式编写教材。本教材联合了业内资深专家和浙江省内外兄弟院校的一线教师共同参与编写,如杭州香格里拉酒店集团房务总监江颖娜、南京旅游职业学院酒店管理系陈瑶副教授、浙江商业职业技术学院冯文昌副教授,并结合来自企业一线的资深管家的调研辅助教学,有力保障了教材的实际教学效果。其五,教材适用面广。本教材既可作为职业院校以及成人高校的酒店管理及相关专业学生的教材,也可供酒店对其管理人员、服务人员进行业务培训使用。

本课程于课前发放任务清单,并在课后通过优秀作业展示等来辅助教学工作;以二维码形式融入了大量视频等配套资料,方便学生课前自学和课后复习相关的知识及技能。

本教材由娄金霞负责统稿,其中第一章"酒店管家服务概述"由娄金霞和胡磊共同编写,第二章"酒店管家的形象塑造"由娄金霞和王琼琼共同编写,第三

1

章"酒店管家的性格养成"由娄金霞和沙绍举共同编写,第四章"酒店管家的有效沟通"由娄金霞和冯文昌共同编写,第五章"客房整理技能"由叶秀霜和陈瑶共同编写,第六章"康乐服务技能"由叶秀霜和张雪丽共同编写,第七章"宴会服务技能"由叶秀霜和张水芳共同编写,第八章"名品鉴赏技能"由娄金霞和王琼琼共同编写,第九章"投诉处理技能"由叶秀霜和江颖娜共同编写。

为了将酒店管家的理论及实践更好地呈现给读者,编者们克服了很多困难,融合了现代技术,在此感谢出版社的大力支持,感谢所有编者的认真编写和反复校稿,特别感谢杭州香格里拉酒店集团房务总监江颖娜、南京旅游职业学院酒店管理系陈瑶副教授、浙江商业职业技术学院冯文昌副教授的热情参与和支持。由于编者水平有限,书中难免存在不妥和错误之处,敬请读者及时与我们联系,提出宝贵建议和指正。

编者

2021 年 8 月

目　　录

第一章　酒店管家服务概述

学习目标

◎ 初级目标：熟知酒店管家服务的起源。
◎ 高级目标：掌握酒店管家服务的现状。

课前准备

以小组形式(每组3～5人)接受任务清单,自学酒店管家服务的起源、类型等知识,完成任务并相互点评。

任务清单

任务清单:谈谈你对"管家是贵族的老师"这句话的理解。

管家(butler),中世纪法国王室最早出现这个词,又称"私人管家",在英国得到了发扬光大。美国和德国赋予管家全新的概念,不仅是收拾家务,更加注重负责料理家庭的各项事务,甚至是主人的财务、公司业务等。管家服务被赋予无缝隙服务内涵,能够为客人提供高满意值服务。如今高星级酒店的管家更是专业化和私人化的代称。除了知识和素质外,管家还需要有丰富的生活经验及良好的沟通和协调能力。

英国女王的大管家

参照最早英国管家协会的标准,一个合格的管家要接受包括礼仪训练、保安训练、家具保养、服装训练等几乎涵盖了生活各领域的训练。注重礼仪的英国人,结合自身礼貌素养,将管家的职业理念和职责范围,按照皇家礼仪进行了严格规范,成为行业标准,因此英式管家服务已经成为管家服务的典范。

管家服务属于家政服务的领域。在中世纪,英国和法国只有世袭贵族和有爵位的名门贵族,才能享受到家庭管家服务,之后管家服务传到了美国、德国等国。在欧美国家,管家是一种受人尊重、极受欢迎的职业。他们被誉为"绅士中的绅士",他们虽不是贵族的后裔,却是贵族的老师。如今,在欧美国家这类私人管家服务的对象主要是具有高消费能力的高端客人,如亿万富翁、政界高官、社会名流及名门贵族等。

管家是中世纪西欧封建庄园中受命于庄园主、管理庄园事务及农奴的人,负责征收地租、罚款,管理账目与财物,监督营造等。其手下尚有一批庄头,负责组织指挥农奴在领主自营地劳动和从事其他的额外无偿劳动。

在中国封建社会也有管家,是指为官僚、富裕大家庭管理家务或日常事务或一些商务的高级仆人,多是主人的心腹。他们的主要职责是治家、理财和辅政等。明朝几个权相的大管家,如严嵩的管家永年、张居正的管家游守礼都充当了此类角色。

第一节　酒店服务

"服务"的英文单词"SERVICE"在西方酒店体系里通常是这样被解释的：

Smile——微笑，即服务提供者为宾客提供服务时需要始终面带微笑。

Excellent——出色，即服务提供者要争取出色地完成每一个服务工作的细节。

Ready——准备好，即服务提供者要随时做好为宾客提供优质服务的准备，更要具备主动的服务意识，争取在宾客提出要求之前便能注意到其需求。

Viewing——看待，即服务提供者把每一位宾客都看作是需要提供特殊照顾的宾客，给予每一位宾客应有的尊重和关照。

Inviting——邀请，即服务提供者在每结束一次服务时都要真诚地邀请宾客再度光临。

Creating——创造，即服务提供者要精心地创造出能使宾客享受其热情服务的气氛。

Eye——眼光，始终用热情好客的眼光关注宾客，只有及时发现宾客的需要，才能第一时间提供高质量服务，使宾客感觉到自己在被关心的环境里。同时，为了以示尊重，最好要直视、注视着对方。

以上七点对应了"SERVICE"中的每个字母，分析出了做好酒店服务的基本要素。酒店将满足这些要素的服务作为其主要产品出售给宾客，使宾客满意，并从中获得应有的经济利益。

酒店服务应包括以下五个方面的含义：第一个方面是核心服务，即宾客购买酒店服务所追求的核心利益和价值。核心服务是宾客所需要的必不可少的服务。例如，宾客光临酒店购买的利益是"客房"，那么整洁、舒适、安静的客房环境就是宾客所需的核心服务。如果宾客光临酒店购买的利益是"餐饮"，那么卫生、美味、安全的食品就是最基本的核心服务。第二个方面是支持服务，即可以促进宾客能更好地得到核心服务的一种辅助服务，其虽不是宾客所必需的，但是同样不可或缺。例如，酒店的服务中心可提供电话问询或订房服务；客房部门可提供打扫、洗衣服务；餐饮部门可提供预订、接待服务；等等。没有这类辅助服务，核心服务不能圆满顺利地完成。第三个方面是附加服务，也称延伸服务，即在核心服务和支持服务的基础上，酒店所提供给宾客额外的服务和价值。也就是说，当今酒店想要更多地提高宾客满意度，就必须学会设计越来越多、越来越全面的附加服务。它独立于宾客的预期之外，易为其带来惊喜，便于留下深刻印象，从而提高宾客对酒店的忠诚度，并且清晰地体现出酒店规格，即延伸服务的内容与酒店档次成正比。例如，酒店的机票预订服务、接送机服务、残障人士也称服务、医疗急救服务、租车服务、客房送餐服务以及升级房型服务等。第四个方面是服务的可接近性，也称可及性，即宾客是否易于获得酒店的服务。酒店的地理位置、周边环境、交通状况、配套设施、服务效率、各项服务提供的时间范围等因素都对其可接近性起到了决定作用。例如，位于城市中心城区、靠近 CBD 商务区、邻近交通枢纽的酒店，其入住率一定高于位置偏僻、周边设施不配套的酒店。第五个方面是员工的服务态度和服务技能。员工的职业素养、服务态度、服务技巧和水平越高，宾客的服务体验和满意度就越好。因此，这也是酒店服务的重要组成部分。

本书主要从供、需双方的角度对酒店服务进行分析。

一、从宾客角度看酒店服务

宾客在与酒店的全面接触中所发生的互动关系,即为酒店提供服务的过程。这种互动作用使宾客获得了某种需求上的满足和体验,但是并不会得到实体结果。一般而言,心理和精神感受是宾客在酒店服务过程中更为注重的。

📱 油画:娘家管家

服务主要有以下六方面的特征:①无形性;②服务生产和消费的不可分离;③服务并非实物,是一系列活动或过程;④服务一般具有差异性;⑤不可储存性;⑥服务是不包括服务所有权转让的特殊形式的交易活动。酒店服务属于服务的范畴,具有一般服务的特性,但它又有自身独特的内涵。

酒店服务应该从两个方面进行理解,一是从酒店服务的经济属性,二是市场的供需双方。酒店服务是发生在酒店与其宾客之间的一种无形的互动作用的结果,酒店服务的供需双方在交换中实现了各自利益的满足,但接触过程中不涉及所有权的转移。对酒店服务更详细的表述如下:从宾客角度看,酒店服务是宾客在与酒店的全面接触中所发生的互动关系,这种互动作用使宾客获得了经历和感受,但是宾客并没有得到实体结果。宾客在酒店服务过程中,一般更注重心理和精神感受。

二、从酒店角度看酒店服务

酒店服务是酒店向宾客提供的具有一定品质的无形产品,互动过程需要一定的支持设施,服务可能与实物产品相连,但服务的结果却不可以储存。

酒店服务的发展经历了三个阶段。按质量管理的侧重不同,这三个阶段对应的酒店服务分为把关型、预防型和进攻型。

(1)把关型。把关型的酒店服务属于"事后把关"性质,是对自己完成的产品进行质量检验。对酒店而言,服务活动围绕服务产品质量来展开,酒店进行服务产品质量的把关,质量行为仅仅是质量管理职能部门的行为。这种质量管理观念是从局部去看待酒店服务,往往只重结果不问过程,对于酒店后台部门或客房清洁部门勉强可用。

(2)预防型。一般来说,酒店服务是没有可试性的,因为服务具有生产和消费同时性的特征,所以,绝大多数的酒店服务不可能在顾客消费前接受检测。因此,酒店管理者往往对酒店服务进行预防型管理。这种模式强调事先控制、预防为主、防检结合。酒店服务主要通过各种管理职能来发挥作用,对酒店服务产品的生产过程层层把关,加强质量控制。预防型酒店服务从源头抓起,杜绝发生服务缺陷的隐患。

(3)进攻型。由于服务业的迅猛发展,学者们逐渐意识到,服务的形成不仅与其生产过程有关,而且还与所涉及的其他许多过程、环节和因素有关。酒店只有将影响服务的所有因素统统纳入管理的轨道,并保证系统、协调地运作,才能确保酒店服务质量。这就是进攻型酒店服务。

酒店服务提供过程是酒店将服务提供给宾客的过程,是宾客参与的主要过程。在这个过程中,宾客与酒店密切接触,是宾客体验价值、评价酒店服务的最关键时刻。好的管理可能在最后关头挽救服务缺陷。酒店对服务过程的管理水平直接影响服务质量，也是酒店服务质量管理水平的直接反映。

第二节　管家服务

在管家界有个经典传说：一位英式管家跟随他的主人来到印度。在一次户外的盛大餐会上，站立在主人后面的管家被一个男佣告知，一只老虎正向他们走来。于是管家轻轻地走到主人身后，缓缓地俯下身子，在主人的耳边小声说："尊敬的主人，恕我打扰，我能借用一下您的长枪吗？"一声枪响后，管家用优雅的语调说："大家请继续用餐，先前发生的事一点儿痕迹也不会留下。"

在英式管家享誉世界的最初，只有世袭贵族和有爵位的名门才能享受管家服务。管家服务的对象是拥有大量财富的富裕群体，他们的共同特点是注重生活品质。早在中世纪，法国、英国就出现了管家服务，随后国外一些高档酒店开始提供贴身管家服务，近年来国内一些高档酒店也出现了贴身管家的身影。目前所提到的管家服务，多指英式管家服务（见图 1-1）。

📖 英女王招聘
管家的要求

图 1-1　英式管家服务

一、英式管家服务的起源

"管家"一词最早来自法语，原意是"拿酒瓶的人"，也就是宫廷或贵族宅邸宴会上的"司酒官"。18 世纪的英国宫廷极为讲究礼仪与细节，人们将管家的职业理念和职责范围按照宫廷礼仪进行了严格的规范，从而成为家政服务的经典，并以其做事谨慎细致、身兼多重职业，成为一种享誉全球的高档次标志性服务模式。随着时间的推移，讲究的"英国管家"代替了"法国管家"，成为英国服务业的象征。

关于英式管家的细致和讲究,有一个段子曾被网友津津乐道:英式管家每天早上第一件事,是为雇主"熨平报纸"。这虽然听起来像开玩笑,但这种细节确有其事。英国一名管家培训机构的负责人就曾经表示,"熨报纸"真实存在于英式管家的工作当中,是为了让报纸平整,同时让油墨快干,不会弄脏手。

英式管家不只扮演打理家庭生活琐事的角色,他们多会为大家族安排日常事务,兼具主人秘书的身份,更是主人的亲信。而相互尊重和忠诚是这个行业的职业准则。管家的最高境界是能够琢磨透雇主的心思。

现代的英式管家必须与时俱进,他们应学会如何享受和了解高品质的生活质量。对于英式管家的培训,除了正式的礼仪、保安、急救、枪支保管训练,雪茄的收藏与保养,插花,西服及正式服装的保养,团队服务演练等专业培训外,还有例如学习银器、玻璃器皿的鉴定、收藏和养护,参观拍卖行,进行名酒和雪茄烟的培训,并亲自品尝它们的味道,参观名牌鞋子的生产过程等。

在18世纪和19世纪的英国大宅中,往往有数十名仆人,其中地位最高的当属管家。工业革命之后,脱胎于"布卜人"身份的管家,与雇主的依附关系逐渐变成了经济关系,促进了"管家"的职业化。此后的维多利亚时代更是英式管家的黄金时代。但第一次世界大战加快了属于老牌贵族的"庄园"没落的脚步,青壮年劳动力战死沙场,廉价而充裕的劳动力市场迅速萎缩,传统的维多利亚式的奢华生活难以为继。整个20世纪,英国服务业衰落,致使管家这个职业也衰落了一阵子。

进入21世纪,英式管家逐渐复兴起来,来自中国、俄罗斯、印度和中东的国际新贵阶层,对英式管家的需求更强烈。他们拥有财富和大量的房产,需要人管理,也希望得到像电视剧《唐顿庄园》中那般周到、有腔调的服务,内心更是渴望着这个身份背后代表的贵族文化。

二、英式管家的类型

专业的管家服务不仅强调高服务品质,更重视其个人化、细微化的专业服务。依据管家所服务对象、产业及性质的不同,可将英式管家分为以下三种类型。

(一)酒店中的管家

酒店中的管家力求宾客在住宿期间享受到"家"的感觉及温馨,所以在相关方面要力求凸显酒店设施人性化、服务个性化、管理科学化等,这些因素决定了管家服务在酒店中的独特性及重要性。当然,很多时候,酒店管家做的是协调工作。管家手里都有其协作单位及部门的人员名单,如果客人饿了,管家马上联系厨房准备餐饮;房间脏了,管家通知房务部(housekeeping)来打扫;客人要外出,管家负责联络司机;客人病了,管家立刻通知医生。因为服务对象是具有高消费能力的客人,决定了管家要有良好的服务意识和对酒店各部门的综合业务及技能的熟练掌握,同时还要拥有丰富的工作经验、超凡的亲和力以及灵活的应变能力,以满足不同客人的多变化需求,做好客人的私人助理,协调酒店各部门与客人之间的关系,只要客人有任何的需求及问题,他们都会在最短的时间内赶到客人身边,彬彬有礼地倾听客人的要求并随时提供服务。

国际皇金管家机构针对英式管家服务推出的"皇金管家"服务理念分别是精细、周到、圆满、美好。同时其也提出了"六心"式服务技巧,分别为:对重要客人的精心服务,对特殊客人的贴心服务,对反常客人的热心服务,对困难客人的贴心服务,对挑剔客人的耐心服务,对普通客人的全心服务。国际皇金管家机构透过此服务理念及"六心"式服务技巧,旨在实现客人的高度满意。唯有将酒店中的服务理念及品质确保执行在每一个操作环节上,才能让客人深刻地感受到。而酒店中的管家服务即是施行服务理念及目标的最高代表。

(二)企业中的管家

服务于企业中的专业管家不仅要提供商业上的协助(如秘书功能及财经功能等),更要具有宴会的策划及举办的能力(如邀请相关与会人士并了解其喜好和禁忌)。特别是在美国和德国等一些商业经济大国,英式管家的技能还被注入了全新的理念。例如,管家可以帮助主人管理财务甚至打理公司业务、接待企业中的客户、参与企业的社交活动、规划企业的宴会场地的布置、处理相关的财务问题等。目前此类型的管家并不多见,主要的原因是企业中有特助及秘书的角色,大部分的私人企业不会再多聘用一位管家从事相关的服务。

(三)私人家庭中的管家

私人家庭中的管家是所有管家型态中历史最为悠久的,同时也是工作内容最为烦琐的,其不仅要服侍家庭中的主人,同时要照顾家中的长者、儿童甚至是宠物;提供所有家庭中相关的服务,例如,接待家庭中的访客,提供旅游相关服务(预订机票、饭店,打包行李等)、餐饮服务等。私人家庭中的管家要能带领一支多功能的团队,不但要以身作则,亲力亲为,做好模范示范作用,更要提高自身的修养,用自己的智慧、经验及专业判断,去解决家庭中的棘手问题及突发状况,同时要能教会和影响家庭的工作团队。因此,私人家庭中的管家不仅是实务操作高手,同时也是专业培训老师及工作中的优秀督导。

在目前的英式管家市场上以酒店中的管家居多,至于企业或私人家庭中的管家则相对人数较少。不同的管家类型会有其不同的服务重点,其内涵也将有所不同。

三、不同类型管家的服务内容

(一)酒店中的管家服务

酒店中的管家服务针对的是下榻的 VIP(酒店内部制定的 VIP 划分规则)客户及总经理指定的客户。这种类型的管家服务级别较高,所做的工作也要求更加细致、周到。其具体工作流程包括以下方面:抵店前的准备,VIP 客户抵达前 4 天准备资料(如背景、性别、年龄、身份、习惯、禁忌、喜好等);对细节加以确认,如确认房间的设施设备;接待的细节准备,如接待方、联系人、航班抵达时间、预计到店时间、车队安排、红地毯、花束等;随同酒店领导接待客人,把总经理介绍给客人,再介绍自己;到房间后奉上茶和毛巾;讲解房间的设施设备,酒店内的营业场所;退出房间,在房间外等候;每天向接待方了解客人行程,如早、午、晚餐的时间,每天离房时间和回房时间,叫醒时间;提前 15 分钟等候、控梯;在 VIP 客人离店前准备好账单,由接待方确认;通知酒店领导相送。可以说,酒店管家服务是一种发生在酒店内部的活动,主要由大堂副理、客房中心、商务中心等共同来提供。

(二)企业和家庭中的管家服务

(1)日程管理。为客户提供日程安排、日程提醒和日程协办服务。客户可以通过电话或者专用软件通知贴身管家自己每天或者全年的日程安排,由管家负责提醒,并协同办理与日程相关的各项事务。客户还可以依靠日程管理,要求管家提供与日程相关的各类增值服务,例如机票/酒店预订、订餐、租车、会场预订和通知等。

(2)精准资讯查询。接获客户资讯查询需求后,通过超级管家后台系统和人工进行双重复核,为客户提供精准资讯,减少客户查询以及确认信息的时间和精力。

(3)商品和服务预订。提供或者通过第三方优质供应商协助提供包括差旅出行、健康医疗、休闲健身、餐饮娱乐、购物服务、家庭服务(聚餐、保洁、清洁、绿化等)、教育培训和办公服务等领域在内的商品和服务预订。

(4)解决方案提供。可以帮助客户解决各种个性化的需求。方案范围包括婚礼筹备和操办、雇佣保姆和小时工、为子女寻找家教、安排自助游、代理车辆年检、24小时紧急递送、房屋租售、指定国家的自助游线路安排和代办签证等。

(5)方案执行管控。如果客户采纳了方案,则根据客户指示,进一步协助客户执行方案,包括向供应商下达订单、代订各种服务商品和议价谈判等。执行任务时,负责整个实施过程的跟踪和管控,保障结果按照客户预期顺利发生。

(6)文秘行政处理。提供远程日常文秘服务,包括提供会议通知、联络沟通、事务跟进、文字处理和收发邮件等文秘服务,协助客户最大限度地节省时间。

(7)特殊勤务提供。为了进一步节省客户时间,使客户能够分身有术,超级管家还为客户提供部分特殊勤务处理,包括紧急递送、代购商品、代排队和代缴费等服务。

(8)提供关系维护。针对VIP提供生日祝福、节假日问候、重大事件和天气变化通知、定期特价集采、线下会员活动、定期电子杂志赠送等服务。

第三节　酒店管家服务的流程

一、一般流程

(一)抵店前

(1)了解检查预订情况,保留房间,检查客史记录,了解客人喜好。

(2)与相关部门沟通,及时跟进客人喜好并进行安排。

(3)抵店前两小时检查房间、餐室状况和赠品的摆放。①房间的布置符合客人的喜好和生活起居习惯。②注意客人安全,保护客人隐私。③及时与相关部门沟通,确保客人喜好得到尊重和安排。

(4)抵店前的接站服务。①掌握客人的抵达时间、车次,做好接站牌的准备工作。②提前检查酒店的车辆安排和状况。③在车次到达前30分钟,在候车厅内迎接客人。④接到客人后简单明了地做自我介绍,引领客人上车。⑤在车内为客人办理快速入住服务,向客人介绍城市及酒店的概况。

具体要求如表1-1所示。

表1-1　酒店管家服务的一般流程

Standard	标准
Butlers will have basic knowledge about matters of ticketing and able to complete some basic steps in resolving them.	专职管家应具备关于票务事宜的基本知识，并能够完成解决这些问题的基本步骤。
Procedures	**程序**
1. Butlers shall be knowledgeable of type of guest requests relating to matters of air-ticketing. § Reservation：To reserve/book a seat on a flight for a guest or passenger. § Reconfirmation：To confirm with airline that guest is leaving on a particular day via a particular flight. § Change：To change guest's departure date, flight number/departure time. § Re-route：Changing of destination. § Endorsement：Changing of carrier/airline company. § Refund：Can only be done by guest from place of issue or purchasing.	1. 专职管家在客人各种关机票事宜的要求上应具备足够丰富的知识。 § 预订：为客人或乘客在某一航班上保留/预订一个位子。 § 确认：与航空公司确认客人将在特定的日期经由特定的航班离开。 § 更改：更改客人的离开日期、航班号/离开时间。 § 变更旅程：变更目的地。 § 迁票：变更航班/航空公司。 § 退票：只能经由客人从出票或购票处完成。
2. Butlers shall be knowledgeable of key information indicated on air-ticket. § Name of passengers. § Departure date/time. § Name of airline company. § Flight number. § Class of seats. § From which city to which destination. § Reservation status. § Ticket number. § Validity period. § Free bag allowance. § Ticket restrictions.	2. 专职管家应对机票上显示的关键信息足够了解。 § 乘客姓名。 § 离开日期/时间。 § 航空公司。 § 航班号。 § 舱位。 § 从哪一城市至哪一目的地。 § 预订情况。 § 机票号。 § 有效期。 § 允许随身携带多少包件。 § 机票限制。
3. Butlers shall always ask for second/third options from guests upon handling the requests.	3. 专职管家在处理这些要求时将总是从客人处询问并得到第二/第三种选择。

4. Butlers shall take personal responsibility of safeguarding guest's air-tickets during the request process.	4. 专职管家个人在处理过程中将对客人的机票安全负有责任。
5. For reference purpose，butlers shall always ask for name of airline staff who he is speaking to after they done the requests.	5. 出于参考的目的,专职管家在处理完这些要求后总是问得他所与之对话的航空公司员工的姓名。
6. Butlers shall place guest air-ticket in Air-ticket Envelope upon handing it back to guest after completing of service.	6. 专职管家在完成服务后需将客人的机票置于票夹内交还给客人。
7. Butlers shall always hand air-tickets back to guest in person.	7. 专职管家总是需亲手将机票交回给客人。
Standard All Butlers will constantly thinking of ways to service the guest by means of offering Guests Preferences before they ask. By observation of gestures/facial expressions and by knowledge of information in Guest History，we will provide personalized gests service on a consistent basis.	**标准** 所有的专职管家要经常思考服务客人的方法,在客人提出要求前为客人提供他们想要的服务。通过观察客人的手势/面部表情,以及从客人历史记录上记载的信息,我们将在一贯的基础上为客人提供个人化的服务。
Procedures 1. All Butlers shall review all arriving guests needs and preferences located in Guest History.	**程序** 1. 所有的专职管家应熟知所有预抵客人客史里的需求与喜好。
2. By understanding and studying/updating each Guest needs and preferences Butlers will deliver the service before the Guests ask.	2. 通过了解和学习每一位客人的需求和喜好,专职管家将在客人要求前提供服务。
3. Using observation skills Butlers will determine guests needs. Looking at body language，hand gestures，facial expression such as confused，excited，looking for something etc，a butler will at least offer his/her assistance. But if it can be determined what the guest is requiring，then complete the service to the guest.	3. 通过观察的技巧,专职管家可以得知客人的需求。观察肢体语言、手势、面部表情例如迷惑、兴奋、搜寻某物等,一位专职管家至少将提供他/她的帮助。但是如果能确定客人的要求,则需完成对客服务。
4. Butlers will inspect guest rooms in the absence of guests to find guest needs and preference.	4. 专职管家将在客人不在房间里时检查客房,并从中找到客人的需求与喜好。
5. All guest preference shall be input into OPERA guest profile in standard format.	5. 所有的客人喜好必须以标准的形式输入OPERA系统的宾客文档里。
6. Through large amounts of information obtained by all departments and consolidated in Guest History，we will provide fast and efficient service to all guests.	6. 通过将来自所有部门的大量信息统一合并至客史档案,我们将为所有的客人提供快速、有效的服务。

续表

Standard	标准
Guests with no arrival time & pick up shall be greeted and received by Butlers on the floor upon their arrival.	当没有到达时间并无须接机的客人到达时,专职管家需在楼层上问候和接待。

Procedures	程序
1. Front Service Room Controller will pre-block arrival rooms whenever possible.	1. 前台客房控制员将把预抵客房事先排定。
2. Butler shall inspect assigned guest room and ensure everything in the room is ready for occupying.	2. 专职管家需检查已排定的客房并确保客房已为客人入住做好准备。
3. Upon guest arrives in Reception, GSA shall verify the reservation and inform Butler of this particular guest's arrival.	3. 当客人到达前台时,前台接待需确认其预订并告知专职管家该客人的到达。
4. Butler shall proceed to guest lift lobby of assigned room's floor and wait for guest's coming up.	4. 专职管家需在排定的客房所在楼层电梯厅等待客人到达。
5. GSA, or Lobby Butler shall escort guest to the floor and introduce Butler of that floor to guest at lift lobby.	5. 前台接待或楼层专职管家需引领客人至楼层,并在电梯厅将该楼层的专职管家介绍给客人。
6. Butler shall greet and receive the guest after being introduced, and proceed to in-room registration and service/facility introduction. After completing the greeting, Butler shall update guest profile with greeting type—Floor Greeting for future reference.	6. 专职管家需在介绍之后问候并接待客人,完成房内入住登记和服务/设备的介绍。完成问候之后,专职管家需以问候类别——楼层问候来更新宾客资料,以备日后参考。

Standard	标准
Shall there are guests not being greeted and received by Butler in the lobby or on the floor, Butler shall make self-introduction and offer butler services. Butler shall take this action within 10 minutes after guest enters the room.	专职管家如没有在大堂或楼层上问候和迎接抵店客人,就需要进行客房内的自我介绍和提供专职管家服务。专职管家需在客人进入房间后10分钟内完成这一任务。

Procedures	程序
1. Front Service Room Controller will pre-block arrival rooms whenever possible.	1. 前台客房控制员将把预抵客房事先排定。
2. Butler shall inspect assigned guest room and ensure everything in the room is ready for occupying.	2. 专职管家需检查已排定的客房并确保客房已为客人入住做好准备。
3. Upon knowing guest already entered the room, Butler shall check with GSA, who escorted guest just now, to see if any services being requested by guest.	3. 在得知客人已进入房间时,专职管家需和前台接待核实,刚才谁引领客人进入客房,并去看一下客人是否要求服务。

4. Butler shall make self-introduction by knocking on guest room door. Meanwhile Butler may also deliver guest service requests.	4. 专职管家需敲门并进行自我介绍。同时，也可以进行客人要求的服务。
5. For self-introduction，Butler shall use the following standard phrase： "Mr Jones, I am your Butler John. I am here with your coffee (if it is requested by guest). May I take a few minutes of your time to introduce some features and facilities of your room?"	5. 自我介绍时，专职管家需使用以下标准用语： "Jones 先生，我是您的专职管家 John。我来送您的咖啡（如果客人要求）。我可以占用您几分钟时间为您介绍一下房间的设备吗？"
6. If guest wish to have the introduction, Butler shall proceed with reference to S&P RM-BU-A021.	6. 如果客人希望你介绍的话，专职管家需参照 S&P RM-BU-A021。
7. If arrived guest room is under Do Not Disturb, or not in the room, Butler shall leave a message under guest room's door to notify guest of your presence. The standard phrase shall be： Dear Mr. /Mrs. /Dr. (Last Name) Please contact me when you return (or at your convenience)，so that I may introduce myself and familiarize you with room facilities and services. I may be reached by pressing the button marked "Butler" located on your telephone. Your Butler (Your Name)	7. 如果客人打着请勿打扰的灯，或客人不在房间内，专职管家需从门缝下塞留言纸，告知客人你的存在。标准如下： 尊敬的先生/太太/博士（姓） 请在您回来（或在您方便）时与我联系，我会为您介绍我自己及使您了解熟悉您的客房设备和我们的服务。您在按下床头电话上的"专职管家"键后，我会立即到您的房间里来。 您的专职管家 （你的名字）
8. Butler shall update guest profile with greeting type——In Room Greeting for future reference.	8. 专职管家需以问候类别——房内问候来更新宾客文档，以备日后参考。
Standard	**标准**
Guests with arrival time and airport pick up shall be greeted and received by Butler at the hotel entrance upon arrival.	专职管家需在客人到达时，于酒店大堂入口处问候并接待有到达和接机时间的客人。
Procedures	**程序**
1. Rooms for guests with arrival time and airport pick up will be pre-assigned by Front Service Room Controller in the morning whenever possible.	1. 有到达和接机时间的客人的房间将由前台客房控制员在早晨事先排定。

续表

2. Butler shall inspect assigned guest room and ensure everything in the room is ready for occupying prior to guest's arrival.	2. 专职管家需事先检查所排定的客房,确保在客人到达前客房已为客人入住准备就绪。
3. Command Center will notify Butler what time the arrival guest leaves the airport, and what the vehicle number is for the car.	3. 控制中心会告之专职管家将抵达的客人出机场的时间和接机车号。
4. Butler shall come down the hotel entrance to standby for greeting at least 10 minutes before estimated arrival time of guest, with this guest's welcome folder.	4. 专职管家需至少在客人预估到达前 10 分钟,拿好该客人的入住登记本,在酒店大堂入口处等待迎候客人。
5. When guest walk into hotel entrance, Butler shall approach to him and greet him with warm smile: § "Good morning/afternoon/evening, Mr. Jones, welcome to St. Regis Shanghai. I am your Butler Steven. Please let me show you the way to your room." (if guest is 1st visitor) § or "Good morning/afternoon/evening, Mr. Jones, welcome back! I am your Butler Steven. Please let me show you the way to your room." (if guest is return one)	5. 当客人走进酒店入口时,专职管家需接近并以热情的微笑问候客人: § "早上/下午/晚上好,Jones 先生,欢迎来上海瑞吉红塔大酒店。我是您的专职管家 Steven。请让我带您去您的房间。"(如果客人是第一次来) § 或者"早上/下午/晚上好,Jones 先生,欢迎回来! 我是您的专职管家 Steven。请让我带您去您的房间"(如果客人是回头客)
6. After greeting, Butler shall show guest the way to his/her room for in-room registration & guest room introduction.	6. 问候之后,专职管家需带领客人进入他/她的房间,进行房内入住登记和客房介绍。
7. After completing the greeting, Butler shall update guest profile with greeting type—Lobby Greeting for future reference.	7. 在完成问候之后,专职管家需以问候类别——大堂问候来更新宾客文档,以备日后参考。

(二)住宿期间

(1)提前 10 分钟到大厅迎候客人,客人到后做简单介绍,引领客人至房间,介绍宾馆设施及房间情况。

(2)客人进房后送欢迎茶及免费水果。

(3)与各前台部门密切配合,安排客人的房间清洁、整理、夜床服务及餐室准备的检查、点单、餐中服务。

(4)根据客人需求每日为客人提供房内用餐、洗衣、叫醒、商务秘书、用车、日程安排、当日报纸、天气预报、会务商务会谈、休闲等服务。

(5)做好客人喜好的观察和收集,妥善处理好客人的意见和建议。

(6)做好酒店各部门的沟通和跟进,满足客人与超越客人的愿望。

(7)24小时为住店客人提供细致、周到的服务。

(三)离店前

(1)掌握客人离开的时间。

(2)为客人安排车辆、叫醒服务和行李服务。

(3)了解客人对酒店的满意度,确保客人将满意带离宾馆。

(四)离店后

(1)做好客人档案管理工作,主要包括以下信息:①公司、职务;②联系地址、电话及E-mail;③个人相片;④意见或投诉;⑤对客房、餐饮、娱乐、商务等的喜好;⑥未来的预订;⑦名片。

(2)做好客人遗留物品的处理。

二、特殊流程

贴身管家的特殊服务规程具体如表1-2所示。

表1-2　贴身管家的特殊服务规程

服务项目	操作要求
客人的安全私密服务	电话:要求特殊处理的客人应反馈到总台及楼层,并做好保密工作 登记:①政务接待客人采取免登的形式,需要相关资料可与接待单位联系;②VIP或常住客可免登入房,或进房后进行登记
行李及熨衣服务	①行李开包,征求客人意见后予以操作;②取衣;③熨烫,征求客人意见按服装的质地及款式进行操作;④配套、摆挂,将客人衣物进行统一配套,按类挂好放入壁橱
休闲安排	①洗浴;②保健按摩;③运动;④棋牌;⑤影像DVD
擦鞋服务	执行客房擦鞋工作规程
票务服务	①时刻表(火车、汽车、飞机等);②代办手续
商务秘书服务	①传真;②网络;③打印;④复印;⑤装订

第四节　酒店管家服务的行为准则

针对入店客人多样化、个性化的需求,一些高档酒店应势推出了贴身管家服务。如今,贴身管家服务已经成为国际高星级酒店个性化、高品位、高质量服务的标志之一。管家服务是酒店业持续发展的趋势,是酒店提升服务质量的重要途径,酒店管家服务须坚持以下三条行为准则。

一、"以人为本,待客为尊"是管家服务的出发点

酒店的管家服务代表对顾客的尊重,让来自世界各地的顾客感受到尊贵的气息;酒店的

管家服务更要以人为本,凡事多为顾客着想,永远想在顾客的前面,不要被动地等待顾客的吩咐。管家服务是一种全程跟进式服务,管家要在服务过程中主动观察顾客,不断加深对顾客的了解,详细地掌握顾客的喜好,提前发现和预测顾客接下来可能需要的服务,在顾客开口前就行动起来。有些酒店,如果同一位顾客第二次或在其以后光顾酒店时,会一直由同一位贴身管家为他提供服务,使服务能够顺利延续。这是一种很好的做法,由同一位贴身管家为同一位顾客服务,可以增进顾客与管家的熟悉度,人与人之间变得熟悉后,就更容易交流;由同一位贴身管家提供服务还可以使管家在第一次服务的基础上,更加了解顾客的性格、喜好、习惯、脾气等特征,在第二次服务时,能够做得更好。反之,如果酒店为顾客随意指派管家,而不考虑服务的延续性,虽然新管家可以从客史档案中获取顾客的信息,对顾客来说面对新的面孔必定要从头再来,很难让顾客与酒店之间形成稳固的感情纽带。管家要本着尊重顾客的原则,对顾客的个人隐私严格保密,这是贴身管家最基本的职业操守。不要和无关人员随意谈论顾客的一些特殊癖好,不能向外泄露顾客的房间号码,对顾客的客史资料要严加保管。

二、"精细和周到"是管家服务的基本目标

酒店为管家制定了岗位职责,管家服务也有细致的服务流程,目的在于让管家服务细致周到、尽善尽美。管家在顾客入住前,想方设法地通过内部和外部渠道了解顾客对客房、餐饮等各个方面的要求,了解顾客出行的目的和行程安排,就是为了让顾客一踏入酒店就感受到家的感觉,闻到温馨、熟悉的气息。如果顾客是第一次入住酒店,没有客史档案,酒店对顾客的了解和记录为零,等着顾客到达后再随机应变吗?不可能。顾客对贴身管家服务的预期与一般服务有很大差别,尊贵的顾客认为管家就应该了解自己的需求,做到精细和周到。没有事先做过功课的管家,带给顾客的无疑将是惊吓。即使酒店没有顾客的信息记录,管家也会通过多种渠道,多方打听顾客的生活习惯、兴趣爱好等方方面面的信息,并做好详细的接待计划。如果顾客曾经入住过酒店,或是酒店的常客,也要在酒店客史资料的基础上,尽可能地多了解顾客各方面的细节要求。对顾客基本信息的掌握是精细和周到服务的基础,例如,了解到顾客非常喜欢吃巧克力,就可以在伸手可及的地方,摆放顾客喜欢的品牌和口味的巧克力;了解到顾客喜欢 Hello Kitty,可以在酒店床头柜、床上、写字台等各处摆放 Hello Kitty 造型的毛绒玩具、摆件等物品,投其所好。

关注细节是管家服务的基本原则,在接待顾客的过程中,管家要关心顾客的饮食起居,做到事无巨细,尤其要重视服务细节,例如,顾客习惯早起还是睡懒觉,顾客最喜欢的饮料、酒水、菜肴等餐饮产品,顾客喜欢的音乐等。只了解这些还不够细,要注意到更细微的细节,如果顾客喜欢喝葡萄酒,那他喜欢的葡萄酒类型是什么,产自哪里,品牌是什么,是否是特殊的年份酒等等,对顾客的观察要细致入微。对顾客的每一个要求、每一个问题、每一个动作、每一句话,都能做出回应,理解顾客的需求。在服务的过程中,根据对顾客的细致观察,调整接待服务。例如,为顾客整理房间时,仔细观察顾客枕头的摆放方式和位置,了解顾客喜欢靠床的哪一侧,喜欢枕头高一点还是低一点等习惯,在为顾客开夜床时,将枕头按照顾客摆放的位置放好,并将水杯、遥控器等常用物品放在顾客喜欢的那一侧的床头柜上,方便顾客使用。

三、"圆满和美好"是管家服务的最终诉求

酒店的管家服务表现出了一种追求极致的服务精神,提供完美的服务是管家的责任,圆满和美好是管家永恒不变的追求。为了达成圆满和美好的愿景,酒店管家要以人为本,做到精细和周到,并随时准备应对服务中可能出现的问题。为了避免顾客洗浴水温过热或过凉,管家会事先测试水温;为了避免顾客手上沾上油墨,管家会为顾客熨烫报纸;为了避免堵车,管家会为外出的顾客事先拟好两条行进路线;为了在顾客受伤时紧急提供救治,管家准备了放有急救药品的应急包,应急包里甚至还有领带、丝袜等常用物品,为顾客在公众场合可能出现的弄脏领带、刮破丝袜等意外做好准备,以备不时之需。

酒店管家致力于让服务圆满和美好,然而,事与愿违的事情还是可能发生的。例如,顾客要求管家陪伴自己外出游玩,管家能否满足顾客的要求呢?陪伴顾客外出游玩不是管家的主要工作,然而,拒绝顾客的要求,必定会让顾客不满。在左右为难之际,管家想到了导游,于是对顾客说:"导游的知识全面、业务专业,市区有很多历史悠久的景点,是需要专业导游讲解才能看懂的。我为您安排一位专职导游吧,一定比我强。"虽然管家没有答应顾客的要求,但提出了更合理的建议,排除了隐藏的危机,也能够使顾客满意。管家睿智的应变让服务依然实现了"圆满和美好"的目标。事实上,酒店赋予管家的权力是有限的,当顾客要求的服务内容和范畴超出自己的能力时范围时,管家不能擅自做主,要向上级请示后,酌情考虑。"圆满和美好"是管家服务的最终诉求,但管家一定要量力而行。管家服务极大地满足了顾客的需求,为酒店树立了良好的声誉,也使顾客更忠诚于酒店。

第五节　酒店管家服务的现状

随着全球经济的快速发展,富裕人口越来越多,人们越来越注重生活品质的提升,服务业日益成为改善人们生活质量的重要产业。酒店业作为服务业的重要组成部分之一,是一个国家、一个地区对外服务的窗口,酒店对提供服务产品的质量也尤为重视。

一、国外酒店管家服务的现状

在国外,贴身管家服务在高档酒店很盛行。欧美国家的一些国际品牌星级酒店都设有贴身管家,为客人提供专业化、个性化的　站式服务,使客人在酒店入住期间享受便捷、富有人情味的高品位服务。贴身管家服务细致、周到、体贴入微,深受客人的欢迎。

(一)良好的声誉

国外高星级酒店一般会选择集娱乐、休闲、文化中心于一体的城市中心位置,内部运行理念较为成熟,专职管家服务实际上是提供更加专业化、个性化的服务,将酒店里分项烦琐的服务集中到一个高素质的人员身上,能够为客人提供一站式服务。专职管家服务的正式推出成为推进酒店个性化服务的一种新尝试。专职管家旨在做好客人的私人助理,协调酒店各部门与客人之间的关系。客人一旦入住,便会受到一对一的照顾。24 小时服务的贴身

管家把商旅上的琐事都揽到自己身上,他们接受过传统的英式管家训练,穿着整齐的英式燕尾服,无时不在,把个性化服务发挥到极致。在任何有电话的地方,只要拨下"0"字键,他们都会在最短的时间内赶到客人身边,彬彬有礼地倾听客人的要求并提供服务。管家人员的素质在不断提高,为酒店创造了良好的声誉及口碑。

(二)个性化的服务内容

国外的管家服务不是传统意义上的金钥匙服务,它是在预测分析客人需求变化的基础上,集专业、私人于一身,为客人提供富于人性化且超越客人需求和期望的价值。

个性化服务是一种在客人服务需求基础上的,极具引导消费性质的服务,也可称为"导向式服务"。它所提供的服务是稍高于顾客实际需求的服务,是结合酒店自身的能力,依据顾客所表露出来的需求趋势或相关意向,所提供的可以促使顾客潜在消费的服务。

酒店个性化服务也可以是服务人员根据个体及特殊群体餐饮、食宿消费的特点和要求,提供相应的优质服务,使其在接受服务的同时产生舒适的精神心理效应。相对于标准化服务,个性化服务要求提供更为细致、生动、灵活、超常的服务。

综上可知,个性化服务主要包含三方面内容。第一,以顾客需求为中心,提供有针对性的、超常规的服务,满足不同顾客在不同条件下的不同需求。第二,是具有企业特色的服务,区别于其他竞争对手的差异化服务,是企业差异化战略的具体体现。第三,是异于大众化、标准化的服务,用于满足顾客更高层次的需求,超出预期。

(三)管家与客人之间时常保持轻松互动

管家服务要求从业人员必须有一定的内心情感表达和实际的生活能力。一是管家需具有极高的职业素养,在穿着等方面有一定的鉴赏能力,了解客人的衣物保养,当客人去办公或参加宴会时,管家可以为客人的服饰搭配提出宝贵意见。二是管家要在食物鉴赏、酒品鉴赏和雪茄方面有一定的知识。当客人入住后管家便安排客人的饮食,确保搭配合理。就餐中管家要向客人指出不同特色的就餐礼仪。当客人不习惯餐厅用餐时,管家可以亲自烹饪佳肴招待客人。三是管家在训练时须接受家居训练,从客房模式到办公装饰再到花卉养殖等都有一定的实践动手能力,迎合客人的喜好,为客人入住后提供轻松的环境和良好的优雅氛围。如果发生意外,管家要第一时间保护客人的安全。四是客人需要出游、办公、办理业务等,只要将大致要求告诉管家,管家就可以包揽一切计划的实施,包括机票预订、行程安排等。如果客人入住时携带家属,管家还可以悉心照料他们的孩子。此外还比如在下午茶期间要给客人提供咖啡或者水果,提前准备接待将至的客人,准备好熨烫服务,管理客人的行李和泊车等。在遵循个性化、私人化、专业化的同时能为客人提供一站式服务,取得客人信任,保持轻松互动。

二、国内酒店管家服务的现状

20世纪90年代初,管家服务最早出现在北京、上海等一线城市,主要为外国来访的领导人所配备。上海的瑞吉红塔大酒店、凯宾斯基大酒店、香格里拉大酒店、威斯汀酒店、波特曼丽嘉酒店以及北京国际俱乐部等高档酒店均配有管家服务。自2003年7月1日起开始实施的《旅游饭店星级的划分与评定》设立了新的星级饭店等级——"白金五星级"。而根据该标准,酒店要获得"白金五星级"必须符合 7 个必备条件,其中就明确规定了"对行政楼层提供 24 小时管家式服务"这一硬性要求。客人在酒店逗留期间所需要的服务通常是由两个或多个部门协同工作才能完成的,这种相互连接的信息沟通很难高效率地完成,只有管家服务才是真正的无缝隙、一站式服务。

［案例 1-2］　瑞吉酒店管家服务的密钥

在瑞吉酒店位于纽约的旗舰店里有一位贵妇人是常客,她入住时都会带上 36 个行李箱,所以管家不得不在她客房的隔壁为她整理出所有的衣物,然后一件一件挂上衣架,在她临走之前再一一熨烫平整,叠好放入行李箱。这个外人听起来有点夸张的故事,却被瑞吉的品牌负责人罗剑认为是瑞吉英式管家服务的最佳诠释。他说,听上去酒店是烦心了一些,但这样的客人习惯了这种古典式的管家服务,她还会换到其他的酒店去吗?瑞吉英式管家服务的特色是秉承专业细节,提供非凡体验的理念,让宾客在酒店拥有尽善尽美的至尊礼遇。如酒店员工几乎能记住每位入住客人的名字,就算第一次碰面,员工也会很礼貌地问"怎么称呼您呢",然后就记住了客人的姓名。"当你在酒店任何地方,见到你的服务员都会亲切地叫出你的名字,这真让人印象深刻。"我们在招聘管家服务人员时,除了要求其拥有良好的教育背景外,首先是考察其是否有照顾他人的意愿,因为只有开朗和乐于助人的性格,才会体贴入微地照顾客人。这其实是瑞吉管家服务成功的一个密钥。

瑞吉酒店英式管家服务文化的内涵是无法复制的,最明显的区别就是现有多数酒店只是向行政层的客人提供管家服务,而在瑞吉酒店每一位入住的客人都有专职的管家,从你入住那一刻起他们无处不在、无时不在地为你提供最需要的服务。瑞吉酒店最重要的服务精神不是动员客人去消费,而是根据客人的需要帮助其解决消费中的困难。

英式管家服务进入中国后发生了变化,身着笔挺燕尾服的英式管家的形象出现了变化,取而代之的是经过严格培训的年轻的俊男美女行动在服务客人的第一线。另外瑞吉酒店还通过创新设计本土体验,定制服务来凸显个性化体验。深圳瑞吉酒店是当地首家应用智慧客房的酒店,客人可以通过 iPad 遥控客房内的视听系统、照明系统和信息服务系统。古典的精致服务与现代的奢华设施相结合是瑞吉酒店的显著特点,可利用现代互联网信息技术为客人提供更加智能化、舒适化的服务。瑞吉酒店不断加大在信息技术上的开支,每年都有上百万美元用于个性化服务的研发。古典式管家服务离不开人,出色服务的关键在于人才,所以酒店应善待员工,只有员工满意了才会让客人满意。

（一）国内酒店管家服务的现存问题

我国酒店业起步较晚,服务质量水平发展不平衡。服务质量差的酒店仍应先完成规范化、标准化建设,树立规范化的观念;服务质量好的酒店已完成规范化建设,全员上下都有了规范化的观念。大部分的酒店都有类似"顾客是上帝"的以顾客为对象的服务口号,可是管理者的管理观念仍停留于规范管理的水平。这种以规范管理为核心的服务质量管理和以顾客为中的服务质量管理相比,有以下几个缺点。以规范型服务质量观为指导的酒店管理,容易进入机械呆板的极端。酒店管理者往往认为酒店服务只要与所规定的技术指标要求相符就行。持这种观念的管理者会把国家标准或行业、地方、企业标准作为衡量酒店服务质量的唯一准则,把酒店服务质量检查结果是否符合规定的要求,作为判断服务好坏的唯一依据。然而,服务质量的好坏是由顾客评价的,与酒店的评价无关。另外,顾客需要是多样的,严守服务标准的标准化服务并不一定能让顾客满意,不利于为顾客提供个性化服务。严格按规定管理的酒店,质量管理往往是被动的。在酒店服务质量中,人的因素很重要。服务的每个细节都有严格规定,固然可以最大限度地避免服务缺陷,但是也限制了员工主观能动性的发挥。这种酒店的质量行为仅与规定的有限职能部门相关,而不是整个酒店全体员工共同参与的总体行为,不利于开展全面质量管理,变被动的质量管理为主动的质量管理,把质量事故消灭在萌芽状态。以规范型服务质量观为指导的酒店管理不能快速适应顾客需求变化。当顾客有特殊要求时,酒店一线员工往往无权采取能力以内、规范以外的行动,不能为顾客及时地提供服务。此外,面对新出现的顾客需求,酒店管理层需要一定时间来修改相关规范才能面对,不能及时满足顾客的需求,容易失去商机。

由于私人管家服务被市场快速接受,一夜之间大小酒店纷纷在自己的网站或宣传手册上标榜自己能提供私人管家服务。实际上,我国许多酒店并没有能力提供这种服务,人员不足或者人员素质不够,使得许多酒店所提供的"私人管家服务"大打折扣,私人管家的形象也遭到破坏。私人管家服务在我国的发展陷入了鱼目混珠的困境,主要存在以下几方面的问题。

(1)服务缺乏连续性。酒店管家服务断断续续,当确定有客人需要这种服务时,酒店才会推出此项服务。一般客人根本不知道该酒店有这种服务,酒店也不知道客人是否需要管家服务。酒店管家服务的宣传力度不够,导致众多酒店管家服务明显缺乏连续性。

(2)专业化水平低。相关调查显示,很多酒店是由内部人员如大堂经理或具有经验的酒店员工充当管家角色,管家服务水平参差不齐,服务标准显然跟不上国际化水平,跟传统意义上的酒店一体化服务没有本质区别,所提供的管家服务专业化水平低,无法满足客人的最大化体验过程。

(3)受到传统服务制约。有别于传统意义上的酒店服务,管家服务是一种高端服务,他们服务的受众是富裕群体,体现出高档次、高水平与高品位,足以让高星级酒店获取最大经济效益,强大自身的管理竞争力。但是在长期遵循传统服务的基础上,很多酒店很难一下做到"三高",管家服务流于表面化。

(4)缺乏竞争性。国内酒店管家服务目前还处于发展期,缺乏对管家服务系统的整体意识,与其他星级酒店相比并没有差异化。加上没有正规的管家队伍,难以形成自己酒店的特色,不具备竞争力。

(5)公关宣传度薄弱。国内管家服务在初期宣传力度不大,目标受众不知道酒店有该种服务,前期也未充分调查论证客人对管家服务的需求,无法了解客人心目中的管家印象,管家形象也无从提升。

(二)提升国内酒店管家服务的有效途径

(1)国家相关部门加强支持与规范管理。管家服务进入我国市场后,一些酒店在利益的驱动下,纷纷标榜自己能提供该项服务。实际上,没有受过专业培训的私人管家会出现服务质量目标不明确、服务不专业等问题,从而造成总体服务质量不高,影响酒店形象,不利于酒店长远发展。但酒店要培养一名优秀的管家成本是相当高的,要想得到国际通行的资格证需要支付 1 万元左右,而要成为非常专业的管家还需花费不少的培训费用和时间。这导致很多酒店既不愿意花钱培养管家团队,又不想错过这项服务,于是他们只是号称自己能提供该项服务,而实际上客人们得到的是非专业的管家服务。因此,国家相关部门有必要加大力度推进高星级酒店管家职业培训计划,加强对社会管家培训学校的引导与建设,必要时对培训学校的建设予以财政支持和政策扶持,从国家的角度为酒店业输送更多的专业私人管家,同时,对于一些没有经过认定的个人和实际上没有或不能提供专业管家服务的酒店加以规范和管理。有关部门应该制定相关的行业管理条例,加强管理与引导,使管家服务能够在一个良好的大环境中健康发展,早日达到国际水平。

(2)酒店应注重宣传工作。目前,管家服务在国内顾客心中的知名度还比较低,了解这项服务的顾客还不多。因此,酒店应该加强市场营销活动,如加强媒体宣传。酒店可以在适合的报纸、杂志以醒目的宣传方式告知目标群体本酒店能够提供专业的管家服务,可以通讯的方式告知相关媒体进行报道或转载,也可以邀请一些贵宾或是媒体朋友前来体验,亲身体会后,媒体会忠实地报道管家服务的优点,而体验者也比较容易将这些经验分享给周围的朋友,从而收到良好的口碑效应。

(3)增强品牌意识。在国际品牌酒店集团开始大量进入我国的背景下,我国酒店业进入了品牌竞争时代。高品位的服务项目使得许多本土的豪华酒店纷纷响应。管家服务成为酒店品牌竞争的一张重要王牌,而品牌竞争是以客人的满意度、忠诚度和酒店的知名度、美誉度为核心的竞争。要想在品牌竞争中获得优势,必须把握消费时尚,抓住消费者的心理,把管家服务品牌根植于消费者的心目中。因此,酒店应增强品牌意识,注重品牌的设计和推广,最终在消费者的心目中树立鲜明的品牌形象。

(4)加强人才培养。管家培养成本较高,但其可以给酒店带来的利益更高。管家服务可以提升酒店的知名度和品牌形象,标志着高品位和个性化的服务,能够更有力地吸引目标客人,尤其是高端客人。从长远看,这些利益远远超过了酒店付出的成本,因此,对于酒店来说培养管家是值得的、必要的。目前,国内已有想从事该职业的个人,参加了国内甚至是国外一些培训机构的培训课程,但这样的个人是有限的,对于众多的酒店来说是"僧多粥少"。因此,酒店还应该注重内部培养,可从以下几个方面着手:一是严把招聘关。人才培养的第一步就是要挑好苗子,严把招聘关。具备良好的素质、修养及服务意识;具有良好的语言沟通能力,至少精通一门外语;具有大局意识,工作责任心强;具有较强的协调能力,能够妥善处理各类突发问题等,这些是即将成为管家的首要条件。而要成为名副其实的管家,除了要具有以上条件外,还要对尊贵庄严的气质有很深的体会。酒店在招聘时要精挑细选,只有这样的好苗子才能成为参天大树。二是营造良好的氛围。选了好苗子,接下来就是要为其提供肥沃的土壤,即营造一个良好的氛围,即具有合适的酒店文化、先进的服务理念、良好的服务意识,以及提供合理的报酬和可见的晋升前景。前者是一个服务型企业必须具备的条件,而后者是管家能够安心留下、兢兢业业地工作的坚实基础,也是酒店降低人才流失率的有力措施。三是培训与进修。有了肥沃的土壤,还需要定期地施肥和修剪,因此,管家的培养需要不断的培训与进修。

[案例 1-3]　中式管家服务大放异彩

亚龙湾 5 号度假酒店在英式管家和菲佣服务的基础上,吸收中国 19 世纪 20 年代豪门宅院的传统管家服务模式之精髓,结合酒店别墅布局的特点和个人度假的基本需求,推出宅院式五星级中式管家贴心服务。中式管家目前主要包括私人管家、贴身保姆、高级厨师和专职司机等四项主要服务,另外根据客人需求,酒店还在此基础上提供保安、清洁工、园丁、财务等公共服务。中式管家全部受过专业训练,他们素质高、服务专业、举止优雅、精致干练、不怕麻烦、随叫随到。客人在这里可以享受到一呼百应、体贴入微的服务品质。亚龙湾 5 号度假酒店的别墅本身保留了传统豪宅的建筑特点:多方组合、一步一景、院景相融,古朴又不失尊贵,在现代建筑的基础上,充分吸收了中国古代豪门宅院用一个管家统领一群仆人的传统管家服务模式,在服务中融入亲情等中国传统文化元素,从而提炼出具有特色的中式管家服务新模式。"旧时王谢堂前燕,飞入寻常百姓家。"亚龙湾 5 号度假酒店将传统度假酒店服务模式进行不断升华,在每一幢别墅里都设有独立的厨房、餐厅,许多客人在中式管家的协助下,可以像在家一样贴对联、做年夜饭、包饺子,在现代大宅院里一起吃团圆饭。这种中式管家形成了独具特色的服务品牌,曾让该酒店入住率在 95% 以上,让每一位客人在享受优雅细致服务的同时,进一步体验中国古代豪门宅院的尊贵和家的温馨。

目标考核

初级目标考核:

谈谈你对国内酒店管家服务的建议。

高级目标考核:

讨论英式管家服务的魅力。

第二章　酒店管家的形象塑造

◎ 初级目标:熟知酒店管家在仪容、仪态、服饰等方面的相关要求。

◎ 高级目标:根据具体岗位要求修饰自己的仪容。

课前准备

以小组形式(每组 3~5 人)接受任务清单,自学仪容整洁的要求,完成任务并相互点评。

任务清单

任务清单 1:判断自己的脸型,并根据脸型为自己设计发型。

椭圆脸:特征为从额上发际到眉毛的水平线之间的距离约占整个脸的 1/3;从眉毛到鼻尖的距离约占 1/3;从鼻尖到下巴的距离也约占 1/3。脸长约是脸宽的一倍半,额头宽于下巴。也有人称其为标准的鸭蛋脸。这种脸型一般来说可以配任何一种发型。若要选择最佳发型,则要考虑其他因素,如年龄、侧面轮廓、两眼之间的距离以及是否戴眼镜。

圆脸:特征为圆弧形发际,圆下巴,脸较宽。圆脸型的人最好选择头顶较高的发型,留一侧刘海,宜佩戴长坠式耳环。圆脸型男士的发型最好是两边很短,顶部和发冠稍长一点,侧分头。吹风时将头顶发吹得膨松一点,显得脸长一些。女士短发则可以是不对称、对称式、侧刘海,或者留一些头发在前侧吹成半遮半掩脸腮,头顶头发吹得高一些。

方脸:又称国字脸,特征为方额头,方下巴,脸较宽。发型设计要设法从视觉上拉长脸型。对于女士来说,最好是剪成不对称式中长发,一边头发多、一边头发少,或者头发一边长、一边短。把头发多的一边往上往前吹风,形成大波浪以柔和脸的曲线。还有一种方法是剪成两边对称的短发,把两边的发梢往前拉到腮帮,以遮盖方下巴,造成椭圆形脸的视觉效果。

长脸:特征为脸窄而长,颊下陷,有些人前额比例过大,有些人鼻子过长,也有些人下巴过长。为了给人以椭圆形脸的视觉效果,长脸者的发型设计应当着重于缩短脸长,增加脸宽的效果。女发以齐下巴长的中长发式为宜,前额多留些刘海,两边发型丰满蓬松,不要紧贴脸颊。男发宜留分头,略盖前额。

申字形脸:又称枣核形脸或菱形脸,特征为前额与下巴较尖窄,颧骨较宽。发型设计应当着重于缩小颧骨宽度。女发最好烫发,然后在做发型时,将靠近颧骨的头发做成前倾波浪,以掩盖宽颧骨,将下巴部分的头发吹得蓬松些。应该避免露脑门,也不要把两边头发紧紧地梳在脑后(如扎马尾辫或高盘)。

心形脸:特征为宽额头,窄下巴。发型设计应当着重于缩小额宽,并增加脸下部的宽度。具体来说,头发长度以中长或垂肩长发为宜,发型适合中分刘海或稍侧分刘海。发梢蓬松柔软的大波浪可以达到增宽下巴的视觉效果。

由字形脸：又称鸭蛋形脸，特征为额头窄小，下巴宽大。为了掩盖其缺陷，应当增加头顶头发的高度和蓬松度，留侧分刘海，以改变额头窄小的视觉。头发长度要超过下巴，避免短发型。如果头发能烫一下则更好，容易做出大波浪，发梢柔软地附在脸腮。

以上部分所讨论的是脸型的正面。发型设计时还要考虑脸型的侧面特征、鼻子形状、两眼距离、后脑勺的形状、颈部长短，以及是否戴眼镜等。脸型的侧面轮廓有下面几种：基本垂直的侧面轮廓是最理想的，可以梳任意发型。此外还有凹月形侧面、凸月形侧面，及斜下前倾侧面。具体发型设计应该请教专业美发师。另外，从侧面看，小翘鼻子者适宜将头发往后梳理。从正面看，鼻梁不直的人则适宜梳不对称式的发型，可以分散人们对鼻子的注意力。扁宽的鼻头趋向于把脸拉宽，如果不是长脸型，就不适合齐刘海式齐耳短发，头发往后梳或高盘的发型则可以改善脸型。眼距特宽者不适合将头发平平地梳在脑后，这样会突出眼距宽的特点，留蓬松的侧刘海效果会更好一些。窄眼距者为了改善脸型，应该尽量将两侧头发向斜后方向吹风成型，露出前额头，以营造眼宽的感觉。

戴眼镜的人，如果是圆脸、椭圆脸，或者方脸，都比较适合留短发，削薄的齐头发帘，佩戴长耳坠，但是不适合戴宽边圆形眼镜。如果是心形脸、菱形脸，头发不要理得太短，适合戴细边或中等粗的大框眼镜。脸型瘦小的人，宜梳丰满蓬松的中短发型，戴大眼镜框，以增加脸宽的视觉效果。由字形脸的人，要避免戴方眼镜框，梳垂直短发，留整齐的刘海；建议戴大的椭圆形眼镜框，发型要露前额头，发梢微微向前拉以便遮盖一部分突出的腮帮；头颅形状也是以椭圆形为理想。

每个人的头型及大小各不同，总之选择发型时要尽量使脸型和头型向椭圆形靠拢。身材短小、体型丰满者不适合留长发，尤其是烫得蓬松的长发，因为这样会更加突出短胖的形象。身材与头颈都颀长的人比较适合披肩长发，蓬松些更好。

任务清单2：根据自己的脸型完成职业淡妆，并相互点评。

圆脸的化妆技巧：圆脸给人玲珑、可爱之感。圆脸的化妆技巧主要有：选用暗色调粉底，沿额头靠近发际线向下窄窄地涂抹，至颧骨下部加宽涂抹面积，造成脸部亮度自颧骨以下逐步集中于鼻子、嘴唇、下巴等部位的效果；也可用粉底在两颊造成阴影，使圆脸看起来消瘦一点。眉毛可修成自然的弧形，不可太过平直或有棱角，也不可过于弯曲。胭脂（腮红）可从颧骨开始涂至下颌，但不能简单地在颧骨突出部位涂成圆形。唇膏（口红）可在上嘴唇涂成浅浅的弓形。

椭圆脸的化妆技巧：椭圆脸是公认的理想脸型，不必通过化妆去改变脸型，只要保持自然形状、突出可爱之处即可。眉毛可顺着眼睛的轮廓修成弧形，眉头与内眼角齐，眉梢可稍长于外眼角。胭脂（腮红）应涂在颧骨的最高处，再向上向外揉化开去。唇膏（口红）尽量按自然唇形涂抹，除非嘴唇唇形有缺陷。

长脸的化妆技巧：长脸可通过增加面部宽度的技巧来达到修饰的效果。若双颊下陷或额头偏窄，应在双颊或额头部位涂以浅色调的粉底，造成光影使之变得丰满一些。眉毛的位置不宜太高，尾部切忌高翘，眉毛的形状尽量修成弧形，切不可有棱有角。胭脂（腮红）应离鼻子稍远，涂抹时可沿颧骨的最高处与太阳穴下方所构成的曲线部位，向外向上抹开去。

方脸的化妆技巧：方脸的特点是双颧骨突出，因此在化妆时，要设法增加面部的柔和感。可用暗色粉底在颧骨最宽处造成阴影，下颌部可用大面积暗色粉底造成阴影以改变面部轮廓。眉毛可稍带弯曲，但不可有棱角。涂抹胭脂（腮红）时应与眼部平行，切忌涂抹在颧骨最高处,可在颧骨稍下处往外涂开。唇膏(口红)可涂丰满些,强调柔和感。

三角脸的化妆技巧:额部较窄、下部较宽,整个脸部呈上窄下宽状是三角脸的特点。化妆时应将下部宽角"削"去,把脸型变为椭圆脸。化妆时可用较深色调的粉底在两腮部位涂抹、掩饰。眉毛宜保持自然状态,不可太平直也不可太弯曲。可由外眼角处开始向下涂抹胭脂(腮红),使脸部上半部分拉宽一些。

倒三角脸的化妆技巧:倒三角脸也叫瓜子脸、心形脸,这种脸型额部较宽大、两腮较窄小,呈上阔下狭窄状。化妆技巧的运用刚好和三角脸相似,但需要修饰的部位恰恰相反。化妆时可用较深色调的粉底涂抹在额头的两侧,用较浅色的粉底涂抹在两腮及下巴处,造成掩饰上部、突出下部的效果。眉毛应顺着眼部轮廓修成自然的形状,眉梢不可上翘,眉毛应从眉心到眉梢处由深渐浅地描画。胭脂(腮红)应从颧骨最高处向上向外揉开。嘴唇宜用稍亮的唇膏(口红)涂抹,唇形可以宽厚些。

📖 仪容对人的重要影响

本章新知

形象是指在社交活动中,参与交往的各方相互在对方心目中的整体评价和基本印象。酒店管家在旅游服务中不仅代表了个人,一方面酒店管家的个人形象往往成为旅游服务对象的直接评判内容,在双方初次接触时通过管家的形象来判断其个人性格、能力等方面的特质,另一方面酒店管家通过自身形象的美,使服务对象获得美的感受;管家的形象也代表了组织的形象,反映了一个组织的管理水平。良好的职业形象可以为组织、个人带来无穷的益处,因此作为管家应牢固树立形象意识,在职业活动中从个人仪容、仪表、仪态等方面着手塑造良好的个人形象。

第一节　仪容概述及酒店管家仪容

仪容一般指一个人的容貌,由发式、面容及人体所有未被服饰遮掩的肌肤所构成。现代酒店管家在职业活动中的仪容是指经过修饰并符合社会审美及行业要求的容貌,包括头发、面部、肢体等方面的修饰。仪容在个人整体形象中居于显著地位,它往往传达出最直接、最生动的第一信息,反映了一个人的精神面貌。个人仪容受两方面因素的影响:一是个人的先天条件,二是后天的保养和修饰。虽然个人容貌是父母给予的,相对定型,但可以通过保养、修饰、装扮使自己容光焕发、神采飞扬。

一、头发的修饰

酒店管家与他人接触时,相互最先关注的是头部,头发的修饰往往会给对方产生非常重要的"第一印象"。因此,头发的修饰尤为重要。

(一)发型的选择

发型是指头发经过修饰后所呈现的整体形状。优美的发型是展示

📖 发型选择应遵循的原则

个人良好形象的前提,仪容修饰应当"从头开始"。对于管家来说,发型的选择直接影响着一个人的职业形象,因此除了个人偏好可适当兼顾外,最重要的是要考虑自身条件、工作性质、工作环境与要求等因素,总体上要求庄重、大方、整洁。

1. 男性管家发型的选择

男性管家头发要做到定期清洗修剪,发际线清晰,前不过眉,不能影响为客人服务,后不过领,侧不过耳,鬓角不可短于耳郭顶部,也不能长过耳垂,脑后及两侧的头发应修剪有型,不得过于浓密,穿制服时不能梳理夸张的发型,不得长发披肩或梳辫子,但最短也不得剃光头。

2. 女性管家发型的选择

女性的发型变化多种多样,但对管家来讲,发型的选择应结合自己的气质、脸型和工作的要求,原则上要求简约、大方、明快。具体来说,前面头发不能过双眉,不能影响为客人服务,短发的长度后不过领,最短不低于双耳底部,侧不过耳;若头发即肩或过肩,则应将头发扎起或盘起;不论短、中、长发都应定期修剪,如图 2-1 所示。

图 2-1　女性管家发型

(二)发饰的选择与佩戴

发饰的选择与佩戴,目的是"管束"自己的头发而不是刻意打扮。因此女性管家宜选择黑色、藏青色或褐色且无花色图案的发饰、头花、发卡、发带等,佩戴时也要根据个人的脸型、头型、发型去合理搭配。

(三)定期修剪

人的头发每天都在生长,为了使自己始终保持一个健康、完美的形象,头发需要定期修剪。男性一般可安排半个月或一个月修剪一次;女性可根据自身情况安排修剪周期,如果留有刘海的则要注意不能让刘海遮住眉毛和眼睛。

二、面部的修饰

面部是管家被他人注视时的重点部位,面部修饰是指对面孔、脸部、颜面的修饰,即人们常说的"五官"修饰。面部修饰是个人形象塑造的首要问题,在进行面部修饰时要做到自然、洁净、卫生。

（一）眉部修饰

眉毛虽然没有眼睛引人注意，但也是面部修饰中不可忽视的重要组成部分。在修理眉毛时，应结合自身眉型特点，做到正常、大方、优美。对淡眉、短眉可采用眉笔或绣眉的方法补全；对杂乱不堪的眉毛要及时修整，除去多余的杂毛；在旅游行业不管是男性还是女性管家都应养成梳理眉毛的习惯，以防止眉毛出现灰尘、皮屑等。

面部修饰

（二）眼部修饰

眼睛是"心灵的窗户"，是面部区域被他人注视最多的部位。眼部修饰主要注意以下三个方面：眼睛保洁、眼病防治、眼镜佩戴。

1. 眼睛保洁

眼睛有时会有分泌物产生，如果不及时清洁会使自己的个人形象大打折扣，因此在平时或职业活动中应养成仔细检查、及时清理的习惯。

2. 眼病防治

由于服务场所都是公共区域，人流量、物流量都比较大，因此要养成科学用眼的习惯，注意自身眼睛的保护，一旦发现患有眼疾应及时治疗、休息。

3. 眼镜佩戴

管家应根据自身的脸型、气质、工作环境和岗位要求来选择眼镜，不能一味追求时尚。眼镜要保持清洁卫生，在一定使用周期后及时更换。

（三）鼻部修饰

鼻部的修饰主要注意鼻子及周围的皮肤清洁、鼻毛的修剪两项工作。鼻子及周围的皮肤毛孔一般较粗大，在进行皮肤清洁时应重点清理。对于鼻孔内侧也要经常清理，鼻毛要定期修剪，以免鼻毛外露，影响形象，但不宜当众进行。也不能有挖鼻孔、擤鼻涕、拔鼻毛等不雅动作。

（四）口部修饰

语言是人们进行沟通交流必不可少的工具，因此口部修饰对一个人的整体形象也相当重要。具体可从以下环节进行。

1. 健康的牙齿

整齐、洁白的牙齿是口部修饰非常重要的方面，因为无论是讲话还是微笑，牙齿都会暴露在他人的视线下。因此，作为一名管家应养成勤刷牙、勤漱口、定期护理的习惯，保持口腔健康卫生。

2. 清新的口气

在旅游职业活动中，管家为了保持自己清新的口气，应当适当禁食，如不吃葱、蒜、韭菜等有刺激性气味的食物，如果不小心吃了这些食物，应及时采取补救措施；工作期间应禁酒禁烟；有胃疾的人，应尽量少吃易产生胃气的食物。

3. 美观的口部形象

美观的口部应该是"唇红齿白"，即健康的唇部、干净利落的口腔周围，做到唇部滋润、红润、无脱皮、无开裂的情况。

(五)耳部修饰

耳部修饰主要是做到及时清理耳部产生的分泌物、耳后的耳垢,如果耳孔内生长了耳毛,也要及时进行修剪。

三、肢体的修饰

管家在职业活动中,经常会运用到肢体动作,有时人们对管家肢体的重视不亚于对面部的重视程度。因此在做好头发、面部等方面修饰的同时,也应关注自身肢体的修饰。

(一)手臂的修饰

被服务行业称为服务人员"第二张名片"的手臂,是服务人员使用最多的肢体部位,无论是指示方向、递送物品都必须使用,因此手臂不仅影响管家的个人形象,也影响着旅游组织的整体形象,体现了组织的服务管理水准。

1. 保洁

手臂修饰应从保洁开始。要求管家随时保持手臂的干净卫生,特别是手臂裸露部分,如胳膊、手指等部位。平时要养成勤洗手、勤剪指甲的好习惯。一般指甲的长度以从手心看不长过指尖 2 毫米为宜。

2. 护理

在保洁的基础上,管家应在秋冬较为干燥的季节或对敏感肤质的手臂及时做好护理工作,经常使用清洁剂从事保洁工作的员工,则要养成戴橡胶手套、使用护肤品的习惯。

3. 修饰

管家在工作岗位上,手臂的修饰应以朴素、简约、庄重为美。一般不能留长指甲、不涂过艳指甲油、不戴不合自身身份的饰物,一般只戴婚戒和款式简洁传统的手表。

(二)下肢的修饰

下肢往往是人们容易忽视的部位,然而它的修饰也同样重要。虽然下肢常被服装鞋袜包裹起来,管家也应注意对它的保洁和美化。

1. 保洁

下肢的污垢常常躲在不易被发现的角落,容易被忽视,因此管家非但不能忽略下肢的保洁,更应认认真真对待,要勤洗澡洗脚、勤换洗裤子和鞋袜。

2. 美化

下肢的美化主要指鞋袜的选择和体毛的处理。管家在工作中要依据岗位的性质和要求,按规范穿着裙、裤和鞋袜。如果有的岗位需要裸露下肢,则应适当修整、遮掩自己的体毛。

四、化妆修饰

化妆的实际意义是使自己更加美丽,更加光彩照人,化妆之后,人们可以拥有更良好的自我感觉,更为自尊自信,在生活工作中表现得更为洒脱自如。同时,在旅游服务行业,酒店管家通过化妆美化自己,也是尊重服务对象的表现,是工作场合、正式场合的重要礼仪要求。

（一）认识养护皮肤

1. 认识皮肤

皮肤一般可分为干性、中性、油性、混合性、敏感性五种类型。①干性皮肤一般毛孔细小，皮脂分泌少，皮肤表面缺少弹性和光泽，容易产生细小皱纹；②中性皮肤皮脂分泌适中，皮肤表面光滑、润泽；③油性皮肤皮脂分泌多，毛孔较大，纹理较粗，不易产生皱纹，但容易生粉刺；④混合性皮肤是一种表现多种性质特征的皮肤，往往在额头、鼻子、下巴部位分泌油脂较多，形成 T 形皮脂带，这些部位属油性皮肤性质，其他部位则呈中性或干性皮肤性质；⑤敏感性皮肤容易对光照、某些化妆品或食物有过敏反应，这些皮肤要避开过敏源，不能乱用化妆品，初次使用时必须仔细试用，不要经常换用护肤品和化妆品。

2. 养护皮肤

管家会在各种环境中工作，平时需要注重养护自己的皮肤。皮肤的养护是通过内养和外护来完成的。内养是指身体内部的调养，主要通过合理的饮食结构、适当的运动、充足的睡眠、愉悦的心情来实现；外护则可以通过有效清洁皮肤、尽可能避免日晒、科学选用护肤品等环节来实现。

（二）认识选择化妆品

1. 认识化妆品

根据功能的不同，化妆品可分为四大类型。

（1）润肤类化妆品。用于护理面部、手部、身体等部位皮肤的化妆品为润肤类化妆品，主要为皮肤护理提供基本的保障，常见的有洁面乳、香脂、润肤露、润肤霜等。

（2）美发类化妆品。用于头发的护理、保养、造型的化妆品为美发类化妆品，主要有洗发水、护发素、啫喱水、烫发水、染发膏、发胶、发蜡、发膜等。

（3）芳香类化妆品。用于溢香去臭、芳香宜人、防虫叮咬的化妆品为芳香类化妆品，常见的有香水、香粉、花露水等。

（4）修饰类化妆品。修饰类化妆品主要用于修饰肤色，为搭配服饰、造型用来改善面部某些部位的着色，使化妆者更加靓丽，常见的有粉底、粉饼、眼影、眉笔、胭脂、口红等。

2. 选择化妆品

皮肤的性质不是一成不变的，往往会随着年龄、季节、生活环境的变化而变化。因此应根据每个人皮肤的特点，选用合适的护肤品、化妆品。

（三）掌握化妆技巧

1. 化妆的原则

不论是日常生活还是职业场合，化妆时都应遵循以下基本原则。

（1）扬长避短。化妆的目的是通过化妆，力求突出自己面部最美的部分，使其更美，遮掩不足部分，使其不大引人注意，巧妙地弥补缺陷，从而在人际交往中显得更为自尊、自信、自爱。管家要使化妆达到美的效果，首先要了解自己容貌的特点，明白自己容貌的优点和不足；其次要通过化妆品、化妆技巧、化妆方法等的合理选择与搭配运用，达到化妆的目的。注意任何化妆品或化妆技巧都不能改变自身容貌上存在的不足或缺陷，因为它不是整容，化妆的重点是突出面部最美的部分，掩饰和校正不足，扬长避短。

（2）自然和谐。化妆的最高境界可以用两个词形容，就是"自然""和谐"。自然是指化妆时虽追求刻意雕琢，但结果却又不露痕迹且给人赏心悦目的美感。和谐是指化好的妆容与自身的性别、年龄、容貌、肤色、身材、体型、个性、气质、服装饰物及职业身份、工作环境等相协调；面部各部位之间色彩搭配协调，浓淡相宜。

（3）科学避人。管家化妆要讲究科学，首先要科学地选择化妆品，应根据个人不同的肤质选择由合适的化妆品，应尽量选择由天然且对人体无害的原料生产的化妆品，尤其不能使用含有过多香料、酒精且不带卫妆准字的劣质化妆品；其次讲究专用原则，不随意借用他人化妆品；最后要讲究化妆方法与技巧，不同的化妆品有不同的使用技巧和方法，必须熟练掌握，从而使化妆成为有效的修饰手段。酒店管家应处处维护自身的职业形象，不能素面朝天，也不能以残妆示人，但这并不意味着可以随时随地化妆和补妆。化妆实际上属于个人隐私，原则上只能在家中进行，如果事出有因，在其他场合需要临时化妆和补妆时，应选择隐蔽或无人之处进行，做到修饰避人。平时也不能非议他人妆容，尤其不能对服务对象的妆容指指点点。

（4）遵从礼仪。管家在进入工作场合前（特殊场合如吊唁、丧礼等哀伤、沉痛场合除外），无论男女都应进行面容的适当修饰，做到整洁、美观，避免"奇、新、残"。男士如需化妆，注意使用化妆品不宜过多，色彩尽量接近原肤色，不能暴露化妆痕迹。睡觉前应卸妆，注意皮肤的保养。

2. 化妆的程序与技巧

完整的化妆并不仅仅指的是彩妆部分，清洁与护肤往往是决定底妆妆面的重要因素。一个完整的妆面包含了以下程序与技巧。

（1）洁面与护肤。化妆前首先要用洗面奶或清洁霜彻底清洁面部、颈部，然后选用合适的营养液护肤，使用时应用手掌由里向外、由下往上均匀涂抹。

（2）底色、高光色。洁面护肤后，用粉底液（霜）给面部做底色，底色一定要与皮肤服帖，做好底色可从视觉上改善皮肤质感与肤色明度，是化妆成功的一半。选用接近自己肤色明度或高一度的粉底做内轮廓，选用比肤色低一度或两度的粉底做外轮廓，选用比基础底色更高度数的粉底或专业高光色为面部突出部位（如鼻梁和眼袋阴影处）提亮。

（3）眉眼部化妆。眉眼部化妆指的是眉毛和眼睛包括眼影、眼线、睫毛等处的修饰。眉毛应根据每个人眉毛的自然特征进行修饰。眉毛的最高点应在眉峰处，最浓处应在眉腰，眉头和眉梢应渐淡；眉毛要有透隙感，画眉时应用毛刷笔沾眉粉或用眉笔，从眉腰处向外向内轻刷，不能用力过猛画到皮肤上；眉粉或眉笔的颜色要与发色相同。眼影是用来强调眼部结构和神韵的，应根据工作场合、个人性格、服饰搭配等元素来选择眼影的颜色，一般职场中以稳重大方的咖啡色系为主。画眼影分两步完成：先用结构色眼影从睫毛处开始自下至上在眼球处晕染开，然后用提亮色或与服装呼应的颜色从睫毛线向上晕染开，也可再用眼影在下眼线处呼应一下。眼线也叫睫毛线，眼线应由外向内紧贴睫毛根部渐弱，画的时候要尽量细致。睫毛的修饰可先用睫毛夹将睫毛卷起，再用睫毛膏由下往上将睫毛均匀刷开，注意不要刷到睫毛根部或脸上。

（4）胭脂。胭脂又叫腮红，有改善肤色、修正面型的作用。选择胭脂时应考虑个人的职业、肤色、年龄、性格等因素，工作场所一般选用橘色和粉色较多。刷胭脂要从颧下弓处开始逐渐向颧骨处过渡，并要结合脸型特点，窄脸横向刷、宽脸纵向刷。

（5）唇部。先用唇膏打底，再用唇线笔由外向里勾出唇形，最后用唇彩在唇部均匀涂开。

（6）颈部。化妆结束后，可用与面部底色一致的粉底或细干粉轻轻擦拭，确保面部底色与颈部的自然衔接。

（7）定妆。全部化妆步骤结束后，最后用少量浅深两色干细粉分别为内外轮廓定妆，这样可使皮肤看起来更明亮、更富有弹性，妆面更持久。

第二节　仪态概述及酒店管家仪态规范

优雅的举止、洒脱的风度，最能给人留下深刻印象。在日常生活中，人们常常会评论某个人的行为优雅或粗俗，实际上，就是在评论其仪态是否符合礼仪的要求。仪态，是指人的姿势、举止和动作。通过仪态可以展示一个人的精神状态、心理活动、文化修养及审美情趣。酒店管家要使自己具有文明、优雅、得体的仪态。

一、酒店管家仪态的基本要求

（一）仪态应文明

法国社会学家罗伯特·艾利阿斯在《文明过程：仪态史》中的理论表明，一定的仪态标准和行为方式总是一定的心理、情感结构或素质的表现，而一定的心理、情感结构又总是同一定的社会结构、社会关系相适应。一个人的仪态是其教养和修养的体现。商务人员的仪态要显得有修养、讲礼貌，不应在异性和他人面前有粗野的动作与行为；要通过良好的仪态来体现敬人之意，而不要失敬于人。

（二）仪态应优雅

培根说过："相貌的美高于色泽的美，而优雅合适的动作的美又高于相貌的美。"这主要是因为仪态比相貌更能体现人的精神气质。因而，无论何时何地，或站或坐，都要注意造型优美、举止优雅。一般来说，男尚阳刚，女尚温柔。在设计体态动作时，一定要注意体现出性别特征和个性特征。男性要有男性的气质和风度，如刚劲、强健、粗犷、潇洒等；女性要有女性的柔情和风姿，如温柔、细腻、娴静、典雅等。

（三）仪态应适宜

仪态作为体姿语言，是口语表达的辅助手段。在表现上，首先要适度，不可喧宾夺主。如果每讲一句话都用上一个表情或动作，挤眉弄眼、手舞足蹈，反而会弄巧成拙、令人反感。其次要切合场景，符合身份。不同的场合要求应用不同的体态，喜庆的场合要兴高采烈，甚至可以翩翩起舞；严肃、庄重的场合就不能高声说笑、手舞足蹈。一般来说，中老年人要稳重老成，不能有轻浮的动作、表情，青少年则要活泼大方，不要故作老成。

（四）仪态应修炼

一个人优雅、得体、自然的举止，不是为了某种场合硬装出来的，而应是日常生活中的修养所致，是长久熏陶、顺乎自然的结果。要想达到仪态美，需要内外兼修：内修品格，外练礼仪；内修于心，外秀于形。有了优秀的品格，才会有宜人的风度。风度和礼仪总是相伴相随的。商界人士应明确礼仪的重要性,掌握礼仪的技巧,遵守礼仪的规范,日积月累,定能展现潇洒风度。

二、站姿礼仪

"站如松,坐如钟,行如风,卧如弓",这是我国古人对人体姿势的要求。在人际交往中,站姿是一个人全部仪态的核心。"站有站相"是对一个人礼仪修养的基本要求,良好的站姿能衬托出美好的气质和风度。如果站姿不够标准,其他姿势就谈不上优美。

(一)站姿的规范要求

上体正直,头正目平,收颌梗颈,挺胸收腹;双臂下垂,立腰收臀;嘴唇微闭,表情自然;手指自然弯曲,掌心向内轻触裤缝,或将右手搭在左手上,贴放在腹部;身体的重心置于双足的后部;双眸平视前方,精神饱满,面带微笑,胸部稍挺,小腹收拢,整个形体显得庄重、平稳、自信。

1. 男性站姿

男性站姿要稳健,"站如松",以显出男性刚健、强壮、英武、潇洒的风采。男性脚位:两脚跟靠紧,脚尖分开呈60°;或双脚分开,两脚间距离不超过肩宽,一般以20厘米为宜。手位:双手手指自然并拢,放于身体两侧;或双手在身后交叉,贴于臀部;或叠放于腹前的前腹式站姿。

2. 女性站姿

女性站姿要柔美,"亭亭玉立",以体现女性轻盈、妩媚、娴静、典雅的韵味。女性的主要站姿为前腹式,但双腿要基本并拢,脚位应与服装相适应。穿紧身短裙时,脚跟靠紧,脚掌并拢,或分开呈V状(45°)或Y状(即丁字步)。

(二)不雅的站姿

不论男女,站立时切忌歪头、缩颈、耸肩、含胸、塌腰、撅臀;切忌身躯歪斜、浑身乱抖、弯腰驼背、趴伏依靠、手位失当(如抱在脑后、手托下巴、抱在胸前、插入衣兜、摸来摸去)、腿位不雅(双腿叉开过宽、双腿扭在一起、双腿弯曲、一腿高抬)、脚位欠妥(人字式、蹬踩式、独脚式等)。更不要下意识地做小动作,如摆弄打火机、香烟盒,玩弄衣带、发辫,咬手指甲等,这些动作不仅显得拘谨,给人以缺乏自信和教养的感觉,也有失仪表的庄重。

(三)规范站姿的训练方法

优美的站姿给人以气质之感,但日常生活中不良的习惯导致体态、站姿并无美感;相反,经常性、针对性的练习能够帮助矫正体态。①贴墙法。使后脑勺、双肩、臀部、小腿肚、双脚跟部紧贴墙壁。②贴背法。两人背对背相贴,部位同上,在肩背部放置纸板,纸板不能掉下。③顶书法。头顶书本,使颈梗直,略收下颌,挺直上身至书不掉为宜。

当然,在日常生活中,各种场合的站姿应依时间、地点、场合的不同而有所变化。但不论何种站姿,不同的只是脚部姿势或角度,身体仍需保持挺直,使站姿自然、轻松、优美。

三、坐姿礼仪

坐姿是一种静态的身体造型,是人们在社交应酬中采用最多的姿势。端庄优美的坐姿不但给人以文雅、稳重、大方的感觉,而且也是展现自己气质和风度的重要形式。

(一)正确的坐姿

基本要求:端庄、大方、文雅、得体;上体正直,头部端正;双目平视,两肩齐平;下颌微收,双手自然搭放。

入座时礼仪:在社交中讲究顺序,礼让尊长。若与他人一起入座时,应礼貌地邀请对方首先就座或与对方同时就座,不可抢先坐下。入座时,要注意方位,分清座次的尊卑,主动把上座,如面对门的座位、居中的座位、右侧的座位、舒适的座位让给尊长。坐姿与站姿一样,端庄优雅的坐姿也能表现出一个人的静态美。入座要轻,立腰挺胸,双肩放松,双膝并拢,上身微倾,上体自然坐直,两腿自然弯曲,双脚平落地上并拢或交叠,双膝自然收拢,臀部坐在椅子1/2或者2/3处,两手分别放在膝上(女士双手可叠放在左膝或右膝上),双目平视,下腭微收,面带微笑。如是女士入座时,应先背对着自己的座椅站立,右脚后撤,用右脚肚确认椅子的位置,再整理裙边,将裙子后片向前拢一下后顺势轻轻坐下。入座后,两个膝盖一定要并拢,双脚也要并齐。无论是入座还是离座,一般都要求左进左出,即从椅子的左边入座,从椅子的左边离座。

坐定后,男士双膝并拢或微微分开,两脚自然着地。而女士则无论何时都应双膝并拢。在社交场合,不论坐椅子或坐沙发,最好不要坐满,正襟危坐,以表示对对方的恭敬和尊重,双目正视对方,面带微笑。作为女士,还应该谨记"坐莫动膝,立莫摇裙",女士的坐姿应温文尔雅,自然轻松。

(二)纠正不雅的坐姿

在正式场合,我们应避免以下姿势:①双腿过度叉开;②跷二郎腿或4字形腿;③腿脚抖动摇晃;④左顾右盼,摇头晃脑;⑤上身前倾、后仰或弯腰曲背;⑥双手或端臂,或抱膝盖,或抱小腿,或置于臀部下面;⑦脚尖指向他人;⑧双手撑椅;⑨又跷脚又摸脚;⑩坐时随意挪动椅子。

四、行姿礼仪

行姿是指在行走的过程中所形成的姿势,以人的站姿为基础,实际上属于站姿的延续动作。与其他姿势不同的是,行姿自始至终都处于动态中,体现的是人类的运动之美和精神风貌。

对行姿的总体要求是轻松、矫健、优美、匀速。虽不一定非要做到古人所要求的"行如风",至少也要做到不慌不忙、稳重大方。

(一)行姿的礼仪规范

酒店管家要注意自己的行姿礼仪,具体有以下规范要求。

(1)重心落前。在起步行走时,身体应稍向前倾,身体的重心应落在反复交替移动的前脚脚掌上。需要注意的是,当前脚落地、后脚离地时,膝盖一定要伸直,踏下脚时再稍为松弛,并即刻使重心前移,这样行走时,步态才会好看。

(2)昂首挺胸。在行走过程中,要面朝前方,双眼平视,头部端正,胸部挺起,背部、腰部、膝部尤其要避免弯曲,使全身呈一条直线。

(3)脚尖前伸。在行进时,向前伸出的那只脚应保持脚尖向前,不要向内或向外,同时还应保证步幅(行进中一步的长度)大小适中。通常,正常的步幅应为一脚之长,即行走时前脚脚跟与后脚脚尖二者相距为一脚长。

(4)摆动两臂。在行进时,双肩、双臂都不可过于僵硬呆板。双肩应当平稳,力戒摇晃,两臂则应自然地、一前一后地、有节奏地摆动。在摆动时,手腕要进行配合,掌心要向内,手掌要向下伸直。摆动的幅度,以30°左右为佳。

(5)协调匀速。在行进时,大体上在某一阶段中速度要均匀,要有节奏感。另外,全身各个部分的举止要相互协调、配合,要表现得轻松、自然。

(6)直线前进。在行进时,双脚两侧行走的轨迹,大体上应呈一条直线。与此同时,要克服身体在行进中的左右摇摆,并使自腰部至脚部始终都保持以直线的形状进行移动。

(二)不同着装的行姿

酒店管家因性别不同,所着服饰不同,行姿也应有所区别。一般地讲,行走中要充分展现服装的特点。直线条服装具有舒展、庄重、大方、矫健的特点,以曲线条为主的服装则显得妩媚、柔美、优雅、飘逸。

(1)着西装的行姿。西装以直线为主,商界人士应当走出挺拔、优雅的风度。着西装行走时,后背应保持平直,走路的步幅可略大些,手臂放松,自然摆动,手势简洁大方。行走时男士不要向两边晃动,女士不要左右摆动。

(2)着裙装的行姿。裙装又可分为短裙和长裙两种。女士着短裙行走时,要表现轻盈、敏捷、活泼、洒脱的风度,步幅不宜过大,但脚步频率可以稍快些,保持轻快、灵巧的风格。若着长裙,应显出女性身材的修长和飘逸美,行走时要平稳,步幅可稍大些。转动时,要注意头和身体相协调,注意调整头、胸、髋三轴的角度。

(3)着旗袍的行姿。女士着旗袍行走时,要求身体挺拔,下颌微收,不要塌腰、撅臀。走路时,步幅不宜过大,以免旗袍开衩过大。两脚跟前后要走在一条线上,脚尖略微外开,两手臂在体侧自然摆动,幅度也不宜过大。

(4)穿高跟鞋的行姿。女士在社交场合经常穿着黑色高跟鞋,行走时要保持身体平衡。具体做法是:直膝立腰、收腹收臀、挺胸抬头。膝关节不要前曲,臀部不要向后撅。一定要把膝关节挺直,行走时步幅不宜过大。

(5)穿平底鞋的行姿。穿平底鞋走路比较自然、随便,要脚跟先着地,前行力度要均匀,走起路显得轻松、大方。由于穿平底鞋不受拘束,往往容易过分随意,在社交场合若穿平底鞋应当注意防止给人以松懈的印象。

(三)行姿中的禁忌

行走时下列举止均为失礼。

(1)八字步态。行走时,若两脚脚尖向外侧伸构成外八字步,或两脚脚尖向内侧伸构成内八字步,看起来都很难看。

(2)左顾右盼。行走时,不应左顾右盼,尤其是不应反复回过头来注视身后。

(3)方向不定。行走时,方向要明确,不可忽左忽右,变化多端,给人心神不定之感。

(4)忽快忽慢。行走时,切勿忽快忽慢,突然快步奔跑,又突然止步不前,让人难以捉摸。

(5)声响过大。行走时,不能用力过猛,搞得声响大作,不得因此妨碍他人,或惊吓他人。

五、蹲姿礼仪

在公共场所拿取低处的物品或捡拾掉落在地上的东西时,和坐在轮椅上的人士或小朋友说话时,都会用到蹲姿。使用下蹲和屈膝的动作,可以避免弯上身和翘臀部,尤其是女士穿裙装时,如不注意背后的上衣自然上提,露出腰、臀部皮肤和内衣,是很不雅观的。

优雅蹲姿的基本要领是屈膝并腿,臀部向下,上身挺直。

(一)主要的蹲姿

(1)交叉式蹲姿。下蹲时右脚在前,左脚在后。右小腿垂直于地面,全脚掌着地。左腿在后与右腿交叉重叠,左膝由后面伸向右侧,左脚跟抬起,脚掌着地。双腿前后靠紧,合力支撑身体。臀部向下,上身稍向前倾。穿裙装的女士比较适合这种蹲姿。

(2)高低式蹲姿。左脚在前、右脚在后向下蹲去,左小腿垂直于地面,全脚掌着地,大腿靠紧;右脚跟提起,前脚掌着地;右膝内侧靠于左小腿内侧,形成左膝高于右膝的姿态,臀部向下,上身稍向前倾。男士可选用这种蹲姿。

(3)半蹲式蹲姿。半蹲式蹲姿多为人们在行进中临时采用。它的基本特征是身体半立半蹲。其主要要求是在蹲下时,上身稍许下弯,但不与下肢构成直角或者锐角,臀部务必向下,双膝可微微弯曲,其角度可根据实际需要有所变化,但一般应为钝角。身体的重心应放在一条腿上,而双腿不宜过度地分开。

(4)半跪式蹲姿。半跪式蹲姿又叫作单蹲姿,它与半蹲式蹲姿一样,也属于一种非正式的蹲姿,多适用于下蹲的时间较长时,它的基本特征是双腿一蹲一跪。其要求是下蹲以后,改用一腿单膝点地,而令臀部坐在脚跟上,另外一条腿应当全脚掌着地,小腿垂于地面,双膝必须同时向外,双腿则应尽力靠拢。

(二)蹲姿要点

脊背保持挺直,臀部一定要蹲下来,避免弯腰翘臀的姿势。男士双腿间可留有适当的缝,女士则要双腿并紧,穿旗袍或短裙时需更加留意,以免出现尴尬。

第三节 服饰礼仪及酒店管家服饰

《春秋左传正义》说:"中国有礼仪之大,故称夏;有服章之美,谓之华。"在古人眼中,中国的礼仪和服饰共同组成了"华夏"二字,可见衣冠较之礼仪具有旗鼓相当的地位。

服饰是人类文明的标志,又是人类生活的要素。服饰是装饰人体的物品的总称,包括服装、鞋、帽、袜子、领带、首饰、围巾、提包、阳伞、发饰等。服饰能彰显出一个人的个性、身份、修养、品位和精神面貌,同时也会影响到留给他人的第一印象。在商务场合,酒店管家的服饰是否得体关系到所在企业的整体形象。

一、服饰的功能和着装的原则

(一)服饰的功能

1. 等级性

服饰的等级性主要是指在阶级社会中用服饰来区别尊卑贵贱,标示人的身份等级。例如,中国古代礼制规定:"天子朱,诸侯毒,大夫、士缁。"贾谊在《新书·服疑》中说:"见其服而知贵贱,望其章而知其势。"

2. 地方性

服饰的产生和发展变化与人类居住的自然环境、气候条件,以及各地区生产方式和生活方式有着密不可分的关系,因而呈现出鲜明的地域色彩。由于受地域、历史、文化和宗教的影响,从古至今,各个地方都形成了自己独特的服饰文化。秦统一全国后,实现服饰的一体化,但一些细微之处仍存在很大差别,主要体现在南北方的服饰差异上。

3. 民族性

民族性是指各个民族在服饰上所表现的不同特点。各具特色的民族服饰是在一定的历史条件下,逐步发展演变成的,它受到地理环境、历史观念和深层文化内涵的影响,凝聚着特定民族人民的审美理想和意趣。

4. 伦理性

在中国古代,在特定的时间内,服饰是守礼遵规的一种表现,不同的场合有不同的服饰要求,这就使服饰带有强烈的伦理色彩。如祭祀有祭服,上朝有朝服,婚事有礼服,葬仪有丧服。

5. 标识性

在社会生活中,用服饰来显示、界别自身所从事职业、身份的功能内涵,是其重要内容之一。如罪犯囚徒的"囚衣""号衣""号服",军队官兵的"军服""兵服",僧尼道徒的"僧衣""道袍"等,都可以清楚地标示出职业和身份。

服饰体现着一种社会文化,体现着一个人的文化修养和审美情趣,是一个人的身份、气质、内在素质的无言的名片。服饰是一门艺术,它所能传达的情感与意蕴甚至难以用语言来表达。在各种正式场合,商务人员得体的着装通常体现着自身的基本素养,有助于增加交际魅力,给人留下良好的印象,使人愿意与其深入交往。

(二)着装的原则

1. TPO 原则

1963 年,日本男装协会提出了服饰 TPO 原则,即人们在选择服装、考虑其具体款式搭配时,要考虑时间(time)、地点(place)、目的(object)的协调性。也有人把"O"理解为occasion(场合)。①时间。从时间上讲,一年有春、夏、秋、冬四季的交替,一天有 24 小时变化,显而易见,在不同的时间里,着装的类别、式样、造型应因此而有所变化。比如,冬天要穿保暖、御寒的冬装,夏天要穿通气、吸汗、凉爽的夏装。白天穿的衣服需要面对他人,应当合身、严谨;晚上穿的衣服不为外人所见,应当宽大、随意。②地点。从地点上讲,置身在室内或室外,驻足于闹市或乡村,停留在国内或国外,身处于单位或家中,在这些不同的地点,着装的款式理应有所不同，切不可以不变应万变。例如，穿泳装出现在海滨、浴场，是人们司空见惯的；但若是穿着它去上班、逛街，则令人哗然。③目的。从目的上讲，人们的着装往往体现着其一定的意愿，即自己对着装留给他人的印象如何是有一定预期的。着装应适应自己扮演的社会角色。服装的款式在表现服装的目的性方面发挥着一定的作用。如为了表达自己悲伤的心情，可以穿深色、灰色的衣服。身着款式庄重的服装前去应聘新职、洽谈生意，说明郑重其事、渴望成功；若选择款式暴露、性感的服装，则表示自视甚高，说明其对求职和业务的重视远远不及对其本人的重视。

2. 整体性原则

搭配得体的服饰必须从整体考虑服装的款式、色彩、质地、配饰、工艺等方面的和谐。穿西装，必须穿不露脚趾的皮鞋，不能穿休闲的凉鞋、旅游鞋、拖鞋或布鞋等；也不可穿着西服上衣，打着领带，下身则穿着运动裤、短裤等休闲装。服饰的效果只有整体和谐，方能显出一个人良好的气质内涵。

3. 合"礼"原则

合"礼"原则，即要符合礼仪规范。例如，在喜庆场合不宜穿着素雅、古板；在庄重场合不能穿得太宽松、随便；在悲伤场合，不能穿着鲜艳。

服装和配饰的搭配要尊重他人。例如，电视台播新闻的女播音员，穿着庄重，可漂亮的吊坠、耳环却随着播音不停地晃动，让观众烦躁，这是对观众的不敬，是不合"礼"的行为。

4. 协调搭配原则

(1)服饰搭配要与体型相协调。古希腊哲学家毕达哥拉斯发现，只要符合黄金分割律的物体和几何图形，都会让人感到悦目、和谐、愉快。优美的人体的比例(肚脐以下的长度占身高的比例)应符合 0.618∶1。虽然现实中大多数人的体型不尽完美，但可以通过服饰的搭配扬长避短。

(2)服饰搭配要与身份、职业相协调。人的身份随着场合、时间的变化在不断变换着。作为员工，工作场合的穿着应该庄重，不宜随意；作为旅游者，着装应该宽松，便于运动；作为管理者，服饰不能随心所欲，应该庄重高雅，显出自己的风度和气质。不同的职业对服饰有不同的要求。教师、公务员、商务人员穿着要庄重，衣着款式不能夸张，男士以西服套装为佳，女士以西装套裙为好；医生的白大褂可以显示洁净、稳重和富有经验，但白大褂内的衣着不宜过于时髦，以免使病人产生不信任感；演员、艺术家等则可以根据职业特点，穿着时尚，给人以艺术美感。

(3)服饰搭配要与色彩相协调。心理学家认为，人的第一感觉是视觉，而对视觉影响最大的则是色彩。人的行为之所以受到色彩的影响，是因为人的行为很多时候易受情绪的支配。红色通常给人带来刺激、热情、积极、奔放和力量，还有庄严、肃穆、喜气和幸福等；绿色是自然界中草原和森林的颜色，有生命永久、理想、年轻、安全、新鲜、和平之意，有清凉之感；蓝色则让人感到悠远、宁静；粉红色象征健康，是美国人常用的颜色，也是女性最喜欢的色彩，具有放松和安抚情绪的效果。例如，美容院的员工服装通常是粉红色。

🔲 服饰色彩
类型和搭配

二、酒店管家的职业服饰

(一)男性管家西装穿着的具体要求

西装是目前全世界男士在正式场合最流行的服装之一,很久以来,西装作为许多国家男士的正式服装,已经形成了一定的穿着规范,故有西装"七分在做,三分在穿"之说。男性管家在工作过程中,其个人着装应显得庄重有风度,整洁有品位,西装不失为较佳的选择。当然男性管家在西装的穿着上只有符合其特定的模式和要求才能被认为是合乎礼仪的。

1. 西装

从数量上西装可分为两件套和三件套,两件套包括上衣和裤子,三件套包括上衣、马甲和裤子;标准的西装应保持面料、色彩、质地完全一致。从板型上西装可分为英式西装、美式西装和欧式西装。西装选择要注意色彩、面料、款式、做工、大小等要素。正装西装色彩以单色深色为主,宜选深蓝色、黑色、灰色等色彩,面料应精致,一般选用精纺毛料,款式要适合自身的实际情况,做工要精良,大小要合体。西装上衣长度应过臀部,手臂伸直时袖子长度到虎口处;在穿好西裤拉上拉链、扣好裤扣后,能将五指并拢的手掌伸进裤腰,穿好西裤人站正,裤脚的下沿盖住鞋背的1/3或1/2处。西装穿着要遵守一般的礼仪规范。

📖 商务男士职业
西装的分类

2. 衬衫

在正式场合,与西装搭配的衬衫最好是单一色彩,白色衬衫适用面最广,另外蓝色、灰色、棕色也可以考虑,杂色衬衫一般不宜选用。衬衫大小以扣好扣子领口处能伸进一小手指较为合适,袖口比西装袖口长出1~2厘米,领子比西装领子高出1厘米左右。衬衫穿着时要做到整洁、挺括、无褶皱,下摆应塞进西裤裤腰中,衬衫袖子要扣上。

3. 领带

领带是男士衣着品味和绅士风度的象征,在正式场合穿西装必须系领带。按色彩领带有单色、多色之分。公务活动或较隆重的社交场合适合系单色领带,颜色以蓝色、黑色、紫红色、灰色等为好。多色领带可用于各种场合,但颜色不宜超过三种。平时应根据个人的情况选择合适的领带,质地要好,一般丝质类较佳;注意领带的宽度和长度与自己身体成正比,不要反差太大,一般领带宽度与西装领襟一致,领带的长度以140~150厘米最标准。管家一般应选用与制服颜色相称、光泽柔和、典雅朴素的领带。

4. 鞋袜

穿西装须穿皮鞋,在正式场合以无花纹的黑色平跟皮鞋最为合适,黑色皮鞋可以搭配任何色调的服装。袜子的颜色要与裤子、皮鞋的颜色相配,色调应比西装深一些,单色无图案较好,图案不明显的也可以,质地以丝质为佳,穿西装不能穿棉袜。

5. 其他

正式场合着正装(西装)时,一般不用其他的饰物,但建议可随身佩戴正装手表,携带水笔或签字笔、纸巾、名片等。西装穿着时应遵守"三一定律",即全身上下服装色彩应在三种以内;皮鞋、皮带、皮包的颜色最好一致,以黑色最为常见。

(二)女性管家正装穿着的具体要求

女性管家在工作中,正装一般首选套装。女士套装可以是裙装也可以是裤装,有两件套和三件套之分,即女式上衣、裙子(裤子)和背心。女士套装在穿着时不仅要体现出职业特点、职业气质,更应遵守女士正装穿着的礼仪规范。

1. 套装

女士套装选择要适当,上衣和裙子、裤子的颜色应相同,以素色无光泽为好;上衣一般应有袖子,裙子的长度应到膝盖,裤子的裤脚下沿应盖住鞋背的1/3或1/2处;巧配衬衫、内衣,衬衫以素色为主,内衣应当柔软贴身、大小合适;套裙一般要配以衬裙,特别是穿着丝、棉、麻等薄型面料或浅色套装时,衬裙以单色为好,大小长短要合适。

2. 鞋袜

女士穿着套装时应注意鞋袜的搭配。一般皮鞋以黑色、高跟或半高跟正装皮鞋为好,如果穿着浅色套装也可以选用浅色皮鞋,但要注意鞋子和服装的色彩要和谐美观。袜子一般有尼龙丝袜或薄型羊毛袜,选用无图案的肉色、灰色、黑色袜子为好。裙装应配连裤袜,裤装可以配短袜,注意袜口不能暴露在外,也不能有破损。

3. 饰物

穿衣打扮讲究的是着装、化妆和饰物之间的有机和谐、相辅相成。因此,女性管家在工作中穿着套装时,应按要求化好妆,并选用适当的饰物,以体现自己完整、优美的职业形象。但饰物的选用要合乎身份、合乎场合、合乎工作需要,以少为佳,穿戴得体。

(三)酒店管家工装穿着的具体要求

工装是指为达到统一形象、提高效率或安全劳动的防护目的,按照一定的制度和规定,供一定部门岗位管家穿用的一定制式的服装。工装往往有标识部门、岗位的作用,故又称岗位识别服。工装的质地、式样、颜色、纹样、配件以及饰品具有多种功能与含义,不仅展现出管家的精神面貌,还体现出旅游组织的文化内涵,如图2-2所示。管家在工装

📱 服饰六义

穿着时应符合以下的要求:按部门、岗位的要求穿着工装才能进入工作区域;保持工装的整洁、挺括,服装不能有污渍、异味,不能有褶皱;服装不能有破损、掉扣或开线;服装应勤换勤洗;皮鞋、布鞋应经常刷洗,保持洁净,皮鞋要光亮,不能有破损;男员工一般选蓝、灰或黑袜子,女员工应穿着与肤色相近的丝袜,切忌为赶时髦而穿彩色、网状类丝袜,袜口不可露在裙子外面,丝袜有跳丝或破损的要立即更换;戴好名牌,按规范佩戴饰物;有的岗位还需要戴好手套与帽子。

1. 自觉戴好名牌

名牌不仅是部门、岗位、职位的标志,也体现了对服务对象的尊重,使其容易辨认区分以便获得应有的服务,更体现了对管家的尊重。管家佩戴名牌上岗是对自身职业的肯定,并能增强工作的责任感和义务感。名牌应端正地佩戴在左胸上方,每日上岗前自觉戴好;名牌有损坏时或岗位有变化时,应及时更换。

2. 规范佩戴饰品

饰品佩戴是一门大学问,很多时候它甚至比服装本身还重要,佩戴得体则有画龙点睛之

图 2-2　酒店管家工装穿着

作用。管家在佩戴饰品时应注意以下几点：①符合行规。不同的部门和岗位在饰品的佩戴上有不同的规定和要求，有的限制较多，有的要求则比较宽松。在遵守旅游行业行规的前提下，注意男女有别，男士一般只适宜戴戒指，女士允许带其他首饰，但不宜佩戴夸张且妨碍工作的饰品。②以少为佳。管家选择佩戴的饰品应能起到锦上添花的作用，而不妨碍工作、不过分炫耀、不刻意堆砌。如果特定场合需要佩戴则上线不过三，不多于两件则是最正规的，千万不可把自己喜欢的饰品全都披挂上身，那样反而弄巧成拙，降低个人品位，或有与服务对象攀比的嫌疑。③同质同色。管家如果需要佩戴两件以上的饰品，为体现自身品味与水准，宜精不宜繁，应尽量选用材料、造型、做工精致的饰品，其色彩、款式及质地最好保持一致，做到同质同色。④协调搭配。管家可适当佩戴适合职业个性并巧妙吻合自身气质风格的饰品，且与时间、场所、环境、服饰相搭配，最好能充分体现自己独特的品位和个人魅力。一般要与穿着的服装相协调，穿西装、职业装时，不宜佩戴工艺饰品，在工作岗位上，不宜佩戴珠宝饰品。

目标考核

初级目标考核：

选出 5 位同学(要求脸型不同,中长发均有),现场进行发型设计。

高级目标考核：

(1)由教师选一名学生作为模特,按职业妆的步骤和要求进行化妆操作示范,同时进行讲解;

(2)由学生按照"洁面—护肤—打底色—眉毛—眼睛(眼影、眼线、睫毛)—胭脂(腮红)—唇部—颈部—定妆"的步骤进行练习;

(3)教师在一旁对学生的操作进行纠正、辅导;

(4)化妆结束后先由学生进行自我评价,然后由教师进行点评。

第三章 酒店管家的性格养成

◎ 初级目标:熟知职业性格的主要表现。

◎ 高级目标:掌握酒店管家职业性格的特征。

课前准备

以小组形式(每组3~5人)接受任务清单,自学性格的类型,完成任务并相互点评。

任务清单

任务清单:讨论什么性格的人比较受欢迎。

性格色彩学是实用心理学的一门分科,中国性格色彩研究中心自创立起,已经成为一套完整的性格分析的实用工具,主要将人的性格分为红、蓝、黄、绿四种:红色——今朝有酒今朝醉,明日再担明日忧;蓝色——天下本无事,庸人自扰之;黄色——居安思危,不进则退;绿色——无论风吹雨打,我自然不动。

性格色彩测试

红色性格的特征:一是阳光心态,积极快乐。红色性格的人能在每件事情中看到美好的一面,即使是他们不理解或未曾思考过的事物都能使他们快乐。二是激情澎湃,梦想万岁。红色性格的人是一种由内而外的感性动物,红色具备生命的激情,为人感性,情感上高度丰富。三是热情开朗,喜欢交友。红色性格的人大多抱有"普天之下,莫非我友"的人生态度。他们的活力与热情具有感染力,能够辐射到周围,和这样的人相处时,总是充满乐趣而且容易被他们活泼的精神所感动。四是童心未泯,富有趣味。他们可以用童心来欣赏一切,这种生活态度和生活哲学,将使他们不会复杂化。五是乐于助人,不记愁苦。热情、博爱是红色性格的人的显著特征,他们总是胸怀天下,传递暖意。六是善于表达,调动气氛。如果我们把"让他人心动"的能力界定为感染力,而把"让他人行动"的能力界定为影响力,那么感染力更多的来源于红色,而影响力则来源于黄色。七是真诚信任,感染四方。红色性格的人是天生的激励者,当红色性格的人给予某个人高期望和高鼓励时,他往往会实现那些期望。八是乐在变化,创新意识。亢奋天天都有,各有巧妙不同;红色性格的人比其他性格的人更容易去改变,因为他们喜欢新主意、新思想、新事物,他们享受变化和创造过程中的无限乐趣。由于这个世界是无穷的,所以他们能够一再地经历这种狂喜。

黄色性格的特征:一是目标导向,永无止境。以目标和结果为导向,不达目的,誓不罢休,黄色性格的群体总是给自己定下一个又一个的目标,并且孜孜不倦地去达成、实现目标。成大事的黄色性格的人,不能容忍平淡无奇的生活状态,渴望体验争斗的乐趣。二是求胜欲望,战胜对方。黄色性格的人的心理暗示正是——成为生活的强者。与此同时,他们也尊重强者,他们认为与强者的相处可以让自己变得更强,通过与成功者的相处可以让自己更快找到成功的捷径。三是斗天斗地,敢说敢做。一旦黄色性格人士的想法遭到反对,只会激发起他们加倍的努力和挑战欲。四是坚定自信,永不言败。他们认定逆境是一个良好的锻炼机会,并且笃信那些一生都走着平坦大道的人是培养不出力量的。黄色性格的人通过逆着潮流而不是顺着潮流游泳,来培养出他们的力量,总是表现得"越挫越勇"。五是控制情绪,抗压力强。黄色性格的人具有不受情感干扰的能力,这一点在推进事业的过程中显得尤其重要。六是坦率直接,实用主义。即使对自己喜欢的人,黄色性格的人也不是通过柔和的语言来传达,而是以行动保护对方来表达自己的情感。七是快速决断,敢冒风险。对于黄色性格的人来说,工作能力就是他们的财富和责任。从商业的角度来看,追求进步和成功使黄色性格的人成为成功路上的王者,他们比其他性格的人更容易迅速取得胜利。八是抓大放小,高效行动。黄色性格的人做决定不费力,归根结底,完全是因为他们永远知道,什么才是最重要的,他们擅长抓问题的关键和主要矛盾,永远关注结果。

蓝色性格的特征:一是思想深邃,独立思考。二是成熟稳重,安全放心。三是情感细腻,体贴入微。四是一诺千金,忠诚情谊。他们在承诺上的高度注重和甘愿以生命来维护的态度,使得蓝色性格的人得以成为四种性格中最值得信任的人群。五是计划周详,注重规则。六是讲究精确,迷恋细节。他们希望成为最好的,并且努力做到最好。他们辛劳地努力工作,喜欢做高质量的工作,即使这意味着要花更长的时间,付出艰巨的努力,也在所不惜。七是考虑全面,善于分析。八是执着有恒,坚持到底。

绿色性格的特征:一是中庸之道,稳定低调。他们向往的是轻松、自然、没有压力的工作、生活环境。二是乐知天命,与世无争。绿色性格人群一般淡雅、宁静,不喜争执。他们往往追求安静,不喜嘈杂;不爱热闹,不事张罗。三是毕生无火,巧卸冲突。绿色性格的人将其他性格无法忍受的冲突回避,只选择听让自己心情舒畅的话。四是镇定自若,处事不惊。不卑不亢、处事不变是绿色性格人士的重大特征。在遇到临时性的改变或者突发事件时,他们往往不慌不乱,具有自己的节奏。五是天性宽容,耐心柔和。六是笑看天涯,冷面幽默。七是先人后己,欲取先予。八是领导风格,以人为本。

本章新知

心理学家一般把性格看作是个性心理的核心。性格首先是指个人对自己、对他人、对社会的较为持久的反应倾向,例如,诚恳或虚伪、勇敢或怯懦、谦虚或傲慢、勤奋或懒惰、公正或偏激等等。另外,性格还表现为一种与稳定的反应倾向相适应的、习惯了的行为方式,例如,性格外向的人活泼、开朗、爱社交、情感外露、反应敏捷,做事容易潦草、轻率等;性格内向的人往往不善交际、好沉思、反应迟缓、不容易适应环境等。

第一节　性格与职业性格

在现代心理学中,性格是指个人对现实的稳定态度和与之相适应的习惯化的行为方式。性格是个性心理特征中最重要的方面,它通过 　观仪态知心理
人对事物的倾向性态度、意志、活动、言语、外貌等方面表现出来,是个性心理特征最重要的表现,也是个人区别于他人的明显和主要的差别。性格形成的基础是神经类型特征和后天

因素所引起的各种变化的"合金"，具有相对的稳定性和可塑性，并且能够改造。

对于社会交往中出现的个体差异，传统的社会科学，尤其是心理学，通常用人格（personality）来进行表示，以此对个体进行区别和评估。心理学家普遍认为，人格是个体内在所具有的动态组织特征，它决定了一个人独有的思想和行为。这些特征和差异独特地影响着个体在不同情境中的认知、动机和行为。在当前人格心理学领域，心理学家提出了多种不同的人格流派学说，主要包括精神分析心理学派、人本主义心理学派、行为主义和社会学习心理学派、认知心理学派与特质理论心理学派等。这些流派对人格认知中的某些重要方面加以调研与解释，并在此基础上进行理论研究。例如，以弗洛伊德为代表的精神分析心理学派认为心理活动的主题是无意识的，人类行为受到本能驱动；而人本主义心理学派则强调人的成长和责任，从现象学角度来看待个体；行为主义和社会学习心理学派以条件反射经验可以形成对应行为表现为理论基础，认为通过外部环境的改变可以影响其人格；特质理论心理学派则是对某一范围内人的典型行为进行研究，认为不同的人格特质在时间和情境跨度上具有稳定性，通常使用因素分析法。而特质心理学派的理论与实践，为人格研究提供了量化的可能以及相对科学可靠的分析方法。人格类型说是人格特质学派的一个体现，目前人格类型说的主流模型主要为大五人格模型与 MBTI 模型等。

一、人格类型模型介绍

（一）大五人格模型

20 世纪 80 年代，心理学研究者们在对人格描述达成相对一致的共识后，提出大五人格模型（也称人格五因素模型）。大五人格模型从开放性（openness to experience）、责任感（conscientiousness）、外向性（extraversion）、宜人性（agreeableness）和神经质（neuroticism）五个方面来刻画描述个体人格，通过测试量表题目计算五因素得分，从而对其每个因素子维度的倾向性进行体现。大五人格模型的五种因素将特质人格学派理论与众多研究成果相结合，极大地丰富了人格分析的概念框架。其五种人格特质的详细说明如表 3-1 所示。

表 3-1　人格特质说明

类　　型	英文缩写	对应倾向	对应子维度
神经质	N	情绪反应	焦虑、愤怒敌对、压抑、自我意识、冲动性、脆弱性
外向性	E	人际关系	热情、果断性、活跃性、冒险主义、乐观性、乐趣性
开放性	O	智能思维	想象力、鉴赏力、情感丰富、求新性、价值观、智能
宜人性	N	心理内外向	信任、坦诚直率、助人、服从、谦逊、移情
责任感	C	规则认同与遵循	胜任能力、条理性、责任感、事业心、自律、谨慎

大五人格的特征被认为是具有心理学量表基本结构的个性特征，通过长时间建立的诸多信度、效度检验度较高的自我报告型量表，可以对个体进行人格测量。这些量表，如 NEO-PI、BFQ，最终生成一个五维向量来表示人格特征结果。近年来，大五人格模型取得了令人瞩目的进展，被许多研究者的成果结论所加以证实和支持。大五人格模型具有广泛而全面的特点，被广泛应用于心理界的研究。但在实际应用中，特别是在商业界人力资源方面，对于预测实际行为特征、进行职业性格分析，MBTI 模型被更为广泛地应用。

（二）MBTI 模型

瑞士著名心理学家荣格(Carl Gustav Jung)通过临床治疗的实践经验发现,在不同的情景下,不同个体会有着各自截然不同的表现。荣格由此推测,人类个体行为背后的不同并非偶然,而是由于人类社会具有不同人格类型,而不同类型下的个体,对事物的观察认知都是从自己所具有的人格特质出发,人与人之间对事物看法和观点的不同也由此而生。基于其实践基础,荣格使用"内倾(introversion)、外倾(extraversion)"两种态度,与"感觉(sensing)、直觉(intuition)、思维(thinking)、情感(feeling)"四种功能相结合,来描述个体间表现的差异。其后美国 Katharine Cook Briggs 和 Isabel Briggs Myers 母女,基于荣格的心理类型理论,构建了迈尔斯—布里格斯人格类型测验(Myers-Briggs type indicator,MBTI)模型。她们在荣格对人格两种态度、四种功能划分的基础上,增加了判断(judging)、知觉(perceiving)维度,由此形成了 MBTI 量表的四个维度:外倾 E、内倾 I、感觉 S、直觉 N、思维 T、情感 F 和判断 J、知觉 P。MBTI 模型主要对人与人之间的不同特点,即对他们之间的差异进行刻画描述,认为这些差异集中体现在:①心理能力走向,即如何获取动力来源(外倾、内倾);②认知外部世界的方法(感觉、直觉);③依赖形成决定的方法(思维、情感);④生活方式与判断认知过程(判断、理解)。MBTI 中的每对维度,则分别体现了以上差异。其中每个维度两两组合,可组合成 16 种人格类型。表 3-2 介绍了 MBTI 类型指标。

表 3-2 MBTI 类型指标

维 度	类 型	英文缩写	类 型	英文缩写	对应方向
1	外倾	E	内倾	I	精力支配
2	感觉	S	直觉	N	认识世界
3	思维	T	情感	F	判断事物
4	判断	J	知觉	P	生活态度

MBTI 理论经过 60 多年的研究和发展,随着其量表从 A 版到 M 版的发行,如今已经成为全球最权威、使用最广泛的个人性格和团队合作的测评工具,在商业公司中应用广泛。MBTI 并不对心理病态问题进行检测,其旨在对个人的性格类型进行反映,使测评用户能加深自我了解,发掘性格潜能。MBTI 对不同类别用户的兴趣及职业发展趋向做出了良好预测,使用者能使用此工具对自己的职业生涯规划起到参考作用,并使商业公司在进行团队建设时能更好地基于 MBTI 性格进行人员合作。但与此同时,MBTI 的官方出版公司 CPP 也在认证课程中指出,MBTI 不能直接用于人才招聘,更多的是在整个职业生涯过程中,求职招聘双方使用其进行自我探索认知、职业规划选择、团队建设管理等。

与其他国家相比,中国对于 MBTI 模型理论和性格测试工具的引入及使用相对较晚。空军军医大学(原第四军医大学)的罗正学等人于 1994 年和美国东卡罗莱纳大学合作,对 MBTI 量表进行翻译,对 2000 多名被试进行先后取样,并制定修订工作。在此基础上,他们对 MBTI 人格类型量表中文版的相关特性指标进行探讨,增加了该工具在国内本土化应用的可操作性,也正式将 MBTI 性格测试工具引入国内。其后,通过对军校男女生的 MBTI 性格分析的研究显示,MBTI 性格测试工具中文版在国内也具有良好的信度和效度。2001 年,蔡华俭等人对 MBTI-M 量表进行中文翻译并修订,且对 258 名大学生样本进行测试,实验结果表明,MBTI-M量表在国内使用中有着良好的信度与效度,其中体现理论与实际一致性的结构效度结果尤佳。这也是迄今国内应用频率最高的测试工具。

二、性格及其养成

性格是指表现在人对现实的态度和相应的行为方式中的比较稳定的、具有核心意义的个性心理特征,是一种与社会相关最密切的人格特征,在性格中包含有许多社会道德含义。性格表现了人们对现实和周围世界的态度,并表现在其行为举止中。性格主要体现在对自己、对别人、对事物的态度和所采取的言行上。

性格在人生中的影响

性格是一个十分复杂的心理构成物,它包含着各个方面,具有各种不同的性格特征。性格特征就是指性格的各种不同方面的特征,它主要有四个组成部分:性格的态度特征、性格的意志特征、性格的情绪特征和性格的理智特征。性格的上述各个方面的特征并不是孤立的,而是相互联系着的,在个体身上结合为独特的整体,从而形成一个人不同于他人的、独有的"特征""标志"或"属性",这正是性格一词的本来含义。在上述四个方面的性格特征中,性格的态度特征和意志特征是最主要的,其中又以性格的态度特征更为重要,因为它直接体现了一个人对事物所持有的持久而稳定的倾向,也是一个人的本质属性和世界观的反映。

(一)性格与气质的联系与区别

性格和气质都是人的个性心理特征,它们关系十分密切。首先,气质使性格带有某种独特的色彩。例如,一个胆汁质的人和一个黏液质的人均有勤劳和热爱劳动的性格特点,前者在工作过程中表现为精力充沛、动作迅速,后者则表现为踏实肯干、沉稳细致。其次,气质可以影响性格的形成和发展的速度。例如,黏液质和抑郁质的人比胆汁质和多血质的人更易形成自制力、忍耐等性格特点;而胆汁质和多血质的人则比黏液质和抑郁质的人更易形成果敢、坚强等性格特点。最后,性格对气质也会产生一定影响,在一定程度上掩盖和改造气质,使之服务于生活实践的要求。

性格与气质也有区别。首先,性格是指人在现实态度和行为方式中所表现出来的个性心理特征,它主要是在后天的生活环境中形成的,社会生活条件不同,人的性格特点亦有明显的区别。气质则表现在人的心理过程和行为活动的速度、强度、灵活性等方面的动力特征中,主要是由神经活动类型特点决定的,具有先天性。在不同的生活条件下,人的气质可能表现出相同的特点。其次,气质具有较强的稳定性,不易改变,即使有变化也相当缓慢。性格虽然也具有稳定性,但在社会生活的影响下,通过个体的主观努力,较易发生变化。最后,气质没有好坏之分,是高级神经活动类型的特点,受神经系统活动过程的特性所制约,比性格具有更多的天赋性,如反应快、灵活、安静、急躁等都是气质特征。性格有好坏之分,生理基础是人在后天形成的各种复杂的条件反射,受人的世界观、人生观和价值观的影响,体现了一定的阶级性和道德性,如认真、勤奋、虚伪、真诚等都是性格特征。

(二)性格的类型

人类对自己的本质进行探索和研究,最初是从分类开始的。对人的性格进行分类,历史非常悠久,可以追溯到我国春秋战国和古希腊时代。但是,现代性格类型论则是20世纪前半期在欧洲,特别是在德国发展起来的。一般来说,性格类型论是根据某种原则把所有的人划分为几大类型,以此来解说人的个性或性格的一种性格理论。在两种基本的性格理论中,类型论用人的一种或少数几种主要的特质来说明人的个性或性格;特质论同时用人的各种特质来说明人的个性或性格。例如,类型论说某人是一个内向的人;特质论则说某人是一个安静、深思和谨慎的人。可见,类型论是一种性格分类的理论,特质论是一种性格分析的理论。由于性格本身的复杂性,以及研究者划分性格类型时所根据的原则不同,性格类型理论也有许多种,迄今人们尚未有统一的认识。

1. 荣格的性格类型论

在心理学的类型论中,以瑞士心理学家荣格所提出的内倾型和外倾型性格最为著名。1913 年,荣格在慕尼黑国际精神分析会议上提出了内倾型和外倾型的性格类型,后来,他又在 1921 年发表的《心理类型学》一书中充分阐明了这两种性格类型。他在该书中论述了性格的一般态度类型和机能类型。按照两种态度类型(内倾型和外倾型)与四种机能(感觉、思维、情感和直觉)的组合,荣格描述了性格的八种机能类型:外倾思维型、内倾思维型、外倾情感型、内倾情感型、外倾感觉型、内倾感觉型、外倾直觉型、内倾直觉型。

荣格并没有截然地把个人简单地划分为八种类型,他的心理类型学只是作为一个理论体系用来说明性格的差异。实际生活中,绝大多数人都是兼有外倾性和内倾性的中间型。上面用来说明每一种类型的模式都是典型的极端模式。纯粹的内倾型的人和外倾型的人是没有的,只有在特定场合下,由于情境的影响而一种态度占优势。每个人能同时运用四种心理机能,只不过各人的侧重点不同,有些人更多地发挥着某一种心理机能,另一些人更多发挥另一种心理机能。此外,外倾型和内倾型也不影响个人在事业上的成就。

2. 弗洛姆的性格类型论

美国学者弗洛姆(Erich Fromm)是当代新弗洛伊德主义的理论权威,是精神分析社会文化学派的主要代表。他把性格分为两个部分:"社会性格"和"个人性格"。"社会性格"是性格结构的核心,为同一文化群体中一切成员所共有。"个人性格"是同一文化群体中各个成员之间行为的差异。人的性格主要由社会性格决定,在此基础上表现出个人性格的差异。他的一个十分重要的观点是"性格的形式受社会和文化形态影响"。他指出,性格是由气质和体格受生活经验的影响所决定的。弗洛姆将性格类型划分为两大类型:生产的倾向性和非生产的倾向性(倾向性指一个人的普遍的态度或观点)。前者是健康的性格,后者是不健康的和病态的性格。

3. 霍兰德的性格类型论和性格—职业匹配理论

美国学者霍兰德(John L. Holland)是著名的职业指导专家,他提出了性格—职业匹配理论。他指出,学生性格类型、学习兴趣和将来的职业准备密切相关。人们在不断寻求能够获得技能、发展兴趣的职业。1959 年,霍兰德以自己的职业咨询经验为基础提出了一种关于职业选择的人格类型理论。这是一种在特质—因素理论基础上发展起来的人格与职业类型相匹配的理论,其理论观点在于:职业选择是个人性格的反映和延伸,性格(包括价值观、动机和需要等)是决定一个人选择何种职业的重要因素;个人职业选择分为六种"性格性向":实际型、研究型、艺术型、社会型、企业家型、传统型;工作环境性质也分为六种:现实性的、调查研究性的、艺术性的、社会性的、开拓性的、常规性的。霍兰德性格类型理论的实质在于择业者的性格特点与职业类型的适应。在适宜的职业环境中,个人可以充分施展自己的技能和能力,表达自己的态度和价值观,并且能够完成那些令人愉快的使命。

性格类型与职业关系并非绝对的一一对应。霍兰德在研究中发现,尽管大多数人的性格类型可以主要地划分为某一类型,但个人又有着广泛的适应能力,若其性格类型在某种程度上相近于另外两种性格类型,则也能适应另两种职业类型的工作。也就是说,某些类型之间存在着较多的相关性,同时每一类型又有种极为相斥的职业环境类型。霍兰德所提出的六种类型的性格性向之间具有一定的内在联系,它们按照彼此间相似程度定位,相邻两个维度在各种特征上最相近,相关程度最高。距离越远,两个维度之间的差异越大,相关程度越低。每种类型与其他五种类型存在三种关系:相近、中性和相斥。人的行为取决于个体的性格和所处的环境特征之间的相互作用。根据六边形模型来理解,霍兰德提出了性格类型和职业类型在匹配上主要有三种模式:协调、亚协调、不协调。性格类型与职业类型的相关程度越高,个体的职业适应性越好;相关程度越低,个体的职业适应性越差。因此,六边形模型有助于人们更好地理解和进行职业选择。

霍兰德在他创立的性格类型理论基础上,凭借他本人丰富的职业咨询经验以及大量的实验编制了职业适应性测验量表(self-directed search,SDS)。该量表分为七个部分,通过对职业兴趣和能力的测试得出被测者的职业性格倾向。该量表可以帮助发现和确定自己的职业性格倾向,从而更好地做出求职择业的决策。在管理工作中该量表也可以用于对员工进行性格测试,以便安排合适的工作岗位。

(三)性格的影响因素

人的性格形成与发展要受到多种因素的影响,包括生理、家庭、社会、自然、教育等方面的因素。一个人从小开始,经受什么样的风雨洗礼,经受什么样的磨难历练,经受什么样的环境熏陶,就会形成什么样的性格和品质。那么,究竟哪些因素在一个人的性格形成和发展过程中发挥作用呢?我们可以从以下六个方面进行考察。

1. 生理因素

很多人认为,一个人具有什么样的性格是生就的,甚至是不可改变的。其实,人的性格与人的生理基础有一定的关系,但与人所生活的社会环境关系更大。巴甫洛夫的高级神经活动学说认为,"人一面有着先天的品质,另一面也有着为生活情况所养成的品质。""这就是说,如果说到那些先天的品质时,这就是指神经系统类型而言,如果说到性格的话,那就是指那些先天的倾向、意向与那些生活期间受生活印象的影响所养成的东西之间的混合物了。"有一位思想家说过:"人的性格是先天组织与人在自己的一生中,特别是在发育时期所处的环境这两方面的产物。"这种见解与巴甫洛夫关于性格是先天的神经类型与后天形成的暂时神经联系之间的"合金"的思想相一致。

2. 环境因素

环境包括家庭、自然、社会因素,对人的性格的形成和发展都起着潜移默化的作用,对不同的人起着不同的作用。人的体态、成熟程度和气质是性格形成的生理条件,而家庭、学校和社会是性格形成的社会条件。这些生理条件和社会条件因个体内在心理活动的差异而对性格形成发挥着不同的功效,致使人们形成独特的性格特征。同样处于逆境,之所以消极者消沉、悲观、退缩,而积极者坚强、奋发、进取,就在于两者内在心理活动的不同。由此看来,外部因素对性格形成的影响首先取决于个体对自己与外部因素之间的认识,而这正是个体自我意识和动机等内在心理因素的问题。因此,自我意识和动机等内在心理因素与外部因素的深度整合构成了某个人的性格特征。

3. 自然因素

南北方因为气候不同,高原、平原、海岸地带由于地势不同,对人的性格形成也有很大的影响。北方人往往粗犷、豪迈、外向,南方人往往细腻、含蓄、内向,高山地带的人意志坚毅,海岸地带的人心胸开阔,平原地带的人大多克制。自然因素对人的性格的影响带有普遍性。人们在现实生活、社会交往中也会感觉得到这种影响。比如,不论是高原、平原、海岸还是北方、南方都有意志坚毅、善于克制、含蓄内向、粗犷豪爽的人。否定自然因素对人的性格的影响是不对的,而自然决定论也是不对的。任何事物都有普遍性和特殊性、一般性与个别性。自然因素对人的性格的影响也是这样,既有普遍性也有特殊性,既有一般性也有个别性。

4. 社会因素

不同的国家和地区有具体的文化特征,比如不同的语言、不同的道德理想、不同的价值观念、不同的生活方式。这些都会在人的性格上打上不同的烙印。比如,中国人含蓄、内倾的偏多,沉静、三思而后行,善于节制;西方人直率、外倾的偏多,好动、情绪波动强烈、容易冲动。这种情况与中国历来倡导的礼仪、节制、忍让、和谐,与西方主张竞争、冒险、强调个人愿望的满足有一定的关系。不同国家和地区也有各自民族的性格特征。比如,俄罗斯人的坚忍与淡淡的忧郁情调,英国人的绅士风度、聪明、保守,法国人的浪漫、激情澎湃,美国人的求实、幽默,德国人的严谨、深沉,等等。每个民族的性格都与其文化传统、生活方式、生活环境有一定的关系。

5. 家庭因素

影响人的性格的家庭因素有很多方面,比如父母的观念、思想、职业、性格、文化水平,父母对子女的态度,即对子女的哪些行为给予鼓励,哪些行为予以批评,希望子女成为怎样的人等,集中地表现为父母的养育态度、方式。不同的养育态度会直接影响子女不同性格特征的形成。父母对子女采取严厉型态度,子女容易形成执拗、冷淡、粗暴、依赖、自卑等不良性格特征;采取放任型态度,子女容易形成冷酷、攻击、情绪不安或消极、与世无争和玩世不恭的性格特征;采取溺爱型态度,子女容易形成任性、幼稚、以自我为中心、撒娇放肆、缺乏独立性、胆小怕事、对人没有礼貌等消极的性格特征;采取民主型态度,子女容易形成独立、直率、积极协作、社会适应性强等积极的性格特征。由此可见,父母的态度对子女性格形成至关重要。

6. 教育因素

学校教育对人的性格的形成,特别是人对社会、事业、他人的看法和态度的形成,对人的世界观、人生观、道德理想、奋斗目标的确立,具有重要的意义。学校对人的影响不同于家庭和一般社会环境,不是偶然的、零碎的,而是系统、有目的、有计划地进行的,包括学校领导、老师提出的要求、方向,加上必要的奖惩措施,课堂上传授的知识内容,学校环境和班集体的影响,还有同学之间的相互交往,以及老师对学生的态度等。学校德育的主要任务是培养学生良好的道德品质,使学生形成良好的品德,而品德包含在性格之中,是性格的有机组成部分,与性格的其他部分紧密相连。品德不可能离开其他性格成分而单独发挥作用,因而学校也不可能离开良好性格的培养而孤立地培养品德。因此,学校要培养学生良好的品德,就要培养学生良好的性格。

探讨影响性格形成与发展的因素旨在寻找培养良好性格的方法,因为性格如何对人一生的成败影响极其重大,性格如何往往决定一个人的成败。每个人都有不同的性格,不同的性格又决定每个人不同的做事风格和做事领域。当一个人做了与性格相宜的事情的时候,往往就能够成功。

三、职业性格及其养成

职业性格,是指人们在长期特定的职业生活中所形成的与职业相联系的、稳定的心理特征。它不是指一个人的智力商数、专业水平、工作经验等显性的职业能力,而是指人们在长期特定的职业生活中所形成的与职业相联系的、比较稳定的心理特征,它包括人格特质、自我概念、情绪适应、认知特征以及需求动机这五个方面。其中,人的自我概念、情绪适应、需求动机这三者都能够转化成为我们职业行为的驱动力,成为从业人员进行自我开发的个人资源。

良好性格
养成的小秘诀

在服务工作中,是否具备职业性格品质既影响着服务的质量,又影响其自身在行业中的发展。因此,我们在重视专业知识和技能学习的同时,还应注重职业性格品质的培养。

(一)职业角色意识和职业

喜来登的"暖"字服务,希尔顿的"快"字服务,香格里拉的"情"字服务,都把服务特色作为在酒店市场中拥有一席之地的优势所在。酒店服务业是一个"情绪行业",是靠服务人员热情、周到的服务来赢得宾客、赢得效益的。根据调查,最近几年,有相当比例的餐饮专业的毕业生,对工作缺乏热情和吃苦精神,自律性差,在受到批评和遇到困难时,缺乏理智,承受能力差,不安于做酒店服务工作,不太敬业,导致服务质量不尽如人意,员工流失率高。因此,高校在重视对学生专业知识和专业技能培养的同时,也要重视对学生职业角色意识和职业性格品质的培养。良好的职业性格对酒店从业者的身心健康有着重要的影响,员工良好的职业性格有助于他们更好地胜任和完成本职工作,同时获取更多的发展机会。

职业性格品质的培养和专业知识与技能的学习同等重要,在专业课教学中,我们应如何培养学生,使他们具备适合岗位工作的职业性格呢?下面就以服务员的职业性格为例,谈谈酒店管家应具备的职业性格。

职业性格是指人们在长期的职业活动中形成的、同职业相联系的、比较稳定的个性心理特征。"职业性格"涉及心理素质、职业道德素质和职业技能素质等方面。不同的职业活动对从业者的性格提出了不同的要求,职业性格具有鲜明的职业特色。就酒店餐饮服务工作而言,我们可以将餐厅服务员的职业性格定义为:餐厅服务员在长期的餐饮服务活动中形成的同职业相联系、能够为宾客提供优质的功能服务和心理服务的比较稳定的个性心理特征。具体地说,餐厅服务员应具备的职业性格品质有:对宾客及服务工作充满热情,具有容易接近的亲和力,善于语言表达(沟通)、宽容、细心、灵活、自信,乐于助人,吃苦耐劳,团结协作等。按照餐饮服务业对餐厅服务员的性格要求培养学生的职业性格,对学生适应和胜任服务工作,将具有十分重要的意义。

(二)职业性格的塑造

人的性格存在个体差异,但每个人的性格不是一成不变的,完全可以有意识地、有针对性地加以开发和培养,即人的性格是可以塑造的。依照心理学原理,职业性格也是可以塑造的。但职业性格的形成过程及时间长短会因人、因环境而异。职业性格是在职业活动中逐渐形成的,从业者的性格经过在职业活动中逐渐调试,是可以达到职业需求标准的。同时,职业性格的形成不能与其个人的性格特征和在校的学习、培养割裂开来。就学生而言,对职业性格形成影响较大的三个因素包括:个人的性格特征、学习期间所接受的教育和培养、未来的工作实践。在专业课教学中,应重视前两个因素的影响,即在教学中有意识地增加对学生进行职业性格培养的内容,使学生性格在原有的基础上更接近和符合职业的要求。如以入学为契机,使学生了解其应具备的职业性格,激发学生的专业学习兴趣,引导学生了解餐饮管理与服务专业,了解酒店服务工作。向学生介绍酒店业的发展前景及用人需求的标准,特别是在职业性格品质方面的要求。性格的外向与内向本无优劣之分,但酒店从业人员应具有热情外向的性格品质。性格因素既影响着服务质量,又影响自身在行业中的发展。可以让学生以餐厅服务员的职业性格标准与自己的性格相对照,发现优势与不足。使学生认识到性格是可以改变的,为适应未来服务工作的需要,性格内向的学生应有意识地对自己进行"性格外向化"的塑造。

塑造学生适应职业要求的良好的职业性格,要注意处理好专业知识与技能、课内与课外、教学与实践的关系,从而多角度、多途径和多方法帮助学生进行职业性格的塑造。具体可从以下三个方面入手。

(1)以性格互补为原则,通过小组学习,培养职业性格品质。职业性格品质的培养不能游离于专业知识和技能的学习之外,即应把职业性格品质的培养融于理论和技能教学之中。由于学生个体性格本身具有差异性,职业性格品质开发的侧重点应是那些性格较内向的学生。在专业课教学中,可采用以小组为单位的方法,将性格倾向不同(内向和外向)的学生分在一组,来完成专业知识学习的分组讨论和作业等任务。小组互动,优势互补,旨在培养学生善与人相处、善于沟通、团结协作、乐于助人的职业性格品质,而且促使那些性格内向的学生能够参与到活动中来,帮助他们逐渐养成热情、主动、乐群、自信的外向性格。

(2)在专业技能训练中强化职业性格品质的培养。在专业课教学中,结合服务理论和技能的学习,运用角色扮演、模拟经营等模拟实践的方法,对学生进行职业性格品质培养的强化训练。将训练的重点放在专业知识和技能的学以致用及对学生进行职业性格品质的发掘性培养上来。训练过程应遵循心理学的最近发展区原则,运用鼓励、表扬、批评等手段,开发学生的性格潜质,培养学生积极、主动、敏感、灵活的职业性格品质以及服务意识和宾客意识。

(3)在社会实践中进一步培养学生的职业性格。毫无疑问,实践会影响学生职业性格的发展。应多给学生创造在实践中体验的机会,使他们在实际的工作情境中进一步理解和实践职业性格的内涵。例如,可组织学生进行酒店服务方面的社会调查,了解消费者对酒店服务的评价;通过参与酒店的宴会接待服务和短期实习,使学生在职业实践中锻炼自己,培养热情、亲切、灵活、细心、宽容的职业性格品质。在社会实践中,学生分别作为消费者和服务者,通过角色的换位,能使他们客观地认识酒店服务工作,树立服务意识、宾客意识和服从意识,并深刻体悟职业性格的要求。要让学生明白:服务工作非常辛苦,要做一名合格的酒店从业者,在酒店业获得发展,就必须对服务工作充满热情,不怕吃苦,善于沟通。

此外,职业理想对职业性格的塑造也有重要的影响。可以职业理想激励学生积极主动地塑造职业性格。职业理想是学生对自己职业生涯发展的一种向往和追求,树立职业理想是促进职业性格品质形成的强有力因素。在学生正确认识职业的基础上,可以通过向学生介绍学校往届毕业生在酒店和餐饮业发展的成功事例,或请业内人士讲述其真实的职业经历,激发学生的职业理想,使他们找到自己的发展方向;并使学生懂得美好的职业理想必须经过努力才能成为现实,每一步脚踏实地的努力都是实现理想必不可少的过程。引导学生增强职业意识,自觉塑造职业性格,培养职业素质,为未来的职业发展奠定良好的基础,使自己成为一名合格的酒店服务员和基层管理者。任何教育的目的都在于开发人的潜能,塑造健全的人格,促进人的全面发展。人的全面发展也包含良好的性格品质的发展,在专业教学中对学生进行职业性格品质的培养,无论是从酒店业和餐饮业用人需求的角度,还是从学生个体的发展角度来说,都是非常必要的。

第二节　酒店管家的职业性格养成

性格对工作的影响越来越受到关注。酒店行业作为服务行业,具有鲜明的特点,也决定了酒店从业人员职业性格的独特性。为了更好地提升酒店服务业,应从酒店从业人员应具备的职业性格特点入手,结合酒店业的实际状况,提出具体的培养方法和途径。性格是一个人在对待客观事物的态度和行为方式中所表现出来的比较稳定的心理特点,包括对事物的评价、好恶和趋避等方面。不同态度表现为不同行为方式,构成了人的不同性格。由于职业之间存在着差别,对不同职业的从业人员的性格提出了不同的要求,也就是我们经常说的做什么事要有做什么事的样子。比如说,当医生就需要有救死扶伤的人道主义精神,需要有高度的责任心和同情心;当教师就需要为人师表、严于律己。如果没有这些职业性格,医生不会是好医生,教师不会是好教师。因此,从事每一种职业都有特定的职业性格,与岗位相适配的职业性格有助于更好地完成本职工作。

一、酒店管家职业性格的重要性

性格是在遗传与环境交互作用下,个人对现实社会的态度以及与之相适应的习惯化的行为方式,是相对稳定的、极具核心意义的心理特征。性格能够表征一个人的道德行为特征,对个人的其他个性心理特征起支配作用,受人的世界观、人生观、价值观的影响,具有一定可塑性。职业性格理论建立在性格分析与测评的基础上,以促成性格类型与职业类型有效匹配为目的,具有较强实践性和操作性,其实践要求在于综合测评性格、了解性格与职业的关联,在充分考虑职业与性格匹配度以及职业价值取向的基础上,合理选择与性格类型相匹配的职业,并结合目标职业塑造积极主动、担当负责、开拓创新的理想职业性格品质。当前,诸如 MBTI 性格理论、霍兰德职业类型理论、九型人格理论、人格五因素理论等职业性格理论,都广泛应用于大学生职业生涯规划和就业指导领域,在帮助提升职业适应能力、开发自我潜能、养成良好的职业心理素质和积极的就业心态等方面发挥了重要作用。职业性格理论实践紧贴学生成长的实际需求,立足于发掘自主规划与自我管理的意识,重视培育主体地位,充分体现了对主体价值需求的尊重和个人价值。将职业性格理论实践纳入酒店管家的职业性格养成,是新时代增强酒店管家管理与服务品质性和实效性的迫切要求。职业性格理论实践强调尊重个性特征,关注每一个个体的发展,主张在互动过程中彰显主体性和沟通决策的民主性,在有针对性指导就业和助力塑造理想职业性格品质上都具有很强的操作性,弥补了传统酒店行业的缺陷和盲点,使其更加系统化、专业化,无疑是新时代提升酒店管理与服务实效性的重要手段和必然选择。因此,酒店管家应积极回应现实需求,在解决最为关心的问题的过程中,引入并实践职业性格理论,进而满足职业生涯发展的需求和期待,同时也不失为新时代增强酒店管理与服务针对性和实效性的重要抓手和举措,也是践行"因事而化、因时而进、因势而新"这一时代新要求的合理选择。

职业性格理论运用于职业生涯规划和就业指导的实践,其主要目的在于深入全面地认识自己,尤其是了解自己的性格类型,引导学生根据目标行业和职业发展趋势,兼顾社会和个人利益诉求,自主地选择发展方向,确定成才目标,绘制职业生涯发展路线图,设计符合个性化需求的职业发展策略,进而顺利实现高质量的就业并开启职业生涯全新旅程。正是在这种自我认知、自我规划和自我实现的过程中,学生自我教育、自我管理和自我服务的自觉性和创造性得以充分的激发和调动,强化了学生的主人翁意识、民主意识、责任意识,从而提升学生的自控能力、处事能力、学习能力等综合素质。这种自我教育的潜力越是得到发掘,学生就越容易将酒店管家的要求自觉转化为自我发展的内在要求,从而达到酒店管家工作的预期目标,增强其在酒店行业的工作实效。

职业性格理论实践兼顾个体对理想职业性格的内在追求以及社会对合格人才的客观需要,为酒店管家管理、服务活动的开展和创新提供了空间和可能。酒店行业乃至社会究竟需要什么样的人才,如何才能成长为最好的自己,怎样才能取得成功,这是最关心、最实际、最迫切的问题。马克思指出,人们奋斗所争取的一切,都同他们的利益有关。但马克思又指出,只有在集体中,个人才能获得全面发展其才能的手段。也就是说,只有在集体中才可能有个人自由。只有将不断塑造自我的个性化过程和逐渐社会化的过程相结合,才能真正有助于个人职业理想和职业目标的实现。职业性格理论认为,职业性格具有社会性特征,是某种职业从业人员态度和行为的综合体现,同时也是该职业对从业者的基本规范和要求;个人的理想职业性格是个体的职业意识与社会的职业需求在性格上的和谐统一,必须符合社会公认标准,个体职业性格必须获得相应的职业或社会的承认才具有现实意义。行为养成习惯,习惯形成性格。应当把个人的志趣、理想与对社会的需要有机地结合起来,按照社会或理想职业岗位的需求不断提高和完善自我,根据职业目标的要求,规范并鞭策自己的行为,形成良好的学习生活习惯,塑造、完善自己的性格,使之与目标职业更加匹配。

职业性格理论实践,就是要引导酒店管家在深入认知自身的性格类型的基础上,积极顺应时代精神的召唤,规划好工作、学习、生活,养成良好的行为习惯,努力养成自尊自信、乐观豁达、敢于拼搏和进取创新等具有鲜明时代特征的理想职业性格。职业性格理论实践自始至终注重将解决酒店管家思想问题与实际问题相结合,从成功方法的角度讲道理、从需求的角度传道理,将思想问题现实化、有形化,有较强的可接受性,为建立酒店管家管理与服务长效机制提供了有利条件。

职业性格理论实践的功能在于培育酒店管家悦纳自己、主动求知以及包容合作的进取精神,引导其将个人成长诉求与时代呼唤相结合,做一名敢于担当历史使命的时代新人。在开展职业性格理论实践过程中应着重处理好以下几个方面。

（一）客观认识，辩证把握职业性格理论

职业性格理论发轫于人职匹配理论，突出强调了个体在职业选择过程中的核心地位，具有鲜明的个性化特征。随着现代心理测验技术的运用和发展，职业性格理论更是凭借其实施方法直观可量化的优势广泛应用于高校就业指导与职业生涯规划领域。然而，任何事物都有两面性，职业性格理论对个人主体价值的尊崇无可厚非，但其局限性也是显而易见的。职业性格理论过于强调实用主义技能传授、理想主义色彩浓厚，且受限于个人本位导向，忽略了对学生的社会价值层面的引导。职业性格理论较少关注职业世界、社会心理以及家庭状况等影响学生职业选择的因素，其实践过程在结合社会环境进行理想信念、价值观念等宏观价值层面的引导少且弱，对学生产生过分看重个人利益、缺少社会责任感和家国情怀的择业观念存在引导不力的问题，不利于学生认知和实践的全面发展。因此，在职业性格理论实践过程中，有必要将思想政治教育作为一条隐性的主线贯穿其中，将职业性格理论实践纳入高校思想政治教育体系，牢固树立二者融合推进的理念，发挥好思想政治教育的导向功能，以隐性教育促进个体价值和社会价值的融通，引导学生正确处理个人职业理想与中国梦共同理想的关系，合理定位、确定自己的职业奋斗目标，使学生真正成长为社会主义合格建设者和可靠接班人。

（二）基于专业化测评，引导塑造理想职业性格

具备理想职业性格的学生善于主动收集职业信息、制订学习计划、获得职业支持，积极开展各种职业生涯规划活动。积极客观的自我认知和评价是塑造理想职业性格的前提，指导学生适时做好专业化的性格测评对理想职业性格的养成具有至关重要的意义。通过专业化的测评和咨询辅导，学生就可以对自身性格类型进行详细的分析和梳理，客观认识自我，正确评价自己，主动地探索和挖掘自身性格的闪光点和主要特征，强化积极心理品质，克服自身性格不足，发挥性格优势，提高自己和体谅他人，进而升华自我价值并确定合理的理想抱负和职业期望。需要指出的是，目前国内普遍使用的诸如 MBTI 性格测评、霍兰德职业兴趣量表、九型人格测试等，大多是对性格的某一方面的特质进行评估，要正确地认识和评估一个人的性格特征，还需要运用数种测验方法来系统地进行评估，同时还需综合考量社会、家庭、学校等多种因素对学生塑造理想职业性格的影响。因此，高校一方面要基于专业化的测评合理培养学生积极主动的职业性格，另一方面要开展有效的生涯规划指导，增进学生对自身和外部环境的了解，提升生涯适应力。

（三）多维度整合资源，强化教师队伍建设

职业性格理论实践是高校职业指导工作的重要组成部分，是综合运用心理学、教育学、管理学等学科理论知识，有组织地帮助学生识别自己的性格类型并选择职业，进行职业准备，使其能够做出和自己性格类型相匹配的职业选择过程。师生双方的良性互动是职业性格理论实践得以顺利开展的前提和基础，教师始终起着引导和支配的作用，需要具备较高的专业技能，高校在组织实施过程中必须着力打造一支专业化、综合化的职业咨询辅导教师团队。结合当前我国高校实际，可采取内培与外引、专职与兼职相结合的师资建设思路，充分整合校内外师资资源，为学生构建一个系统规范的职业咨询辅导平台。一方面要整合思想政治教育师资和专业教师的力量，要求他们在开展教学活动中结合时代价值追求和行业发展需要,自觉地将职业性格培养融入思想政治教育和专业教育之中,引导学生养成积极进取的理想职业性格;另一方面要真正发挥辅导员具有教师和干部的双重身份的优势,有计划地支持辅导员参与职业生涯辅导领域的技能培训,着力提升辅导员开展职业咨询辅导的水平和专业能力,造就一批思想素质高、专业技能过硬的专家化人才,让他们成为职业咨询辅导实践的主力军,更好地将职业性格理论实践融入思想政治教育体系。此外,要善于整合利用校外导师资源组建兼职职业导师团队,邀请业界专家、专业机构人员、优秀校友等通过专题讲座、职场沙龙、实习实践等形式引导学生逐渐养成适合目标职业的职业性格。

二、酒店管家的职业性格特征

一名优秀的酒店管家不仅要有熟练的操作技能、丰富的专业知识,还必须具备驾驭语言的表达能力、吸引客人的交际能力、敏锐的观察能力、深刻的记忆能力、灵活机智的应变能力和主动热情的营销能力。但仅这些还不够,还需要养成良好的职业性格。酒店管家应具备的职业性格特点主要表现在以下几个方面。

(一)主动热情

酒店管家服务是一种人对人、面对面的服务。酒店管家服务本身就是酒店产品的一部分,如在为宾客服务过程中会产生互动效应,沟通交流得越多,就会发现宾客更多的需求,也会激发出潜在的需求。如果管家在服务时不热情,即使按照酒店操作程序一丝不漏地执行了,宾客的感觉也很不舒服。一名优秀的管家应该处处换位思考,从宾客的角度出发,做到预期服务,在宾客开口之前提供服务。

(二)不厌其烦

通常,管家每天的工作内容会有很大一部分是基本一致的。如客房清扫就要求管家每间客房按照酒店规定的标准操作程序,不能遗漏任何一个细节,天天如此。这就需要酒店管家能够在重复工作中坚持标准,"同一件事做上一千遍一万遍也不会错",始终如一,并能够在重复中创新,不断地提升和改进。同时,在服务工作中可能会遇到絮叨的宾客,管家也应该不厌其烦,表现出耐心。

(三)敢于接受变化和挑战

酒店管家每天面对着不同的客人,虽然工作的内容大体相同,工作标准也基本一致,但在实际工作中,不同的宾客有不同的需求,甚至同一个宾客的需求和生活习惯也是不断变化的。因此管家应根据宾客的需求以及环境的变化,适时调整工作程序和工作内容,更重要的是,能够较好地调整自己的心态,即使刚刚被投诉过,也要面带微笑迎接下一位宾客。

(四)良好的服从意识

有一位管理专家说过:"酒店就是个不穿军装的部队。"二线服从一线,一线服从宾客;宾客的需求就是行动的最高指令;先服从、后投诉,这些理念已经深深烙进了酒店管家的脑海里。

(五)良好的协作精神

酒店管家服务是由多个环节组成的,酒店工作具有明显的集体协作性。一个管家出现问题有可能传递到下一道工序,没有及时传递,下一道工序的修正所花费的时间和成本远远大于标准操作流程。这就要求管家之间有良好的人际关系,能够以酒店大局为重,不计较个人得失,具备良好的合作意识。

(六)机智灵活

酒店管家服务工作瞬息万变,在对宾客服务中会遇到各种意想不到的情况,需要管家及时处理,这就需要机智型的性格。皇金管家首席执行官单平曾在培训时讲到一个经典的案例:在一家法国高档餐厅,一位宾客在吃法式蜗牛时,不小心将一只蜗牛掉在地上,那位宾客十分尴尬,其他的宾客也流露出嘲笑的目光,当时服务的管家适时说了一句话,"先生,这种事情在我们这里经常发生"。失礼的宾客不再尴尬,其他宾客也不再嘲笑。

(七)作风严谨

管家服务无小事,小事即大事,小事见学问,细微见功夫。宾客从浴缸上的一根细小的发丝可以断定房间卫生很差,从管家的仪容仪表可以断定酒店的管理水准。因此,不管时间多么紧张,管家都应该按照操作标准要求,做好每一项工作,不能有半点的疏忽。

三、酒店管家的职业性格养成路径

管家个人的性格与职业性格相适应,这当然很好。但往往自身的性格特点与职业性格并不适应。人的性格本身存在个体差异,但每个人的性格不是一成不变的,完全可以有意识地、有针对性地加以开发和培养,即人的性格是可以塑造的。依照心理学原理,职业性格也是可以塑造的。职业性格是在职业活动中逐渐形成的,管家的性格经过在职业活动中逐渐调试,是可以达到职业需求标准的。酒店管家职业性格养成应关注以下几个方面。

(一)帮助酒店管家树立职业自豪感

酒店管家只有对职业有了正确的认识,产生了职业自豪感,才能热爱自己的本职工作,才能主动调适自己不适应职业要求的性格特征。由于各种原因,人们大多对酒店职业持有偏见,酒店从业人员的社会地位偏低。在传统的意识里,酒店管家服务职业是没有技术含量的工种,属低级工作。事实上,酒店业既不是低技术含量的工种,也不再是"青春饭"。酒店业中高层管理人员的收入也很乐观,应该通过入职培训让酒店管家尽快了解酒店行业,了解职业生涯发展,并创造机会让酒店管家体会到工作给自己带来的成就感,从而树立职业自豪感。

(二)良好的企业文化培训

随着酒店服务业的快速发展和国内酒店管理的日趋成熟,越来越多的星级酒店开始认识到:培训在现代酒店的人力资源管理中占有重要地位,良好的培训不仅能提高酒店员工的理论修养、知识水平和工作技能,而且能加速酒店企业乃至酒店集团文化的建设与传播,从而能进一步加强其竞争优势及凝聚力。现阶段,国内部分酒店的设施和服务已经和国际接轨并达到相当水平,但是培训方面仍存在诸如培训理念落后、培训机制不完善、专业培训人才匮乏等问题。因此,酒店的员工培训工作需要改善,根据其背景硬件、经营特色、人力资源及员工培训等实际情况,改进并构建出一个科学完善、有针对性、实用性强的新培训体系,以使酒店能够持续、健康、稳健地发展,跟上新形势、新需求。

不同的企业有不同的企业文化,不同的企业文化会"潜移默化"地影响着员工的日常表现和行为。山东中豪大酒店提出"对宾客永远不能说不,即使宾客要雨,我们也要造云",倡导酒店全体管家养成尽自己最大努力满足宾客需求的价值导向,即使由于酒店资源有限,无法满足宾客的需求,也会通过管家和酒店的努力换得宾客的谅解。在这种企业文化的倡导下,酒店管家就会随时提醒自己"不是无所不能,但要竭尽所能"。

酒店文化体现了酒店自身的无形价值。通过对员工的培训和引导,使他们对酒店的精神、目标、价值观、经营理念以及行为规范产生认同感,并能从个人行动上遵循酒店的管理和规章制度,进而忠诚于酒店并为酒店创造劳动价值,实现酒店战略与个人目标的完美结合。酒店要想有效地传播和灌输企业价值观应注意以下几个方面:①加强制度规范宣传,强化酒店所倡导的行为。例如,可采取制作企业文化的宣传视频、制作员工行为准则视频等方法来促进员工对酒店文化的认知和遵循。②从领导表率、管理层以身作则,树立楷模,发挥榜样作用。在酒店的日常生活和服务工作中,领导的带头行为是最有号召力和说服力的,而且更多时候中层领导也是员工们的培训师,他们的各种行为会直接成为下属效仿的榜样,所以酒店应以几位老总为先锋,严格中层管理人员的行为规范管理,并且发挥骨干员工的榜样作用,让全体员工心服口服地效仿学习。③从基础做起,创造良好文化传播环境。酒店文化是实实在在的,必须从基础做起,从日常行为中的细节抓起,营造酒店内部学习型组织的良好文化氛围。酒店可通过酒店环境的布置、对客宣传、不断的培训和不同培训项目中的不断渗透等措施,使员工从细微处入手、从日常管理行为做起,形成良好的服务意识和行为规范。酒店还可以通过开展各类主题活动,如员工知识竞赛、技能比赛、专题演讲、学习沙龙、员工读书会等活动,开展让员工在自我教育中成长的活动,营造学习型的服务文化氛围,形成良好的文化传播环境。④贵在坚持。如果制度制定出来了,酒店远景和目标也确定下来了,但是没有管理者的长期坚持和人力资源部门的持续监督,酒店文化就只是一种口号,员工们当然也就不会真正去遵守。

(三)严格规范的纪律培训

职业习惯是职业性格的外在表现形式,良好的职业习惯离不开铁的组织纪律。一位管理专家曾说过,遵守习惯是不痛苦的,养成习惯的过程才是痛苦的。良好的职业习惯和职业性格形成需要经历强化—同化—内化—外化的过程。尤其是强化过程,更是需要制度和纪律的筛选和强制。

(四)榜样的力量

无论是在生活还是学习中,总会有那么一双隐形的翅膀在催我们奋进,让我们更加有信心、有勇气、有力量来面对生活给予我们的挑战,这双隐形的翅膀就是铭记于心的榜样力量。榜样像一面镜子,照出了存在的差距,会成为管家调适职业性格的无形力量,酒店在培养新管家的职业性格时,必须考虑"榜样的力量"。

(五)在实践中不断强化

任何职业性格的培养都离不开实践活动,酒店管家的职业性格也是在服务活动中造就的,需要在实际工作中不断磨炼和强化。如何进行实践和磨炼,要做到三点,一是从易到难;二是坚持不懈;三是对症下药。先从简单的职业道德、礼节礼貌、仪容仪表以及简单的操作入手,慢慢积累经验,然后再逐步过渡到个性化服务、宾客心理学、宾客投诉的处理等难把握的业务。通过业务学习和自身经验积累,"技高人胆大",良好的职业性格才能逐渐形成。学习者亲自参与或置身某种环境,通过感觉、感受、体验来认识事物。通过亲身实践去感知、理解、验证,强调个体体验对学习的意义,以学习者为中心,通过实践与反思的结合去获得知识、技能。它不是单纯地主张在实践中获得新的知识与技能,而是更加关注于经验的总结、反思,让学习者在总结、反思的过程中成长、发展。职业性格不是一日形成的,需要坚持不懈,日积月累,不断总结提炼。最后,酒店管家还要对自己的性格特征进行科学的分析与评价,找出与职业性格要求的差距,这样才能找准目标,使自己不断地进行性格的学习与磨炼,不断形成良好的职业性格。

目标考核

初级目标考核:

探究什么年龄是最重要的性格养成期。

高级目标考核:

怎样才能使酒店管家养成良好的职业性格?

第四章　酒店管家的有效沟通

学习目标

◎ 初级目标：掌握沟通的基本要求和原则。

◎ 高级目标：掌握酒店管家的沟通技巧。

课前准备

以小组形式（每组 3～5 人）接受任务清单，自学沟通的层次相关知识，完成任务并相互点评。

任务清单

任务清单 1：在下列两组对话中，为什么结果截然不同？

情景一：

男：小姐，今晚你有空吗？

女：没空！

男：为什么没空？

女：约人了！

男：约谁了？

女：你管不着！

男：摆什么臭架子！

女扬长而去……

情景二：

男：小姐，看你不着急走，是不是不用回家吃饭啊？

女：是啊！

男：有人请你吃饭吗？

女：没有！

男：不如我请你吃饭怎么样？

女：好啊！

名人沟通故事
及启发

情景一出现了语言组织中的结构的障碍错误。组织自身内的一些因素也会束缚组织内成员之间的有效沟通，这主要包括地位的障碍和结构的障碍。由于组织内的结构设置不当，也会阻碍组织的有效沟通。例如，传递层次越多，失真的可能性就越大。有效沟通的主要特征之一就是不失真，一旦信息失真，无论对上级或下级的工作都会起到误导作用。另外，因机构重叠而造成沟通效率低下，各职能部门之间缺乏沟通，以及因沟通渠道单一而造成信息不充分等，都会影响组织内部的沟通。

任务清单2：试讨论下列两位领导的不同处事风格，哪个会更受下属的拥戴？

（1）在工作繁忙期间因私人事情请假：

领导甲：工作太忙，不予批准。

领导乙：给他一段时间，让他安心处理自己的事情，并尽力给予帮助。

（2）作为刚上任的部门经理：

领导甲：只谈公事，不谈私事，不与下属有任何私人交往。

领导乙：主动与下属交朋友，尽量多地参加集体活动。

（3）在实施一项计划之前：

领导甲：自己决定一切。

领导乙：先取得下属的赞同。

（4）对下属的态度：

领导甲：不信任下属的能力，常常督促下属按自己的指令行事。

领导乙：以平等的态度对待每一位下属，并对他们表示信任。

（5）下属生病请假了：

领导甲：不闻不问。

领导乙：打电话问候一下，并希望他早日康复。

（6）下属提出了一个建议与自己的想法不谋而合：

领导甲：告诉他这个点子自己早就想好了，并正准备实施。

领导乙：告诉他你的真实想法，但也对他给予充分肯定。

（7）下属在工作中出现失误，给公司带来了损失：

领导甲：让下属认识事情的严重性，严惩不贷。

领导乙：与下属一同分析失误原因，避免再次发生此类失误。

领导乙更加受欢迎，领导甲出现了语言组织中的地位的障碍错误。地位障碍错误：当某人在地位上高于另一个人时，就会产生沟通过程中的地位障碍。地位障碍是上下级之间进行有效沟通的最大障碍。它来源于组织中地位的差别。例如上级爱摆架子，爱发号施令，或者用办公室的高级设备来有意识地显示上级的职位权威等，这些都会使下级明显感到地位差别，从而加深了沟通中的鸿沟。

本章新知

大到世界、国家，小到集体、个人，都离不开沟通，都不能否认和忽视沟通的作用与力量。沟通的力量是巨大的，它能够互通有无，温暖人心；可以使陌生人变成知己；可以使长期形成的隔阂自动消失。在矛盾与误会面前，沟通可以平复战争，平息纷争，化干戈为玉帛。

第一节 沟通的概述

现代社会讲究沟通的艺术。沟通无处不在，人际交流需要沟通，矛盾化解需要沟通，意见传达需要沟通，执行命令需要沟通，心灵交流需要沟通，增进情感需要沟通。可以说，人生处处离不开沟通，成功时时离不开沟通。用沟通化解难题，疏通障碍；用舌头代替拳头，用情感感化人心,这就是沟通的伟大力量。首先,良好的沟通得力于语言的支持。语言是沟通的基础,好的表达能力能收获好的沟通效果。人人都会说话,但不见得都会说好话,说别人爱听的话,说别人听得懂的话。每个人的说话方式、说话习惯和风格都有所不同,这也就导致了沟通结果的千差万别。会说话的人有时只用一两句话就能解决问题、化解矛盾、攻破心结、获得答案,而不会表达的人啰唆一大堆也还是让听者不知所云、不明其意。其次,沟通不仅是口头上的,一些无声的语言和行动也是一种沟通。比如,肢体语言、眉目传情、心有灵犀,都是耐人寻味、言有尽而意无穷的沟通。有时,这种无声的沟通所产生的效果要比语言交流的效果更胜一筹。在某种特定的场合下,有的人不喜欢用言语沟通,这时如果能运用肢体语言和行为来表达自己的爱恶之情,将别有一番情趣和意味。最后,沟通并非只是信息的传递、声音的传达和行为举止的表现,沟通更注重思想和情感的交流,也就是沟通要用心。缺乏思想和情感的交流不能称得上是有效沟通,而在沟通中如果用心程度不够,同样也无法实现沟通的目的。

一、沟通的含义

在《大英百科全书》中,沟通就是指"用任何方法,彼此交换信息。即指一个人与另一个人之间用视觉、符号、电话、电报、收音机、电视或其他工具为媒体,所从事的交换信息的方法。"而《韦氏大辞典》中关于沟通的定义为:沟通就是"文字、文句或消息之交流,思想或意见之交换。"拉氏韦尔(Harold Lasswell)则认为,沟通就是"什么人说什么,由什么路线传至什么人,达到什么结果。"西蒙(H. A. Simon)认为,沟通可视为任何一种程序,借此程序,组织中的成员,将其所决定的意见,传递给其他有关成员。沟通在《中国百科词典》中的意思为:沟,本意为疏通水道;通,本意为由此端到彼端,中无阻隔,有"共享"之意。沟通,泛指使两方能经过疏通达到通连(共享)。沟通始于英文中"communication"一词。"communication"有多种含义,如通信、传达、交流、交往、传染、交通、沟通,在中文中却找不到与"communication"完全相当的词,由此在"communication"翻译上出现众说纷纭的现象。常见的译法有传播、沟通、交往等。不同学科研究的重点不同,对沟通一词的定义侧重点也不同,本书界定"communication"一词为沟通。目前学术界又将沟通分为信息沟通、人际沟通、组织沟通三大类,本书研究的重点就是第二类人际沟通。不同学科研究的角度不同,对人际沟通的定义也有所不同。在心理学研究领域,人际沟通被定义为"是社会中人与人之间的联系过程,即人与人之间传递信息、沟通思想和交流情感的过程"。在组织行为学中,人际沟通可定义为"一种双边的、影响行为的过程。在这个过程中一方(信息源)有意地将信息码通过一定的渠道传递给意向所指的另一方(接收者),以期唤起特定的反应或行动"。而在李谦老师所著的《现代沟通学》一书中指出沟通的四个基本特征:在沟通过程中,沟通双方一般互为主客体;沟通双方使用统一或相同的符号;沟通双方对交往的情境有相同的理解;沟通双方是相互影响的。同时,《现代沟通学》也指出了沟通的七大要素:发信者、接收者、信息、渠道、噪音、反馈和环境。而人际沟通正是包括了上述所有特征及要素的"在一对一基础上进行的沟通,通常是在非正式不规则的环境中。这种沟通绝大多数发生在两人之间,虽然,或许包括两个以上的人"。如上所述,尽管研究的角度不同,对人际沟通的定义也有所差别,但各学科都指出了人际沟通是人与人之间双向的信息交流与传递的活动过程。

由于强调沟通的双向性、对称性以及复杂性,对沟通进行描述和下定义是十分不容易的。但无论从哪个角度来给沟通下定义，它都基本包含以下四层含义：人际沟通首先是信息的传递；人际沟通不仅要被传递到，还要被充分理解；有效的沟通并不是沟通双方达成一致的意见，而是准确地理解信息的含义；人际沟通是一个双向、互动的反馈和理解过程。我们认为，大学生人际沟通的内涵就是，在全球化的背景下，在全面建成小康社会的过程中，大学生群体与自己、与他人、与社会进行思想、感情、信息交流，求得身心健康，促进社会和谐，更好地实现自我发展与社会发展相结合的一种互动方式。

二、沟通的三要素

沟通的信息是包罗万象的。在沟通中，我们不仅传递消息，而且还表达赞赏、不快之情，或提出自己的意见、观点。这样沟通信息就可分为：事实、情感、价值观、意见和观点。沟通没有成败之说，可以用是否有效来评价沟通，而有效沟通必然包括三个要素，即沟通的目标、沟通的内容和一致的结果。

（一）要素一：有效沟通应目的明确

> **［案例 4-1］**
> 著名科学家法拉第进入英国皇家学院工作时，介绍人是戴维爵士，他们之间进行了一次有趣的谈话。
> 戴维："很抱歉，我们的谈话随时可能被打断。不过你还幸运，此时此刻仪器没有爆炸。法拉第先生，信和笔记本我都看了。你在信中好像没有说明在哪里上的大学。"
> 法拉第："我没有上过大学，先生。"
> 戴维："噢？但你做的笔记说明你显然是理解这一切的，那又怎样解释呢？"
> 法拉第："我尽可能去学习一切知识，我还在自己房间里建立了小实验室。"
> 戴维："年轻人，我很感动。不过，可能因为没到实验室中干过，所以你才愿意到这儿来。科学太艰苦，要付出极大的劳动，而只有微薄的报酬。"
> 法拉第："但是，只要能做好这件工作，本身就是一种报酬啊。"
> 戴维："哈哈，你再看我眼边的伤疤，这是我在实验中引起的一次爆炸留下的。我想，你装订的那些书籍总不曾将你炸痛，让你出血或把你打昏吧？"
> 法拉第："是的，不曾有过，但每当我翻开装订的科学书籍，它的目录常常使我目瞪口呆，神魂颠倒。"

这段对话重点突出，详略得当，饶有趣味。戴维爵士所强调的是从事科学研究不是一件轻松的事，需要付出艰苦的劳动，甚至要付出伤残或牺牲的代价，而法拉第所表示的是对知识的强烈渴望，对科学的执着追求。谈话结束后，戴维破例让法拉第当了自己的助手。后来，有人要戴维填表列举自己对科学的贡献，他在表的最后写道："最大的贡献——从一句话中发现了法拉第。"假如当初一个强调学历，另一个贪图金钱，那肯定是另一番情形了。

有效的沟通不是信口开河，想说什么就说什么，也不是天南地北无所不聊，更不是不着边际，让人不知所云，如堕云雾中，而是要为了实现某种目的来沟通，或解决矛盾，或寻求意见，或请求帮助，或答疑解惑，或谈判合作。

如何创设大学生人际沟通的语境，是有效沟通的一大条件。社会学家郑杭生先生在关于社会互动维度的分析基础上,解析了人际沟通所要遵循的维度指标,同时运用正方体严谨的结构体系,构造了一个理想的社会环境(正方体的每个基本元素的量值都是对等的),尝试利用几何图形的立体空间,提供个体进行沟通的平台,来创设大学生人际沟通的语境。众所周知,任何一种形式的沟通总是建立在一定社会交往的基础上,而逐步走向深入的。在图 4-1 中,点、线、面、中心和重心分别代表了不同层次的个体、小组和群体。这五种要素之间存在着必然的联系,各要素间都进行着不同层次的互动,并在互动中遵循相应的规则。

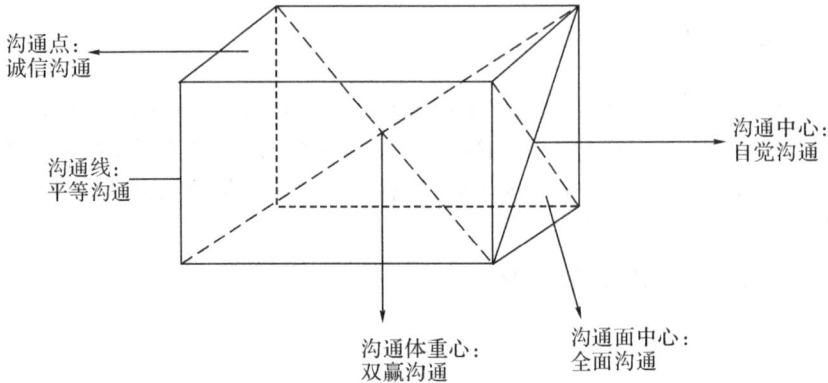

图 4-1　人际沟通的正方体结构

　　人是社会群体中的一分子,都需要一个社会支持系统。个人成功离不开他人的关心、帮助和支持,只有抱有一种"我关心、帮助、支持你,你成功,我也能成功"的双赢心态和行为,才能实现自我价值,赢得自己最终的成功。倘若一个人的成功,其结果所换来的是无数人的才能被埋没、人性受压抑,那么这种成功无论其价值多大,都很难称得上真正的成功。事业成功无疑是当代大学生所渴求的,但我们在追求成功的过程中,如果抱有真诚关心、帮助、支持别人成功的心态和行为,那么我们自己离成功的目标也就不远了。因为你在关心、帮助、支持别人事业成功的时候,你自己也是受益者,反过来,别人也会以同样的心态、行为去关心、帮助和支持你的成功。台湾著名成功学专家陈安之的一句话——"合作是成功之钥,是所有成功的关键,唯有合作,彼此才能更成功",这是进行有效沟通的至理名言,也是值得我们铭记的。

(二)要素二:沟通的内容为思想或情感

[案例 4-2]

　　约翰·吉米是美国一家人寿保险企业的保险员,他花 65 美元买了一辆脚踏车到处拉保险。不幸的是,成绩始终是一片空白。可是,吉米毫不气馁,晚上即使再疲倦,也要一一写信给白天访问过的客户,感谢他们接受自己的访问,力请他们加入投保的行列,每一字每一句都写得诚恳感人。可是,任凭他再努力、再勤奋也没有产生效果。两个月过去了,他连一个客户也没有拉到,上司催他也是愈来愈紧……劳累一天回来,他常常连饭也没心情吃,虽然妻子温顺体贴,但一想到明天,他就全身直冒冷汗。

　　他在日记中写道:"从前,我以为一个人只要认真、努力地工作,就能做好任何事情。但是这一次,我错了。因为事实显然并不如此!……我辛辛苦苦地跑了 68 天,然而,却连一个客户也没有拉成。唉!保险工作,对我很不合适,不如换个地方找工作吧……"妻子劝告他说:"坚持下去,就有盼头。"很明显,"坚持"就是妻子对吉米的建议,也是这次沟通的内容和情感。在妻子的支持下,吉米选择坚持从事保险事业。

当代大学生大多为"00后"独生子女。这一代人生而寂寞,很少有兄弟姐妹,"孔融让梨"的兄弟情感仅仅是一个书本故事,难以让他们有切肤的体会。他们从小千般宠爱集于一身,早已习惯了以我为中心。这种经历的好处就是,与上代人比较起来,他们从小就培养起极强的自信心和自尊心,喜欢张扬个性,富有创新意识,没有任何思想的羁绊。然而,这种人生经历导致了另一种先天不足:在他们身上,缺少了同辈间互相容忍、谦让、合作的品质。这就注定了在一个集体内,与他人的相处发生困难。这种情况下,就更需要沟通来逐渐消除彼此之间的隔阂和陌生。而如何来寻找沟通双方感情的触发点,是个体急需解决的问题。由于大家来自不同的生活背景,有些小的问题在一些同学看来,是正常的一种表现,而在另外一些同学看来,就是不能容忍的行为了。所以,当个体想要指正别人时,就要用一些技巧,点到为止,不必把话说得过于明白。指责别人不对时,最好用暗示的方法,别太直接。有些话说得太直接、太冲动了,反而会引起反效果。习惯以"教导性语言"和人说话的人,虽然是出自善意,可是却因为无法深入对方的内心,了解不到他到底要的是什么,这就注定是失败的沟通。沟通要让人"开心",只有在"心开"了时,别人的意见才进得去,所以,就要使用可以让人开心的言语,来打开对方内心的门窗。

鉴于个体的差异性,在进入沟通的主题之前,最好先想方法让对方有感性的共鸣。就像音乐的前奏曲,将双方的情绪先带入情境再进入主题,这样沟通起来就比较容易了。要找出能引起对方共鸣的事情,有很多方面可以着手,例如个人的兴趣嗜好、引以为荣的事情和与自身利益有关的事、十分缺乏的东西、同学同乡情谊,一旦有了共鸣,使得彼此的防备心降低,事情自然就好谈多了。这一点对于大学生群体来说,是一件较为容易的事情。大家都是同龄人,找到一个共同话题开始沟通是可以做到的。然而,除了与同龄人沟通外,他们还肩负着与社会上形形色色的人打交道,处理好与这些人的关系也是非常必要的。遇到沟通障碍就要一一突破解决,采取逆向思维之下的思考解决法。比如,和老年人沟通。大多数的老年人不太喜欢变动,思考模式较为僵化,他们害怕新颖或是不熟悉的东西。鉴于此,大学生在和老年人沟通时应先做好疏通工作,引发兴趣,除去受挫感,然后再耐心指导,从旁协助,适时给予赞美、鼓励。只要有一次行得通,建立好沟通模式,从此他就会信任你,以后再沟通就容易多了。大学生还应学会与高成就者沟通,这将有助于你们今后的成才。通常有成就的人,都较为自信,他们处事自成一格,有自己独特的思考模式。鉴于此,大学生群体应学会"对症下药",采取渐进迂回的方式接近,一旦建立互相信任的关系,顺利的沟通也就展开了。还有一种就是与行事风格怪异的人沟通。这类人多半属于创作者、艺术家的思考模式,他们常常会推翻自己原先的思考结果,让别人捉摸不定。大学生在与这类人沟通时只需要把握大方向就可以了,不要给予太多的限制,让他们自由发挥,这样沟通起来就顺畅多了。当代大学生要学会创造新的沟通渠道,与各种各样的人沟通,调整传统的思维模式走向成功的彼岸。

(三)要素三:有效沟通应取得一致的结果

[案例 4-3]

案例 4-2 中的吉米曾想说服一位小学校长,让他的学生全部投保。然而校长对此毫无兴趣,一次次地拒吉米于门外。当他在第 69 天再一次跑到校长这里来的时候,校长终于为他的诚心所感动,同意全校学生投保。吉米通过 69 次的不断努力实现了与校长之间的有效沟通,达成一致的结果:为全校学生投保。他本人也凭着这种坚持不懈的精神,成为一名著名的保险销售员。

有效的沟通一定是通过"沟"达到"通",即是说通过沟通达到一定的目的,取得一定的结果。否则沟通只是徒然浪费了时间、精力而一无所获。要想使沟通取得成效,需要注意以下两点。

(1)理解沟通的对象。与人沟通首先要学会换位思考,即角色转换。就是在处理一件事情的时候,把个体和对方所处的位置关系交换一下,站在对方的立场上,以他的思维方式或思考角度来考虑问题。通过换位思考,才能真正明白他人想法,切实理解他人感受,从而处事更为宽容和周到。但通常情况下,沟通对象的目的和利益是隐含的,个体必须根据对方的实际情况进行分析、总结。了解沟通对象的目的和利益所在,是应对沟通难题的基础。在与人沟通的过程中,理解沟通对象包括以下方面的内容。首先,理解沟通者的身份,特定的身份决定了沟通的基调。对于被动的沟通,也就是沟通对象主动找到个体,个体可以通过对方选择的时间、地点、谈话的基调判断沟通对象的身份。在很多情况下,沟通对象常常思维定势,以为达到特定目标就只有一种解决办法,这样能够争取的就十分有限。如果个体对沟通对象有了比较全面的认识,这样就能够从对方的角度和利益出发,用新的方案来取代既定的方案,这样我们就达到了沟通的效果。另外,个体还要知道,每个人都有自己的沟通风格,有的人比较感性,沟通的范围广泛;有的人善于倾听,不善于表达;有的人比较理性,沟通有深度……所以,个体面对不同沟通风格的人,就要做出适合个人的沟通模式,以便达到良好的结果。

(2)理解对方的目的。沟通需要找出别人的思路,然后才能开启他人的心智宝库。在能够有效地测知他人的目的之前,要先找出他平常最常用的神经系统,同时也要知道人们有哪些共通性,以便借此达到更大的契合和成就。例如在思索某一问题时,可以搜索以前没有看到过的材料,倾听以前没有倾听过的信息,追问以前不知从何沟通的问题。如果个体既用心做了准备又摸对了门路,就能测知对方的目的。这是获得良好换位沟通的必要条件。个体要测知他人的想法,可以从其语言的表达内容、形体语言的表现中找到线索。人与人之间的沟通是有模式的,神经语言成功学中有一个重要的理念:地图本身不是实际的疆域。许多人没有办法表达他的思想让你知道,并不是因为他不愿意表达或是在欺骗你,而是他不知道自己词不达意,所以沟通的双方这时可能产生很多的误解。如果双方都能够站在对方的角度彼此体谅,就能够获得比较好的沟通效果。要学习沟通需要先学习如何听懂他人的话中含义,学会听话后才能再学问话,而只有学会如何听话、问话,才能再学如何说话。良好的沟通 80%在于倾听,20%在于表达。获得换位沟通的成功在于正确地理解对方的目的。

三、沟通的重要性

(一)可以保障信息传递通畅

顾客需求信息、制造工艺信息、财务信息等都需要准确而有效地传达给相关部门和人员,各部门、人员间必须进行有效的沟通,以获得其所需要的信息。难以想象,如果制造部门不能及时获得研发部门和市场部门的信息,会造成什么样的后果。企业出台任何决策,都需要凭借书面的或口头的,正式的或非正式的沟通方式和渠道传达给适宜的对象。

(二)可以了解企业内外环境

企业领导可通过信息沟通了解一切商业行情,包括客户的需要、供应商的供应能力、股东的要求及其他外部环境信息。任何一个组织只有通过信息沟通,才能成为一个与其外部环境发生相互作用的开放系统。尤其是在环境日趋复杂、瞬息万变的情况下,与外界保持着良好的沟通状态,及时捕捉商机,避免危机是企业管理人员的一项关键职能,也是关系到企业兴衰的重要工作。

(三)可以鼓舞士气,提高工作效率

畅通无阻的上下沟通,可以起到振奋员工士气、提高工作效率的作用。随着社会的发展,人们开始了由"经济人"向"社会人""文化人"的角色转换。很多人不再是一味追求高薪、高福利等物质待遇,而是要求能积极参与企业的创造性实践,满足自我实现的需求。良好的沟通,使员工能自由地和其他人,尤其是管理人员谈论自己的看法、主张,使他们的参与感得到满足,从而激发了他们的工作积极性和创造性。

(四)可以启发思考,激发创新意识

在有效的人际沟通中,沟通者互相讨论、启发,共同思考、探索,往往能迸发出创意的火花。专家座谈法就是最典型的例子。惠普公司要求工程师们将手中的工作显示在电脑上,供他人品评,以便大家一起出谋划策,共同解决困难。员工对于本企业有着深刻的理解,他们往往能最先发现问题和症结所在。有效的沟通机制使企业各层级能分享员工的想法,并考虑付诸实施的可能性,这是企业创新的重要来源之一,松下的意见箱制度就充分说明了这一点。

职场中离不开沟通。面对现代市场的激烈竞争,每个企业都希望能够锻造出一支上下齐心、精诚团结的企业团队;希望自己的企业能够生活在一个良好的外部环境中,能在与顾客、股东、上下游企业、社区、政府以及新闻媒体的交往中,塑造出良好的企业形象。可以说,团队建设、企业发展、管理者与企业员工之间都需要沟通。

第二节　沟通的基本要求和原则

一、沟通的基本要求

既然沟通并不是漫无目的的、随意的侃大山,而是有目的、有意识的行为,且该行为是为了指向一定的特定的结果;同时,沟通的方式方法不同,带给对方的内心感受不同,如若不加

以注意,很可能事与愿违。那么沟通就不能随心所欲地自我发散,而应该根据特定的场景、人员而因势利导、因地制宜。良好的沟通需要遵循以下四点基本要求。

沟通的7C准则

(一)真诚以待

真诚是人与人和谐相处的前提,也是人际关系良性互动中不可或缺的重要因素。"你若真心对我,我便倾情相待",常用来指男女关系的相处,其实不仅是两性关系,朋友、同事之间亦是如此,人与人的相处,唯有真心才能换取真心。真诚待人的人往往能广结善缘,为自己的发展助力;反之,则处处被人使绊子或不配合,导致工作的开展阻力重重,徒增压力。

在他人失意时的安慰、荣耀时的祝福,感动人心的语言能够直抵人心,形成强烈的情感认同;见面时的微笑,被人不小心伤害时的大度一笑,微笑是一种无形的力量,能够拉近彼此之间的距离;与人交往亦要有度,要注重保护他人的隐私,不能因熟悉而口无遮拦,造成隔阂与疏离;常常关怀他人,在被需要时慷慨伸出援手。这些都是真诚待人的表现,唯有真诚以待,才能换得他人的真诚。

(二)换位思考

> **[案例4-4]**
>
> 晚饭后,母亲和女儿一块儿洗碗盘,父亲和儿子在客厅看电视。突然厨房里传来打破盘子的响声,然后一片沉寂。儿子望着父亲说:"一定是妈妈打破的"。"你怎么知道?""她没有骂人。"
>
> 我们常常习惯以不同的标准来看人看己,严以待人,宽以待己。

人们观察问题都习惯性地从自己的角度出发,只顾及自己的利益、愿望、情绪,一厢情愿地想当然,因此,常常很难了解他人,很难和他人沟通。在现实生活中,公说公有理、婆说婆有理,各讲各的、各忙各的,这样的现象随处可见。事实上,只要站在客观的立场上就会发现,冲突的双方几乎完全不理解和体谅对方。而要想处理好自己和他人的人际关系,最终要做的是改变从自我出发的单向观察与思维方式,从对方的角度观察、思考,在此基础上,善解人意。如此处理人际关系,就有了更多的合理的方法。不能由彼观彼、善解人意,就没有别开生面的新人际关系。

(三)注重细节

老子曾说:"天下难事,必做于易;天下大事,必做于细。"这说明想要成就一番事业,不能眼高手低,必须从简单的事情着手,于细微之处做起。一心渴望伟大,伟大却遥不可及;脚踏实地,认真做好每个细节,伟大却不期而至。这就是细节的魅力。我们说细节决定成败,不论做什么工作,都要重视小事,关注细节,唯有把小事做细做透,才能真正把事情做好。

注重细节在服务行业中显得尤为重要,顾客的正向评价一传十、十传百,能够塑造良好的口碑,反之亦然。工作中,需要心平气和地从点滴小事入手,在细节中收获成功。有的时候,一个小的问题不注意或者不被重视,有可能会酿成大祸。注重细节需要做到以下六个方面:①注意说话的场合;②遣词用句准确;③避免产生歧义;④学会用敬语;⑤善于称呼;⑥学会使用友善的说话方式。

(四)学会幽默、含蓄地表达

[案例 4-5]

父子二人经过五星级饭店门口,看到一辆十分豪华的进口轿车。儿子不屑地对父亲说:"坐这种车的人,肚子里一定没有学问!"父亲则轻描淡写地说:"说这种话的人,口袋里一定没有钱!"

人们往往贬低别人的成就,而忽视自己的无能!

在人际相处中,含蓄幽默的表达往往能起到意想不到的作用。在特定的情境中,直截了当或许显得些许生硬,容易造成人际关系的冲突或紧张;这时候幽默的作用就体现出来了,在轻松含蓄中既抒发了情感,传递了信息,又顾及了对方的面子,保留了尊严,是一种高情商的体现。幽默是有趣可笑且耐人寻味,是思想、学识、品质、机敏等诸多要素综合运用的结果。

幽默的人往往是充满智慧的。在与人相处中,幽默含蓄是润滑剂,是拉近双方关系,增进双方情感的重要法宝,能帮助打开公关活动的大门,可以增进友谊,维系既存关系,也可以使激化的矛盾变得缓和,更是创造融洽气氛,反击无理提问和开展善意批评的有效手段,同时幽默还有自我解嘲、化解尴尬的功能。

[案例 4-6]

一年愚人节,有人为了愚弄马克·吐温,在纽约的一家报纸上报道说他死了。结果,马克·吐温的亲戚朋友们从全国各地纷纷赶来吊丧。当他们来到马克·吐温家的时候,只见马克·吐温正坐在桌前写作。亲戚朋友们先是一惊,接着都齐声谴责那家造谣的报纸。马克·吐温毫无怒色,幽默地说:"报纸报道我死是千真万确的,不过把日期提前了一些。"

二、沟通的基本原则

(一)平等原则

平等是进行沟通的重要前提。在人际交往中,人与人之间平等就是互相尊重。相互尊重给人以心理强化作用,使交往双方因对方对自己行为的肯定而强化了交往的需要。因此,沟通的平等性在于沟通双方处于平等的地位,互相尊重对方的人格、情感和需要。沟通是双方交流思想的活动,主—客—主都是独立交流思想的社会角色。交流主体如若没有交流客体为对象,信息的收集与传递就成为无源之水、无的放矢;交流客体如果不接受主体的信息,自身就得不到健康的发展和完善。而交流客体反馈信息的真实性、主动性、及时性,以及对主体所传递信息主动、有效的理解、感悟和接受等,都有赖于双方平等位置的确立,特别是交流主体对交流客体平等人格的认同和尊重。因此,大学生在人际交往中,要注意交往态度和交往方式上的平等。虽然大学生的个性强、不服输,这种独立人格和精神状态是值得肯定的,但绝不能高人一等、自以为是。否则,容易导致人际关系的紧张和冲突。因此我们应坚持平等原则,尊重他人、理解他人、关心他人、帮助他人,这样才能建立起有利于成长和进步的沟通氛围。

（二）诚信原则

［案例 4-7］

在华盛顿举办的美国第四届全国拼字大赛中，南卡罗来纳州冠军——11 岁的罗莎莉·艾略特一路过关，进入了决赛。当她被问到如何拼"招认"（avowal）这个词时，她轻柔的南方口音，使得评委们难以判断她说的第一个字母到底是 A 还是 E。评委们商议了几分钟之后，将录音带倒带后重听，但是仍然无法确定她的发音是 A 还是 E。解铃还得系铃人。最后，主评约翰·洛伊德决定，将问题交给唯一知道答案的人。他和蔼地问罗莎莉："你的发音是 A 还是 E?"其实，罗莎莉根据他人的低声议论，已经知道这个字的正确拼法应该是 A，但她毫不迟疑地回答，她发音错了，字母是 E。约翰·洛伊德又和蔼地问罗莎莉："你大概已经知道了正确的答案，完全可以获得冠军的荣誉，为什么还说出了错误的发音?"

罗莎莉天真地回答说："我愿意做个诚实的孩子。"当她从台上走下来时，几乎所有的观众都为她的诚实而热烈鼓掌。第二天，一篇报道这次比赛的短文《在冠军与诚实中选择》中写道，罗莎莉虽没赢得第四届全国拼字大赛的冠军，但她的诚实感染了所有的观众，赢得了所有观众的心。

诚实是一个人最基本的素质和道德。没有人不喜欢和诚实的人交往，同样没有人对爱撒谎的人表示好感。只有诚实才会给人以信赖和踏实，诚实的语言交流才是沟通的有效方式，而夸夸其谈、言而无信的人是无法得到他人的信赖和肯定的，也无法获得真正的沟通。

（三）欣赏他人原则

欣赏别人，是对别人的尊重。欣赏别人是一种美德、一种文化，更是一种能力、一种难得的处世之道。在我们周围，不管是朋友、同学、同事、亲人，都可以从他们身上找到我们可以借鉴的地方，他人仿佛就是自己的一面镜子，从中找到可以学习的优点，来弥补自己的不足，这样也可以发觉自己与他人的差距，从而激励自己、鞭策自己提高综合修养水平，给自己更大的生活信心和精神力量！

（四）宽容待人原则

古人讲和气生财。在人际交往中，和气的性格都是成功的要素。两个商家卖同样的东西，一家拉长着脸，不给人好脸色，一家满脸和气，显然后者的生意做得好得多。可见，和气也是有含金量的，是有增值的，和气也是商品。和气待人，宽容待人，同样是一种境界。当我们和气宽仁地对待所有人时，我们的身心也就愉悦了，心胸也就开阔了。如果你原本待人不和气、不宽容，那不要紧，不需要强扭硬拽，从现在开始改变，你会在每一次对别人的和气宽容中体会心态的放松和开阔。于是，一个良性循环就渐渐改变了你，也改善了你原本的生活。

（五）乐于付出原则

付出才有回报。这个世界上没有免费的午餐，天上也不会掉馅饼，你的所得总是与你的付出成正比的。人们并不愿意给不相干的人提供免费午餐，然而，事情反过来轮到自己时，他就不明白道理了。别人有成就了,就想也分享一点。别人有钱了,也想沾一点光。别人有名声地位,似乎都应该瓜分一点。殊不知无功不受禄,不劳而获古往今来都令人厌恶。如果心中生出索取免费午餐的念头,常令人生萎缩、心灵低劣,长期这样是不会有出息的。有的人即使没有索取免费午餐的行为,但是同样的心理活动连绵不断。整天嫉妒别人,心里总是摆不平,这样使他备受折磨。放下索取免费午餐之心,就多了清净和坦然,也多了自信与奋进之心。学着慷慨地对别人付出,这样在你遇到困难的时候,会得到许多真诚的回报。

(六)持之以恒原则

在处理人际关系时,不能急功近利,追求短期效应可能奏效一时,但难以维持长久。真正和谐的人际关系不是一种应付和差事,按照正确的原则处理各种人际关系,是我们的自然流露,也是我们应长期坚持的准则。即使有不理解、不信任之处,仍然相信别人总会理解和信任自己。这就是持之以恒的境界,最终将助力你收获成功。

第三节 酒店管家的沟通技巧

有效的沟通是酒店管家获得成功的重要保证,不仅有助于矛盾化解,更是在信息传递、工作布置等方面起到重要作用,从而促进工作内容的高效率完成和人员的高频率互动,形成酒店内部运转的良性循环。酒店管家只有具备较强的沟通技巧,才能使工作事半功倍,达到和谐的工作氛围和环境。

有效地与上级沟通,酒店管家必须解决好三个方面的问题:①明确自己的职责和任务;②认识上司对自己的要求;③向上沟通的内容是建立良好人际关系的关键之一。

做好平行沟通,酒店管家需注意以下几个问题:①明确工作职责和有关的工作程序;②在平行沟通中要避免违反协议;③就各班领导组织的重大决策互通信息;④尽量不要上交能相互解决的问题;⑤变换角色为他人着想;⑥先处理问题,后查明原因;⑦对不同意见的处理;⑧保持不断的沟通。

要做好向下沟通,身为基层管理者的酒店管家必须了解:下属需要什么。一般而言,下属主要关心如下几个问题:①工资、福利待遇的变化;②工作的前景;③工作情况与人事变动;④接受培训的情况;⑤管理层对个人的评估情况。

实际上,无论是向上、平行还是向下沟通,若想得到正向地沟通结果,需要在沟通中注意以下三个方面。

一、营造氛围,塑造环境

有效沟通的先决条件是和谐气氛。想要好好地沟通必须有一个先决条件,那就是一个较为缓和、和谐的气氛,这一点很重要。在沟通前一定要营造这样一种气氛才行,因为在情绪失控的状态下,很难达到我们想要的沟通效果,如果没有和谐的气氛,那么我们最好另外寻找合适的时间再进行沟通,否则,也许连机会都可能不会再有了。在和谐气氛下,大家的心情比较放松,更容易沟通。

很多管理者有这样一种思想,认为经过长期的经验积累和验证得出的方法才是最正确的。这点不错，但也在无形中限制了对新方法的寻求，束缚了创新意识。一旦环境、背景发生变化，老方法反而会阻碍企业的发展。

下属的言论不一定都是真知灼见，但这些言论却不容忽视，它能让领导者的各项决策做到有的放矢，避免因主观武断而导致决策失误。在微软，对管理者的缺点、公司在发展中存在的问题，员工都可以毫无保留地提出意见和建议。之所能做到这点，是因为比尔·盖茨明白，只有人人都能提出建议，才能说明人人都在关心公司，公司才会有前途。

很多管理者都明白听取员工意见的重要性，但是这些意见却不易得到。要想让员工说出自己的"心里话"，就必须营造畅所欲言的内部气氛。

除了外在环境外，酒店管理的语言风格也在无形中塑造了沟通的软环境。与下属谈话时，营造一个和谐的交谈气氛和环境很重要，语言幽默、轻松诙谐的酒店管家更受下属的青睐。和下属谈话时，可以适当点缀些俏皮话、笑话、歇后语，从而取得良好的效果。只要使用得当，就能把抽象的道理讲得清楚明白、诙谐风趣，会产生一种吸引力，使下属愿意和领导交流。领导的语言艺术，对于下属来说，既是一种享受，又是一种激励，可以拉近上下级的距离。

二、注重方式，完善渠道

沟通的方式不能一成不变，因为每个人都有自己的习惯和偏好，我们既然不能改变所有的人，那么我们唯一能做的就是改变自己的沟通方式，用不同的方法尝试和不同的个体进行沟通，从而"因材施教""对症下药"，达到既快又好的沟通效果。

📖 如何与陌生人寻找"共同话题"

（一）多激励少斥责

每个人的内心都有自己渴望的"评价"，希望别人能了解，并给予赞美。身为酒店管家，应适时地给予鼓励、慰勉，认可、褒扬下属的某些能力。当下属不能愉快地接受某项工作任务之时，领导可以说："当然我知道你很忙，抽不开身，但这事只有你去解决，我对其他人没有把握，思前想后，觉得你才是最佳人选。"这样一来使对方无法拒绝，巧妙地使对方的"不"变成"是"。这一劝说技巧主要在于对对方某些固有的优点给予适度的褒奖，使对方得到心理上的满足，使其在较为愉快的情绪中接受工作任务。对于下属工作中出现的不足或者失误，特别要注意，不要直言训斥，要同你的下属共同分析失误的根本原因，找出改进的方法和措施，并鼓励他一定会做得很好。要知道斥责会使下属产生逆反心理，而且很难平复，对以后的工作带来隐患。不同的语言会带来不同的心理感受，同时产生不同的行为结果。积极的激励和消极的斥责，对于下属的影响就会是两种不同的结果，更重要的是心理上的影响，这是最根本的东西。

（二）放下架子，换位思考

俗话说，设身处地，将心比心，人同此心，心同此理。作为酒店管家，在处理许多问题时，都要换位思考。比如说服下属，并不是没把道理讲清楚，而是由于不站在对方角度替对方着想，谈的并非是对方所需要的，只能不欢而散。如果换个位置，放下架子，站在被劝者的位置上思前想后，同时，又把被劝者放在领导的位子上陈说苦衷，抓住了被劝者的关注点，这样沟通就容易成功。你站在下属的角度，为下属排忧解难，下属就能替领导排忧解难，帮你提高业绩。

(三)畅通渠道,避免失真

卡尔·罗杰斯曾说过:"世界的未来靠的并不是自然科学,而是靠我们人类相互之间的理解和联络。"这句话将沟通的魅力表达得淋漓尽致。沟通是管理的高境界,企业的很多管理问题都是由沟通障碍引起的,无论是工作效率低,还是执行力差,归根结底都与沟通有关。对于企业内部而言,通畅的信息流动渠道是促进沟通的积极因素之一。因此,要实现有效沟通,保持顺畅的沟通渠道就显得特别重要。

沟通不良或许是每个企业都存在的问题,企业的规模越庞大、机构越复杂,其信息交流渠道就越阻塞、沟通越困难。往往下属的很多有建设性的意见还没有及时地提交给高层领导,便已经在某一道关卡被扼杀;而高层领导的决策,传达到所有下属的耳中时也已经变了样子。阻塞的沟通渠道就像是一个绝缘体,将领导与下属隔绝在两个真空中,无法形成推动企业发展的合力。

三、破解障碍,提升反馈

(一)学会倾听,真心待人

在沟通中,我们更多的时候要注意别人需要什么,每个人的价值观不同,有冲突是难免的。有了矛盾我们才需要更好地去沟通,多听一下对方在说什么,听懂别人话里的真正含义,才能更好地理解对方,而不是一味地表达自己的观点和看法,这不是正确的沟通方式。

图 沟通中常见的心理障碍

酒店管家应该是下属真正的朋友。推心置腹,动之以情,晓之以理。领导者的说服工作,在很大程度上,可以说是情感的征服。感情是沟通的桥梁,要想说服别人,必须架起这座桥梁,才能到达对方的心理堡垒,征服别人。酒店管家在与对方谈话时,要使对方感到领导不抱有任何个人目的,没有丝毫不良企图,而是真心实意地帮助自己,为下属的切身利益着想。这样沟通双方的心就近多了,就会产生"自己人""哥儿们"效应。情感是交往的纽带,领导能够很好运用,和下属交朋友,使自己成为下属真正的自己人,是完成群体目标的主体力量。

(二)寻找共鸣,达成一致

布置任务不是政治谈判,它是领导有要求、下属有反馈的这样一个交流的过程,所以应当在一种积极、融洽的气氛中进行。当下属表露出不情愿的神色时,身为领导不妨先放下硬性要求,转而聊一聊彼此都感兴趣的事情。一个领导的言论虽然难调众口,但不论下属有多少异议,也必存在一些契合点能让下属与你产生共鸣。找到这个共鸣点,从这里入手,让下属愿意去接受你的理念,才能让他们把你的要求真正听进去,领会你的命令和意图。

(三)及时反馈,促进交流

身为酒店管家,在对上、平行和对下沟通中,都需要做到及时反馈,唯有此,才能最大效率地进行信息交换、增进沟通,从而避免信息的延误和误会的产生。当你面对一个棘手的项目时,当你面前有一道障碍始终无法跨越时,当你肩负沉重的压力而一筹莫展时,你需要员工的坦诚提议。他们的基层工作经验是你新创意的源泉,也是抵御损失的一道坚固防线。保持员工提议的积极性,关键是要重视他们的提议,对他们提出的新想法、新点子有所交代。

良好的沟通应该取得一定的效果。良好的沟通应该是你说的就是你想表达的,你想表达的已经通过你说的话完全地表达了出来,而且要通过询问的方式弄明白他人已经听懂了你说的是什么意思和含义,只有这样的沟通才能起到良好的效果。对方的回应如果是你的预期反应,那么你所做的一切都是值得的。

[案例4-8]

清晨,丁小白早早来到办公室,坐在自己已经坐了两年的办公位上,看到面前空着的工位,坐在那里的同事很快就会从过去的同事关系变成上下级关系,她不由想起了自己与他的第一次不愉快。

那天,丁小白兴冲冲地从外边回到办公室,看见自己办公桌上摆着一叠前期联系过的一个客户送来的资料,便知道客户上午来访了。但她在外边的时候并没有接到一直在办公室的同事的电话,也没有接到该客户的电话,便感觉不妙,猜想客户很可能被冷落了。

看见那位同事若无其事地埋头做事,并没有要主动和自己说什么的意思,丁小白心中很是不快,不由责备起来:"有人找我,你怎么不和我说一声呢?"那位同事回过头淡淡地说:"你也没给我交代过,我怎么说?"丁小白一时语顿,只好叹息:"这可是我的潜在优质客户。"该同事又回过头来,"那我就更不能说了,我怎么好乱接待你的重要客户呢!"一时间,办公室里静悄悄的,谁也不愿意主动打破心中还在继续的"冷战"……

这件事很小,但丁小白好几天都想不通。自己对公司、对工作、对客户的满腔热情,竟然没有得到身边同事的认可。

沟通能力是一笔无价的财富,也是一门需要很大的耐心去研究的艺术。如果不能控制自己的脾气,那么至少要懂得控制自己的嘴巴。在工作中,说话需要动脑子,不能随心所欲。生气时,请不要随便开口,你在这时吐出来的话,往往都不会是"象牙"。

人与人之间难免为了工作发生矛盾和争吵,产生怨气和怒气。经常情绪焦虑的人伤人又伤己,不仅影响人际关系,也影响身心健康。所以,为了给沟通一个良好而温馨的环境,控制情绪、化解怒气是有必要的。

此外,身为酒店管家,要主动与下属常谈心,增强凝聚力。有一位厅级干部在他还是一般职员的时候,一次他的领导(厅级)在路上见到他,和他打招呼、握手并问候他,虽然这是领导不经意的一次举动,但是在他心里产生了莫大的震动,回去后,心情久久不能平静。他当时认为,这是领导对自己的重视和认可。此后他的工作一直做得很出色,受到单位领导和上级的一致赞扬。现在这位职员升为一个厅级单位的领导,他也经常找下属谈心,谈心的面很广,谈工作、谈生活、谈发展,每次

📄 化解怒气的
小方法

谈话,下属都受到很大的鼓舞,就是这个举动,增强了全员的凝聚力,使整个工作做得有声有色。经常找下属谈心,可以充分了解员工对单位发展的看法,员工的心态、情绪变化,自己工作的反馈等,有利于更好地开展工作。每个员工都想得到上级的重视和能力认可,这是一种心理需要,和下属常常谈话,对于形成群体凝聚力,完成任务、目标,有着重要的意义。

［案例 4-9］

有关研究表明，管理中70％的错误是由不善于沟通造成的。沟通能力在管理中很重要。沟通是解决一切问题的基础。沟通不是万能的，但没有沟通却是万万不能的。

玫琳凯化妆品的创始人玫琳凯女士说："企业就是要通过人与人之间的沟通达成友爱与和谐。"这就是她成功的秘诀！她对言语沟通和人际关系的重视都来源于她的工作经验。

玫琳凯女士办公室的门总是敞开的，从来不曾关闭。很多人不理解。有一次，一位客户实在很好奇，就问她："别的公司总经理的门总是关闭的，为什么只有你的门是永远敞开的呢？"玫琳凯女士嘴角扬起了微笑，她说："我的门是永远向我的员工和客户敞开的，我随时欢迎我的员工来给我提意见，随时和他们保持沟通。我的门不是办公室的一堵墙，它不会使我们隔开，我们是一体的。"

这就是玫琳凯公司独具特色的沟通技巧，即"开门原则"。这个原则强调的是公司内部上级与下级、同事之间的沟通，大家彼此都不会设防，而是真诚地进行交流。可以想见，开着门人们会随时跑进来，打断你的工作。但是玫琳凯女士认为，重要的是人们知道可以来找她讨论任何重大的问题。她愿意公司的每一个员工，无论是小姑娘还是老头都可以按照自己的意愿随时来看望她，向她诉说他们的抱负和梦想，诉说对公司的抱怨，更好地促进彼此的交流和沟通。

作为酒店管家，要对事实或感受做正面反应，不要有抵触情绪。比如，管理层在工作中说"麻烦您能多告诉我一些关于×××的事情吗"或"我了解您的难处"，总比说"喂，我正在工作，没时间"或"这不是我分内的事"要好。掌握好每一次的交流机会，因为很多时候你可能因为小小的心不在焉而导致你与他人距离的疏远。

比起你的想法，人们更想听到你是否赞同他们的意见。一定要记得"别人的不足才能体现出你的价值"，好多人在抱怨和部门之间的沟通无法进行，对方根本不听你说的话，但是你别忘了自己本身也没有听对方的话！你可以给出你的全部意见，以表示出你在倾听，并且去赞同他人的处境及想法，然后加以修饰性的改正。

酒店管家还应记住，别人说的和我们所听到的可能会产生理解上的偏差！我们个人的分析、假设、判断可能会歪曲我们听到的事实。为了确保你真正了解，有些时候我们可以这样去说："我理解的合适吗？"如果你对某人说的话有情绪反应，你可以这样说："我可能没有完全理解您的意思，我是以我自己的方式来理解的，真不好意思。"有时候即使你有情绪但是你赞同别人，并且话语比较婉转，可以适当拖延时间，这样能将气氛和场景转变过来，因为你也给了对方一个思考的空间和时间，并且为自己争取到了主动的机会。

坦白承认你所带来的麻烦和失误也很有必要。做事要承诺一个期限，如果你需要别人的协助，那就用你的活力及精神去影响他们。如果我们做了一些事情影响到客户并给他们带来麻烦，就必须主动而且热情地去解决这些问题，用我们的诚恳和态度改变这个不好的事实。

用你的热情影响你的下属，他们就不会改变和失控。在这个混乱的世界里，这可以使我们平庸的生活变得更温馨。所以如果您在某人的周围，或者您需要他为自己做些什么，尽可能地告诉他您在什么时候需要什么帮助。如果可能的话,也告诉他您也非常想协助他把事情做好。

每人每天都在反复地与人沟通,酒店管家更是如此。布置工作任务看似"小事情",却有"大门道"。著名未来学家约翰·奈斯比特在《大趋势》中提到,高技术的机器人和高情感的质量管理圈正在同时进入我们的工厂,我们周围的高技术越多,就越需要人的情感,因此我们必须学会把技术的物质奇迹和人性的精神需要平衡起来。

很多领导在管理中忽视了情感的交流,他们为了树立自己的权威,往往会以不苟言笑的面孔示人。殊不知,权威不是不苟言笑,生硬的面孔是毫无必要的。这不仅让员工对你产生距离感,而且会对你了解下属、增进交流产生很大的障碍。

做一个富有亲和力的领导其实不难,有时只需你对员工的表现多加几句肯定和赞赏。第一次,摩托罗拉的副总裁带领客户去参观他们的工厂。看到一位女作业员正在用放大镜看管线,副总裁走到她身边点点头说:"Nice girl!"女孩用微笑回应了副总裁的赞赏。接着,他们走到了一位正在粘焊管线的男作业员旁边,副总裁微笑地对他说:"Good boy!"男作业员也以同样的笑容回应。

目标考核

初级目标考核:

指出下列两则招聘启事,哪个更能吸引你,为什么?

【招聘启事一】 ××物业服务中心,招聘客服前台、专属楼栋管家。

1. 招聘要求。客服部人员:年龄 18~30 周岁;女:身高在 163 厘米以上;男:身高在 175 厘米以上;形象气质佳,普通话标准,高中及以上学历;专业:旅游管理专业、酒店管理专业。

2. 薪资福利待遇。缴纳五险＋公积金,年底双薪(薪资为 4000~8000 元,只要你努力,高工资不是梦),带薪年假和国家法定节假日,公司报销年度体检费用,每月有饭补,夏季有高温补贴,冬季提供个人防寒物资,每年发送两次节日礼品,提供宿舍,各岗位工资面谈。

3. 项目活动。部门每月不定期聚餐,项目员工季度生日宴会,每年至少两次外出团建活动等,你还在等什么? 不要犹豫了,有能力、有想法者快来加入我们吧!

详情请联系薛先生:156××××××××,内部员工推荐另有奖励!

【招聘启事二】 ××酒店招兵买马:招收康体总监,康体经理,总经理助理,人资专员,中西餐厅服务员、服务生,安保员,客房服务员。

谁家有闲置的:

小姑子,小叔子

小姨子,小舅子

大表嫂,大表哥

二表嫂,二表哥

好姐妹,好兄弟

女同学,男同学

女朋友,男朋友

需要找工作的,换工作的,跳槽的,不满足现状的请联系我们。

我们需要志同道合的、有梦想的、有野心的有志之士加入我们,风里雨里,我在这里等着你们!

【薪资待遇】

打酱油:2000～3000元

努力干:3000～5000元

别问我薪资待遇,你的工资你自己说了算

详情请咨询:156××××××××

高级目标考核:

1. 请你帮帮小张,看看以下三种情景下小张的需要是什么?(提示:倾听者、帮助分析原因,还是提出具体改进的建议)

情景一:小张说:"我用了整整一周的时间做这个客户,但客户的销售量还是不高。"小张的意思是什么?

情景二:小张说:"嗨,我用了整整一周的时间做这个客户,也不知道怎么搞的,客户的销售量还是不高。"小张的意思是什么?

清景三:小张说:"看来是麻烦了,我用了整整一周的时间做这个客户,客户的销量还是不高。"小张的意思是什么?

2. 请讨论酒店管家如何在节日里给住店客人送上一份祝福。

第五章　客房整理技能

◎ 初级目标:知晓客房整理的要求及基本操作规程。

◎ 高级目标:能够根据实际情况做好客房清洁整理工作及质量控制。

课前准备

以小组形式(每组 3～5 人)接受任务清单,自学客房铺床、地毯清洁保养技能,完成任务并相互点评。

任务清单

任务清单 1:掌握客房铺床的操作要求与技能。

铺床,即按酒店规定的操作流程,换上干净的床单、被套、枕套等布草的工作。铺床的方法由于各酒店要求和习惯的不同而各有差异。传统的西式铺床是从欧美酒店业流传过来的,其寝具和铺床方式都不太适合东方人的睡眠习惯。因此时至今日,国内酒店特别是接待内宾为主的酒店基本都采用中式铺床,以迎合国内客人的住宿需要。

铺床竞赛
评分标准

一、中式铺床操作程序及技能

(1)拉床。屈膝下蹲,将床拉离床头板 50 厘米左右,以方便操作。如果是双人床或床架不能移动的,一般只将床垫拉出即可。

(2)放平床垫。将床垫、衬垫摆平放正,检查床垫四角的松紧带有无脱落,注意衬垫的卫生状况,如有污迹应立即撤换。

(3)套枕头。双手用力抖开枕套,将枕芯对折装入枕套,再将枕芯两角推入枕套角部,将开口部分整理好,四角对齐、饱满。

(4)铺床单。站在床尾,两手分开,用拇指和食指捏住床单,将床单正面朝上朝前方甩开,待其降落时,利用空气浮力调整好位置,使床单中折线居于床的正中位置,均匀地留出床单四边,使之能包住床垫,然后把床头、床尾四角四边按酒店规定统一包成均匀紧密的直角或斜角(45°)。如果是双人床,在包好床单的床头两角后,即可将床垫推回复位,然后再包床单的床尾两角。

(5)套被套(以被套开口在床尾为例)。首先甩开被套,站在床尾位置,两手分开,将被套开口朝床尾,向前方甩开,两边下垂均匀。然后套被子,将被芯压入被套并打开,要求被芯与被套四角四边对齐重合,被芯在被套内舒展不卷边,被头饱满,被面平整。如被套有系带则打好绳结,带子、被芯不外露。最后将被子平铺与床头齐平或将被头向上反折 45 厘米,被套中心线居中,被子四角四边平整,两侧下垂部分均等,被子床尾部自然下垂或两端折成 90°。

(6)放枕头。将装好的两只枕头叠放在床头的正中,要求枕套的中线、被套的中线、床单的中线三线合一,枕芯不外露,单人床枕套开口应背离床头柜,双人床的枕套开口应居中相对。

(7)放好床尾巾、靠垫等。

(8)将床复位。将床推回原处,床应和床头板左右对齐,再检查一遍床是否铺得整齐美观,必要时整理床裙。有的酒店规定,走客房应在吸尘之后再将床复位。

二、西式铺床操作程序及技能

西式铺床虽然在我国住宿业中已经很少见,但某些国际品牌酒店或在接待外宾时或因客人的要求,仍会采用这种做床方法。

(1)拉床。

(2)放平床垫。

(3)套枕头。

(4)铺第一张床单(垫单)。

上述四步与中式铺床的操作方法相同。

(5)铺第二张床单(盖单)。用同样的手法将床单铺在第一张床单(垫单)上。第二张床单要求正面朝下,中折线应与第一张床单重合,视床单的长度将床单上端(床头部分)超出床垫10~15厘米。铺垫单、盖单时都应注意床单上有无污渍、毛发、破损,如有,应及时更换或去除。

(6)铺毛毯。将毛毯甩开铺在盖单上,床两侧下垂部分应相等,毛毯中线与床单中线重合,床头部位毛毯与床头齐平,毛毯的商标应位于床尾并朝上。

(7)包边、包角。将盖单的床头超出部分向上反折盖住毛毯,再将盖单连同毛毯一起反折45厘米,两侧下垂部分掖入床垫,再将床尾下垂部分掖入床垫,将床尾两角统一包成直角或斜角(按酒店规定)。

(8)放枕头。与中式铺床的操作方法相同。

(9)铺上床罩。将床罩放在床尾,双手持床罩头部将其打开,床罩两侧下垂部分均等,床罩尾部自然下垂;移至床头,用床罩把枕头罩好,剩余部分塞入两个枕头之间,将床罩理平、拉挺。

(10)将床复位。与中式铺床的操作方法相同。

任务清单2:掌握客房地毯清洁保养的基本方法和操作技能。

一、地毯的日常清洁保养

客房地毯日常清洁保养工作主要分两个方面:吸尘和除渍。

1. 吸尘

吸尘是保养地毯最基本、最有效和最经济的一种方法。污染物在地毯上的积聚分三个层次:上面一层是轻一点的污物、灰、有黏性的糖和油性污物;中间一层是稍重一些的灰尘颗粒和有机物;底层是最重的颗粒,如砂石、土砾。尽管砂石、土砾并不一定能看见,但它们对地毯纤维的损害却是最大的。当人来人往时,由于摩擦使地毯纤维与沙砾之间做切割运动,从而割断地毯纤维,使地毯失去弹性。

因此,要彻底吸净地毯纤维底部的泥沙,最好选用直立式吸尘器。这种吸尘器桶体与吸把连在一起,吸盘面积大,吸力强,其内装一组滚刷能进入地毯纤维,作用于地毯纤维的各个部位,做到深度清洁,使地毯纤维得到梳理,操作方便又省力,所以清洁效果比单纯吸尘(即吸力式吸尘器吸尘)要好。

吸尘频率可以根据客流量而定。一般来说,客房及走廊每天至少一次;餐厅每次营业结束后一次;电梯厅及轿厢、大堂吧等客流量大的区域,每天至少两到三次。遇到雨雪天,则应适当增加吸尘的次数。因为地毯湿度越大,温度越高,就越容易滋生霉菌和蛀虫。

2. 除渍

地毯极易受污染,当污渍产生时,去除它并不难(最佳去渍时间在 6 小时以内)。但若污渍侵蚀时间过久,污渍变干或渗入地毯根部,形成陈旧性的污渍,此时要想彻底清除已非易事。因此及时去除地毯污渍是日常清洁保养的有效方法之一。

酒店常见的地毯污渍可分为三类:水溶性污渍、油溶性污渍和特殊性污渍。水溶性污渍主要由茶水、饮料、果汁等污染物所引起;油溶性污渍则主要是由动植物油、工业油、鞋油等污染物形成的;口香糖、烟焦洞、油漆渍等则属于特殊性污渍。

在平时地毯保养中,应正确区分各类污渍,结合实践经验,使用不同的去渍产品和方法,加以针对性处理。一般对水溶性污渍可用地毯除渍剂除渍;油溶性污渍可用化油剂除渍;口香糖、油漆可用口香糖除渍剂。在地毯去渍时,如果没有把握,可先在地毯角落等不起眼处试用,以免出现地毯褪色、缩水、腐蚀等现象。

污渍的清洁原则和常见污渍的清洁方法

地毯日常清洁保养工作做得好,一方面可保证地毯光洁如新,及时恢复纤维弹性,常保地毯柔软舒适,另一方面也可大大减少地毯洗涤的次数,节省人力、财力和物力。

二、地毯的中期清洁保养

对日常吸尘无法去掉的黏附性较强的残留物和已经粘在地毯上的干燥颗粒,可以定期进行中期清洁。中期清洁保养的方法有:干泡清洁法、毛套清洁法及干粉清洁法。

目前酒店普遍采用干泡清洁法对地毯进行中期清洁保养,即地毯干泡洗涤剂经电子打泡箱高速打泡后,泡沫通过刷盘中央孔流到地毯上,然后依靠旋转刷的作用,轻轻推入到地毯纤维中间,干泡中的活性剂将污垢微粒团团包围起来,并且把它们从地毯纤维上拉出来,由于浮力作用,脱离纤维的污垢微粒和已干的结晶泡沫残留物,上升到地毯表面。地毯干燥通常需要 4 个小时左右,待地毯完全干透后,用直立式吸尘器吸除污渍和干泡的残留物。干泡清洁法的特点是快干,又不刺激对水敏感的地毯纤维,适用于自然纤维类地毯,可以防潮、防霉变。

三、地毯的深层清洁保养

灰尘一旦在地毯纤维深处沉积,必须采用抽洗方法进行深层清洁,使地毯恢复原有的洁净。

1. 地毯抽洗

地毯抽洗的具体操作程序如下:先用直立式吸尘器全面彻底吸尘,再去除地毯表面污渍,接着对严重的大块污渍预喷清洁剂,作用 10~15 分钟后,使污渍脱离地毯纤维,然后用热水或加有清洁剂的热水(约 60℃,清洗羊毛地毯水温最高不超过 30℃),通过微型喷嘴喷到地毯上,并及时用吸水扒吸干污水。为了加快地毯干燥,保证其尽快投入使用,可用涡轮式地毯风机吹干地毯。这样地毯纤维就从上到下完成了一次冲洗清洁。

每次彻底清洗后,必须让地毯干透,地毯未干前客房不可出租,走廊区域可铺上旧床单、以保证正常的通行。

2. 补位

地毯抽洗干燥后,应做好以下补位工作:吸尘,对未去除的污渍再次去渍,对地毯的烟洞进行修补,对再次去渍后仍有残留的污渍应建立地毯清洁保养档案等。

抽洗方式清洁彻底,但洗后地毯湿度比较大,容易黏附污渍,如未彻底干燥,易导致霉菌和其他细菌的滋生,地毯也可能因此缩小变形、接缝处开裂等。所以,这种洗涤方式不宜常用,半年或一年使用一次。一般,中期清洁和深层清洁的次数比例为3:1。

本章新知

清洁保养是酒店管家的基本服务技能。有效的清洁保养工作,能创造整洁卫生的酒店环境,使客人觉得"物有所值",对酒店产生好感;能使员工心情愉快、精神振奋;还能维护设施设备的良性运行,有效延长酒店建筑、设备、用品的使用寿命,减少酒店对客房维修改造的资金和时间投入,使酒店、客房等显得舒适、高雅、富有魅力。它满足了客人对酒店最基本和最迫切的要求,也是酒店管家服务的基本质量保证。

第一节 关于客房整理

客房整理就是客房的清洁保养,是酒店的一项日常工作。酒店里一般习惯将一切"清洁"及"保养"建筑物、设备与用品的工作统称为"清洁工作"。实际上,"清洁"和"保养"是两回事,"清洁工作"包含清洁和保养两方面的含义。

一、清洁、保养的概念

(一)清洁

清洁即指清洁卫生。所谓清洁,是指清除各种脏迹,使被清洁的对象达到酒店所要求的标准。所谓卫生,是指杀菌消毒,使环境及物品符合生化要求。

(二)保养

保养是指维护保养,其目的是保证设施设备处于正常完好的状态,延长其使用寿命,减少维修及更新改造的资金投入。

二、脏污的形态

清洁保养工作之所以必要,是因为脏污的存在。了解各类脏污的存在形态,有助于酒店管家准确地选择清洁器材与清洁用品,量身定制设施、用品的清洁保养计划或方案。酒店脏污的存在形态主要有下列几类。

(一)尘土

这可以认为是脏污的初级阶段,尘土可漂浮于空气之中,并逐渐停留在暴露于空气之中的所有物体表面,也有人称之为灰尘。

尘土一般含有灰土、毛发、绒头、皮屑、沙砾和细菌等。它不仅可使空气浑浊、物体表面显得灰暗和粗糙,而且能发出霉味、招引虫害等。

尘土的控制一般只需通风或使用吸尘器、拖把和抹布清洁即可。

(二)污垢

尘土附着于物体表面之后,遇水分或油脂即可成为黏着的污垢。这时的清洁工作就比较麻烦了,一般要用抹布、拖把、百洁布、刷子、专用清洁机器加上水或清洁剂才有效果。

(三)渍迹

这常常是由于蛋白质、酸、碱、染料等被吸附而造成的污染,过度受热或污垢滞留时间过长而渗透到物体表面组织中也能成为渍迹。

清除渍迹一般要使用专门的清洁剂,并且需要小心处理,以免破坏被清洁物。渍迹刚产生时,去除比较容易,假若残留时间过长,往往会成为陈旧性、顽固性渍迹,从而导致渍迹很难去除。

(四)锈蚀

这是金属与水分、食物、化学液剂或有害气体相遇发生化学反应而引起的污染。酸剂通常是最有效的清洁剂,它常与摩擦剂一起使用。锈蚀如果未能及时清除,它还会继续扩大锈蚀范围、加深锈蚀程度,甚至令金属物件被完全破坏。

三、客房整理的要求

酒店的清洁卫生程度是客人入住酒店最关心的问题之一,是客人选择酒店的标准之一,也是衡量酒店服务质量的重要因素,无论酒店星级档次高低,对清洁保养工作都应该做到高标准、严要求。

客房整理总体应达到三个方面的要求:凡是客人看到的,都必须是整洁美观的;凡是客人接触使用的,都必须是清洁卫生的;凡是提供给客人使用的,都必须是安全有效的。

客房整理的具体要求则可以概括为"十无":天花板和墙角无蜘蛛网、墙纸(面)干净无污迹破损、地毯(地面)干净无杂物、楼面整洁无虫害、灯具明亮无积尘、布草洁净无破损、杯酒具消毒无痕迹、铜器/银器等金属制品光亮无锈渍、家具设备整洁无残缺、卫生间清洁无异味。

四、客房整理的质量标准

客房整理的质量标准是指客房清洁保养工作所要达到的最终效果,其总体要求是体现酒店的档次和服务的规格,满足客人的需求。要达到以上的清洁保养要求,就必须制定明确的质量标准,采取有效措施,控制工作进程和结果,提高清洁保养工作效率和效果。

(一)清洁保养质量标准类别

1. 感官标准

感官标准是指客人、酒店员工及相关人员凭借视觉、触觉、听觉或嗅觉等人体器官能够感受到的标准。感官标准只是针对表面现象的,由于个体感受不同,具有较大的随意性和差异性。感官质量标准的制定首先要主动、积极地了解客人需求,以其为出发点,总结出规律性的东西,并以书面文件的形式加以固定,能用图表、照片等形式加以明确说明的,最好能配有图表、照片等,方便员工理解和掌握。

2. 生化标准

生化标准是指是由专业卫生防疫部门通过专业仪器采样、专业人员检测的标准,包含的内容有洗涤消毒标准、空气卫生质量标准、微小气候质量标准、采光照明质量标准及其环境噪声允许值标准等。与感官标准相比,酒店清洁卫生质量更深层次的衡量标准是生化标准。

(二)酒店客房清洁保养质量标准

1. 天花

天花无裂缝、漏水、霉点,无灰尘、水迹、蛛网等。

2. 墙面

墙角无蛛网、灰尘,墙面无油漆脱落和墙纸起翘现象,墙饰、壁画保持整齐美观,饰品及画框不能有破损、污渍、灰尘等。

3. 房门

房门开关顺利、无阻碍、无声音,门框完好,把手无松动,门后磁吸正常有效,有火警示意图,防盗链完好,门锁后挂有整洁的"请打扫房间"牌、"请勿打扰"牌。

4. 窗户、窗帘

窗户清洁、无松动,玻璃无破裂,窗帘清洁无污渍、悬挂美观,遮光布无漏光,窗帘钩无松脱,窗帘绳操作自如。

5. 家具

客房内各类家具应整洁、完好,无灰尘、渍迹,柜门、抽屉开关灵活自如,方便客人使用。

6. 电器

客房内各类电器整洁、完好,无灰尘、渍迹,使用方便、安全、有效。

7. 卫生洁具

各类洁具如水龙头等保持光洁,冷热水管操作正常,下水系统正常,洁具整体光泽清新,无毛发、无水珠、无异味。

8. 客用品

客房内各类用品应数量充足、整洁完好,按规定位置摆放,方便客人使用。布草不能有破损、毛发、污迹和异味,要求每日或每客一换,按规定洗涤并消毒,做到无破损、无毛边、无污渍、无异味;备用品如手毯、备用被子等定期更换、定期洗涤,无异味、无污迹、无毛发;茶杯、口杯、酒杯、咖啡杯等用品每次使用后更换,按规定每天进行洗涤、消毒,并擦拭干净,做到明亮、无水渍、无指印;茶水酒具单位面积细菌数、病毒数不得超标。各类洗漱用品应按政府相关要求供应摆放,方便客人使用。

9. 床铺

床铺每天整理,床单定位准确,包角包边平整,枕套四角饱满,棉被、床罩铺放平整;整个床铺始终保持清洁、整齐、美观,做到无异味、污迹,客人使用后及时恢复原样或按客人要求更换洗涤。

10. 金属、玻璃制品及其他物品

客房内各类金属、玻璃制品及其他物品应做到表面光亮、洁净,无灰尘、水渍、污迹和手印等。

11. 地面

客房内地毯完好,无破损起翘、卷边鼓起,无杂碎物、灰尘、污渍、印迹;卫生间地面平坦无破损,必须采用防滑措施,地面应每天擦洗,不能有废纸、烟头及其他杂物,地漏无毛发、异味,不能有积水,更不能有卫生死角,应经常采用有效的防虫害措施,不能发生虫害。

12. 饮用水

要求水质透明、无色、无异味、无异物,不含病原微生物与寄生虫卵,每毫升水中细菌总数每立方米不超过 110 个,大肠菌群不超过 5 个,经加氯消毒完全接触 30 分钟后,游离余氯每升不超过 0.2 毫克。

13. 空气与微小气候

要求客房冬季温度不低于 16℃,夏季不高于 28℃,相对湿度为 30%~65%,风速为每秒0.1~0.2 米,一氧化碳含量每立方米不超过 5.5 毫克,二氧化碳含量不超过 0.12%,可吸收颗粒每立方米不超过 0.2 毫克,客房细菌总数每立方米不超过 2200 个,卫生间细菌总数每立方米不超过 4200 个,新风量每人每小时不低于 18 立方米,水质符合国家规定的饮用水卫生标准。要求室内清洁、明亮、整齐、美观,空气新鲜无异味,环境舒适。

14. 其他

楼层走廊环境卫生、设施用品卫生及员工后台区域(如工作间、消毒间、洗手间等场所)要求每天彻底清扫,其标准与要求可参考客房清洁保养的标准与要求。

五、客房整理的基本条件

(一)清洁剂

酒店的清洁保养工作离不开各种类型的清洁剂,如酸性类清洁剂、中性类清洁剂、碱性类清洁剂、研磨类清洁剂、生物配方类清洁剂等。正确地选择和使用清洁剂,不仅能省时省力、提高工作效率、保证工作质量,而且对延长被清洁物的使用寿命很有益处。但清洁剂和被清洁物都有较复杂的化学成分和性能,若清洁剂使用不当不仅达不到预期效果,相反会损伤被清洁物。因此,选择合适的清洁剂对酒店来说是非常重要的。

酒店常用清洁剂

(二)清洁器具

酒店建筑物不断标新立异,装修使用材料的多样化,无疑会给酒店的清洁保养工作带来新的挑战。酒店清洁器具既是文明操作的标志,也是清洁保养质量和效率的保证。酒店所使用的清洁器具种类很多,根据其价值和使用年限的不同,一般可分成清洁工具和清洁设备两大类。清洁工具有扫帚、畚箕、拖把、地拖桶(车)、尘拖、抹布、玻璃清洁

酒店常用
清洁器具

器、油灰刀(刀片)、工作篮(清洁篮)等;清洁设备有房务工作车、吸尘器、洗地毯机、打蜡抛光机、多功能洗地机、吸水机、吹(鼓)风机、高压水枪等。

(三)清洁人员

训练有素的员工是有效完成客房整理服务的基本保障。训练有素主要体现在员工熟悉客房状态(房态)、会正确使用清洁剂和清洁器具、能根据不同的房态和客人的要求开展客房整理等方面。

1. 客房状态(房态)

依据客人对客房使用的状态及要求,可以分为以下几种类型。

(1)住客房

住客房(occupied,OCC 或 O)表示客人正在租用的客房。由于宾客的使用情况、要求等的不同,住客房又有下列状态:

①请勿打扰房(do not disturb,DND)。表示该客房的住客不愿被服务人员或其他人员打扰。

②请即清扫房(make up room,MUR)。表示该客房的住客因各种原因需要服务员立即清扫客房。

③外宿房(sleep out,S/O)。表示该客房已被租用,但住客昨夜未归。为了防止发生意外情况,服务人员应将此种客房状况及时向管理人员汇报或通知总台。

④无行李房(no baggage,N/B)。表示该客房的住客无行李。服务人员同样应将这一情况及时向管理人员汇报或通知总台。

⑤轻便行李房(light baggage room,L/B)。表示该客房的住客行李数量很少。服务人员应及时向管理人员汇报或通知总台。

⑥贵宾房(very important person,VIP)。表示该客房的住客是酒店的重要客人,在酒店的接待服务过程中应优先于其他客人,给予特别的关照。

⑦长住房(long staying guest,LSG)。即长期由客人包租的客房,又称为"长包房"。

⑧加床房(extra bed,E)。表示该客房有加床服务。

(2)走客房

走客房(check out,C/O),表示客人要退租或已结账并离开的客房。

① 准备退房(expected departure,E/D)。表示该房住客预备在当天中午 12 时以前退房,但在统计房态时还未退房的客房。这种客房一般等客人退房后再进行彻底的清扫,若客人有要求也应在客人退房前进行简单的整理。

② 未清扫房(vacant dirty,VD)。表示该房住客已结账并已离开客房,但还未进行清扫的客房。这类客房服务员可以按规定进房整理。

③ 已清扫房(vacant clean,VC)。表示该客房已清扫完毕,并经过检查可以重新出租的客房,许多酒店也称之为 OK 房。

(3)空房

空房(vacant,V)是指前一天已清扫完毕但未出租暂时无人使用的 OK 房。

（4）故障房

故障房（out of order，OOO）也称维修房、待修房。表示该客房因设施设备发生故障等待维修或暂时无法维修，这类客房在维修恢复正常状态前不能出租。

2. 不同状态客房整理的要求

客房状况不同，对清扫的要求和程度也有所不同。一般来说，对于暂时无人居住，但随时可供出租的空房，服务员只需要进行简单清扫；对于那些客人暂时离店的长住房和外宿房，需要进行一般性清扫；而对于住客房、走客房以及贵宾房则需要进行彻底清扫。所以管家应根据房态的不同，严格按照酒店规定的清扫程序和要求进行清扫。

3. 客房整理基本方法

为了使清扫工作能够有条不紊地进行，避免过多的体力消耗和意外事故的发生，管家应根据房间的不同状态和客人的实际需求进行清扫整理，使之达到客人期望和酒店规定的质量标准。客房清扫的基本方法主要有：

（1）从上到下

在客房整理过程中，擦拭灰尘时应采取从上到下的方法，先擦高处的设施与物品，再擦低处的设施物品。这样既可避免重复劳动，又可提高工作效率。

（2）从里到外

在客房整理过程中，在进行地毯吸尘和卫生间地面擦拭时，应采取从里到外的方法进行，即从客房房门或卫生间门对角的地方，倒退着吸尘或擦拭地面，一直做到客房房门或卫生间门为止。

（3）环形清理

在擦拭和检查房间设备用品时，应从房门开始，按从左到右或从右到左的顺序，即按顺时针或逆时针的路线进行。这样既不会遗漏应该清洁的地方，也不会重复已经清扫过的地方，既省时省力，又提高了客房整理的质量。

（4）正确使用抹布

①不同的清洁对象使用不同的抹布。擦拭不同的家具、设备及物品的抹布，必须严格区别使用，如擦拭房间家具、恭桶、洗脸盆、地面等应使用不同的抹布，不可以交叉使用或只用一块抹布。酒店可根据自身实际情况用颜色、规格、记号等进行区分，但必须统一标准以方便员工操作。

②干湿抹布分用。一般而言，房间的灯具、电器、镜子、五金等设施或物品应用专门的干抹布进行擦拭，木质家具一般应用湿抹布进行除尘。但为了避免墙纸（墙面）被污染，床头板、踢脚线等与墙纸（面）接触的部位，也最好用干抹布抹尘。

③抹布折叠使用。擦拭客房设施、物品时，不论是干抹布还是湿抹布，都应折叠使用。这样可以提高抹布的使用率，有利于提高清扫速度，保证客房清洁卫生质量。

（5）注意细节

墙角、边缘地带等是蜘蛛网和尘土容易积存之处，也是清扫过程中容易忽视的地方，需要留意清扫。

第二节　客房日常整理技能

一、准备技能

为了保证客房清扫质量,提高工作效率,酒店管家必须认真做好客房清扫整理前的准备工作。

(一)个人准备

客房清扫前,管家必须做好个人的各项准备工作,如调整好心态,进入管家角色,整理好自己的仪表仪容等。

(二)任务准备

有的酒店,管家一般只为有管家服务需求的宾客或贵宾提供客房整理服务,也有的酒店由楼层清扫员提供整理服务,但管家必须做好质量控制工作。不论是哪种情况,管家在整理客房前,应先了解房间的状态和宾客的要求,以明确具体的客房整理的工作任务及具体要求。如有需要特殊关注的宾客或事项,应在工作日志上做好记录,在交接班时做好沟通和衔接,并应按要求进行准备。

(三)物品设备准备

1. 用品准备

(1)客用品准备

客用品按消耗形式可分为一次性消耗品和多次性消耗品。一次性消耗品也称低值易耗品,如茶叶、咖啡、信纸、便签、卫生纸、擦鞋纸等;多次性消耗品也称备用品,如布草、衣架、鞋拔、衣刷、文件夹、杯酒具等。管家在整理客房前,应根据客房的用品配备标准和宾客的要求及接待规格准备好客用品,要求做到种类齐全、数量充足、品质优良。

(2)服务用品准备

服务用品是指管家用以完成客房整理的各类物品,如恭桶清洁剂、多功能清洁剂、家具蜡等清洁剂,干湿不同用途的抹布、橡胶手套、海绵等清洁工具。

根据酒店建筑特点,上述用品可以由房务工作车来装载,也可以用工作篮来盛放,但都应提前准备到位。如果管家需要借用专职楼层清扫员的房务工作车或工作篮,应在工作前再做一次检查,看用品是否补充齐全,以方便后续的工作。

2. 清洁设备准备

(1)工作车准备

房务工作车是客房服务员清扫客房时用来运载物品的工具车(见图5-1),它可以减轻员工劳动强度,提高工作效率。而且,当房务工作车停在客房门口时,还可以成为"正在清扫房间"的标志。房务工作车应装有缓冲器或其他弹性防撞装置,以防止工作车进出时碰伤墙纸、门面,留下痕迹。推工作车时应注意万向轮在前,定向轮在后,在推拉时要掌握行进方向和力度。

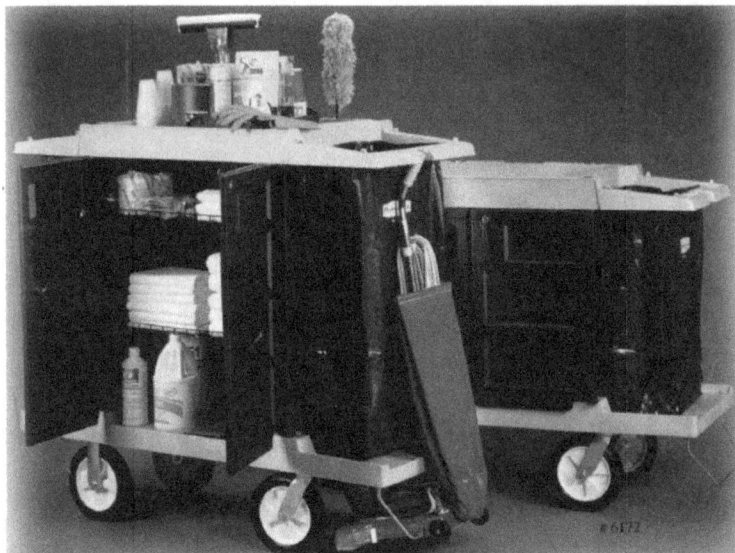

图 5-1　房务工作车

每天清扫前,应先检查房务工作车推动是否灵活,再检查工作车布草袋、垃圾袋是否已清空,并将工作车擦拭干净,最后将各类物品按规定补充齐全并按要求摆好,必要的时候可对车轮轴上油,进行润滑和消声处理。

工作车的准备一般可以在前一天下班前做好,也可以由夜班服务员进行,等第二天进房清扫前,服务员再做一次检查即可,这样既省事又不浪费时间。

（2）吸尘器准备

吸尘器是客房清洁特别是日间清扫不可缺少的清洁设备。吸尘器使用前应先进行下列检查:检查各部件是否严密、有无漏电现象、集尘袋内灰尘是否已清空、其他附件是否齐全配套。

📽 客房工作车准备

二、客房日间整理技能

管家提供的往往是宾客入住期间的客房整理服务,包括客房的日间整理、晚间整理、午休房安排等。房间清扫整理又称"做房",它包括三方面的工作内容:清扫整理客房、更换添补物品、检查保养设施设备。

（一）开门进入客房

1. 开门

客房一旦出租,即视为宾客的私人居所,酒店必须严格尊重宾客对房间的使用权。因此,酒店管家任何时候需要进入客房,都必须遵循一定的操作规程,以免引起宾客的不满甚至是投诉。

📽 住客房清扫

（1）观察门外情况

进房前留意客房门把手上有无挂着"请勿打扰"牌,或房门旁边墙上是否亮着"请勿打扰"指示灯。如有应按请勿打扰房的操作规程进行处理。

（2）敲门

如果未发现房门上挂有"请勿打扰"牌，或亮有"请勿打扰"指示灯，则可以敲门，用中指和食指指节敲门，每次敲三下，同时通报"客房服务员"或"housekeeping"。敲门时应注意：敲门应有节奏、轻重适度，不要用手拍门或用钥匙敲门，不能连续敲门。

（3）等候

敲完门后应有一定的等候时间，以给房内客人一定的反应或准备时间，故敲门后切勿立即开门，应站在门前客人能观察到的位置，眼望门镜（猫眼），并注意自己的姿态和表情。

（4）第二次敲门、等候

第一次敲门结束后，若房内无动静，在等候3～5秒钟后，管家应第二次敲门、通报，并再次等候。此时若房内客人有回应，管家应再次通报，并征求客人意见是否可以进房整理；若房内仍无人应答，则可以开门进房。

（5）开门进房

开门时，应先将房门打开1/3左右，在房门上用手指再轻敲两下，如房内仍无动静，则可以将房门全部打开。若发现客人仍在睡觉，应马上退出并轻轻带上房门；若客人已醒但未起床，应马上向客人道歉、离开，关上房门；若客人已经起来，则应礼貌地询问客人是否可以整理客房，并按照客人的意愿进行操作。

管家将房门打开后，应将房门完全敞开并用门吸吸住，直到完成整个客房整理或相关的服务作业。但应注意推门时不能速度太快、用力过猛，以免防盗链或防盗扣损坏门框（许多客人休息时有使用防盗设施的习惯）或撞伤客人。在客房整理过程中，房门要一直敞开直到清扫完毕。

2. 摆放好房务工作车

如使用房务工作车的，管家在打开房门后，应将工作车开口朝向客房并在房门前摆放好。这样既有利于房间的通风换气，方便管家拿取物品，还可以成为客房"正在清扫"的标志。如果房间内有客人，则此做法可能会影响客人的进出，可事先和客人说明或征得其同意。

（二）做好清扫前期工作

开好房门、放好工作车后，将房卡插入取电盒接上电源。如客人在房内，应事先征求客人的意见，再决定是否需要关灯、关空调、拉窗帘、开窗户等；如客人不在房内，一般可将电灯关掉、窗帘拉开、窗户打开。若高层客房窗户不能打开，则应打开空调的新风系统，加大通风量，保证室内空气的清新。

（三）撤走脏物品

1. 整理器皿

如客人在房内用过餐，应先将客人用过的餐具或餐车撤到指定地点；然后撤换房内客人使用过的茶具、水杯、酒具等。如果杯内留有茶水、饮料等，一般可以不作替换。

2. 清理垃圾和杂物

将房内垃圾、果皮、大块纸团等集中收拾到垃圾桶中，把烟灰缸里的烟蒂、烟灰倒入垃圾桶内，再洗净擦干烟灰缸。注意不要把烟灰缸里的脏物倒进恭桶内，避免恭桶堵塞。倒烟灰缸时要特别注意检查烟头是否熄灭，及时消除火灾隐患。

清理垃圾时应注意对客房垃圾进行分类处理:凡是具有再利用价值的物品,应及时回收并加以合理利用,这样做既可以减少物品消耗,又可避免简单地将其作为垃圾处理,造成环境污染。

(四)房间整理

1. 整理床铺

按标准将床铺整理平整、完好。为减少洗涤量,降低对环境的污染,一般鼓励短期居留的客人重复使用布草,无须每日更换。当布草有污渍或客人要求更换时,可将用过的脏布草撤出换上干净的床上布草,换下的脏布草放进工作车的布草袋内。撤床单时,逐层撤下并抖动几次,确认里面没有裹带客人的衣物或其他物品;床单、褥垫等有破损或受污染等情况,应立即报告领班,并对其单独放置,通知洗衣房进行专门处理;注意不要把脏布草扔在家具、地毯或楼层走道上。

2. 房间抹尘

按环形线路依次把房间设施设备、用品的表面抹干净。抹尘时注意抹布干湿分开、折叠使用、擦拭到位,特别是一些卫生死角,如窗台、窗框等。抹尘时应同时检查房内设施使用是否正常、房间用品是否齐全充足、摆放是否规范,如设备设施有故障应立即报修,对所缺物品应记下物品种类和数量,以便准确补充。抹尘时应注意以下事项:

(1)抹尘时不可乱动客人物品,如文件、书报等不要随意移动位置,不随意折叠,更不准翻看;不要触摸客人的手机、手提电脑、钱包以及手表、照相机等贵重物品;客人的物品必要时应轻拿轻放,清扫完毕后要放回原位,如不小心损坏或遗失客人的物品,应如实向主管反映,并主动向客人道歉,根据具体情况给予赔偿。

(2)除客人放在垃圾桶内的垃圾外,即使是扔在地上的废旧物品,也只能替客人做简单整理,千万不要自行处理,例如女士的化妆品即使用完了,也不得将空瓶或包装盒扔掉。

(3)抹衣柜、行李架时,注意不要将客人的衣物弄乱、弄脏,也不要挪动客人的行李,一般只要擦去大面积的灰尘即可。客人放在椅子上或床上的衣服,外衣可以将其挂入衣柜内,客人的内衣、睡衣只需简单整理即可。

(4)客房内的电热水壶,平时应擦拭干净,不留水渍、水痕。另外应定期进行除垢清洁,防止产生水垢,影响客人饮用。如有凉水壶,每日换水后要盖好扣杯,水壶要定期清洗,保持玻璃透明,水质清新,符合饮用水卫生标准。

(5)对于客人所设定的空调温度、家具摆设等,应尊重客人需求,不必重新调整到酒店规定温度或位置。

(6)客房摆放的水果盘、水果刀等,应每日更换,保持清洁。在补充水果和茶叶、咖啡时,应注意观察客人喜好,适量添加。

(7)若发现房内有大量现金或贵重物品,应及时通知相关领导并按酒店规程进行处理。

3. 补充房内客用品

根据配置标准和客人的使用情况补充好各类客用品。

(五)卫生间整理

卫生间是客人最容易挑剔的地方,卫生要求极高,所以卫生间的清洁工作应引起格外重视。

1. 进入卫生间

带上清洁篮或清洁工具盒,敲门(门虚掩时)进入卫生间,先开灯、开换气扇,再将清洁篮或清洁工具盒放在洗脸台下方的地面上。有的酒店则要求带一块毛毡铺在卫生间门口,防止将卫生间的水带到卧室地面上,也防止清洁剂渗漏腐蚀卫生间地面。

2. 恭桶上清洁剂

先将恭桶冲水一次,检查恭桶是否有堵塞或漏水现象,如有,应及时报修。当然,为节约酒店水资源,恭桶是否需要先放水冲一次并没有定论,要视酒店操作规程而定。然后在恭桶内倒入适量的清洁剂,注意清洁剂不能直接倒在恭桶壁上。

3. 撤布草、收拾垃圾

撤走客人用过的卫生间布草,放入工作车上的布草袋内,当然为了节能减排可鼓励客人重复使用布草。同时撤出垃圾,放进工作车上的垃圾袋中,换上干净垃圾袋,并清洁垃圾桶内外。

4. 清洗抹布、烟缸、皂碟等

清洗卫生洁具前先将使用过的湿抹布清洗干净,放在一边待用;将烟灰缸、皂碟等不需消毒的物品清洗擦干,然后放回原处。

5. 清洁台盆

用柔软的清洁工具如专用的刷子或海绵,倒上或喷上清洁剂,擦拭面盆、台面、镜面,放水冲净,用湿抹布擦干,水龙头、毛巾架及镜面等再用干抹布擦亮,注意清洗面盆三孔和下水活塞。最后从里到外擦净整个洗脸台台面,以及台面四周面砖、镜前灯、物品盘、台面下方的柜子、抽屉、搁物架或外露的水管。要求干净,无水渍、肥皂渍,无毛发、手印等。

6. 清洁浴缸和淋浴房

清洁浴缸时,先将浴缸塞关闭,放少量热水和清洁剂,用浴缸刷或海绵从墙面到浴缸里外开始清洗,洗刷后放走污水,用清水冲洗墙面、浴缸以及浴缸活塞;用湿抹布擦干墙面、浴缸、浴帘(如有),特别是墙面与浴缸接缝处要清洗并擦干,以免发霉。要注意清洁浴缸的外侧。

清洁淋浴房时,先将清洁剂均匀喷洒到淋浴房玻璃和面砖上,用专用玻璃清洁器、百洁布清洁玻璃和面砖,然后用干净的干抹布将面砖擦干,用玻璃清洁器将玻璃刮干,不留水迹、污渍。

浴缸和淋浴房内若放置橡胶防滑垫,则应视脏污程度用相应浓度清洁剂刷洗,然后用清水洗净、抹布擦干,并注意清洁下水处的活塞,不留毛发。

7. 清洁恭桶

用长柄刷擦洗恭桶内壁,要注意对恭桶的出水孔和入水孔的洗刷,用专用抹布擦净恭桶内外、坐圈、盖板,尤其应注意恭桶底部及背面,并擦净恭桶水箱,最后放水冲净。

8. 卫生间抹尘

用湿抹布擦净卫生间家具和卫生间门框,再用干抹布擦净、擦亮电话副机及金属器件。必要时使用不锈钢清洁剂或者电镀油清洁五金件。

9. 补充卫生间客用品

按规定的种类、数量、位置,摆放好卫生间布草和其他用品。

10. 擦拭地面

用专用抹布抹净地面,抹地时要注意从最里面的地方开始,边抹边退向卫生间门口,注意恭桶四周、面台下面以及门后,以保证地面无毛发、无水迹。

11. 检查、离开

最后全面检查一遍卫生间有无不妥之处,然后关灯,关换气扇,将卫生间门虚掩。

(六)吸尘

根据从上到下的原则,客房清洁整理的最后一项工作就是吸尘。如客人在房内,则应先征求客人的意见。吸尘时先把吸尘器电线理顺,把吸尘器拿进房间后插上电源再开机;从窗前区开始,从里到外吸尘(有阳台的房间从阳台开始吸尘);吸地毯要按顺纹方向推吸;吸边角位时,可将吸嘴卸下,直接用吸管吸尘;有家具的地方应先移动家具,吸尘后再及时复位;吸卫生间地面时,要注意转换电动刷功能,使其适宜硬地面,地面有水的地方不能吸,防止因漏电而发生意外;吸尘时要注意把藏在缝隙内的毛发吸走;门口地砖处需要用清洁剂和百洁布擦洗,然后用抹布擦干再吸尘。

(七)自我检查

站在房门口环视房间,观察设施物品是否摆放整齐,有否遗漏、短缺物品,清洁工具是否有遗留在房内。如有不妥之处,及时调整。

(八)关闭房门,做好记录

取出插在取电盒上的房卡,轻轻关上房门,按酒店要求做好相关记录。

三、客房晚间整理技能

客房的晚间整理又称夜床服务、做夜床、晚间服务、二进房整理等,一般工作时间为17:00—21:00,包括做夜床、房间整理、卫生间整理三项内容。夜床服务是一种高雅、亲切的对客服务项目,主要作用有:一是方便客人休息,二是将房间整理干净使客人感到舒适,三是表示对客人的欢迎和礼遇规格。

🎥 夜床服务

(一)进房

1. 开门进房

按进房规程进行观察、敲门、通报、等候等规范操作。如客人在房内,礼貌地向客人问好,征得客人同意后方可进房操作;如果客人不需要开夜床,此房间即可不提供夜床服务,但管家应在夜床服务工作表上做好登记;如发现房门挂着"请勿打扰"牌或房门反锁,管家可以从门下塞入"夜床服务卡"。夜床服务卡正面朝向客人,示意客人:如需夜床服务,请致电客房中心。

资料卡 5-1

夜床服务卡

尊敬的××客人:

　　因为您　□挂"请勿打扰"牌

　　　　　　□房门反锁

　　如果您需要我们开夜床,或任何其他服务,请拨"8"。谢谢!

　　　　　房　　号:　　　　　　　　服务员:

　　　　　时　　间:　　　　　　　　日　　期:

2. 开灯

打开房内所有的灯具,并检查灯具与开关是否正常,如有异常应及时报修。

3. 拉窗帘

拉上厚窗帘,注意窗帘的接口处是否闭合、窗帘挂钩是否完好。

(二)开夜床

1. 开夜床

(1)撤床旗(床尾巾)或床罩。如酒店采用的是中式铺床,则在开夜床前应先撤去床上的床旗(床尾巾)、靠垫等物品;若酒店采用的是西式铺床,则先撤去床罩。撤下的床旗(床尾巾)或床罩应按规定折叠整齐,放在规定的位置。

(2)开床。将靠近床头柜一侧的被子(单人床)向外翻折,按酒店规定折成一定的角度,如45°或30°,以方便客人就寝;西式铺床则应将靠近床头柜一侧的毛毯连同盖单一起向外翻折;双人床入住两位客人时,两侧分别开床,住一位客人时应开主床头柜一侧。

(3)调整枕头。拍松枕头并将其摆正,如有睡衣应折叠好置放于枕头边或床尾。

2. 其他相关工作

(1)在开床一侧的地面上铺好地(脚)巾,把拖鞋打开,放在地(脚)巾上。

(2)将电视遥控器取出放在床头柜上,将电视打开,调整好电视频道后用遥控器将电视机关闭。

(3)将天气预报卡、矿泉水、水杯、点心等摆放在床头柜上。

(4)如有闹钟、晚安卡应朝向床头,并按酒店规定在床尾部放上洗衣袋、洗衣单、早餐牌、晚安致意品或礼物等。

开夜床时,如果标准间只住一位客人,一般开邻近卫生间的这一张床;如果客人有明显喜好倾向,尽量开客人喜好的这一张床;如果客人在其中的一张床上放了较多东西,就不宜过多整理而应开另一张床。如果两张床上物品都较多,则可以给客人留言,提醒客人需要开夜床请致电客房服务中心。开夜床的方向都应靠床头柜一侧。

(三)房间整理

1. 处理杯酒具及垃圾

更换客人已用过的茶杯、水杯、酒杯,但茶杯、水杯中如有茶水、饮料等,不要随意倒掉;如烟灰缸已用过,应清洗擦干放回原处;倒清垃圾桶内的垃圾。

2. 检查小冰箱

检查小冰箱的消费情况并入账,同时检查小冰箱的运行状况,按规定及时补充酒水、食品等。

3. 房间简单抹尘

简单擦拭家具并检查设施设备,如门锁、空调、音响、灯具等。

4. 补充用品

检查房内物品是否备齐,如有短缺应及时补充,并按规定的种类、数量、位置放好。

5. 地毯处理

一般晚上进房整理时不需吸尘,以免打扰到客人。若房间地毯明显有污渍,则需及时吸尘除渍,吸尘时最好用手动吸尘器;若有大块垃圾应及时捡拾。

(四)整理卫生间

1. 进入卫生间

进入卫生间的操作规程与日间清扫规程相同。

2. 清理卫生间

如客人已经使用过卫生间,可以按住客房的日间清扫规程进行清理,并补充客用品和布草。在客用品如卫生纸等用剩不多的情况下,按酒店规定额外补充一份;客人没有放到布草篮里的面巾应折叠好挂回原处,以鼓励客人重复使用。

3. 放好相关物品

放好相关物品如浴帘、地巾、浴袍等。如有浴帘,应将浴帘拉出 2/3,并将下摆放入浴缸内,避免客人淋浴时将水溅到地面;将地巾平铺在浴缸或淋浴房外正前方,酒店商标或 logo 朝上并正面朝客人;按酒店规定将浴袍从衣柜里拿出挂到卫生间门背后。

4. 擦净地面

用专用抹布将卫生间地面从里到外擦拭干净。

5. 离开卫生间

全面检查卫生间有无不妥之处,然后关灯,关换气扇,将卫生间门虚掩离开。

(五)房间检查、离开

1. 检查

仔细检查房内有无不妥或者遗漏之处,如有,应在离房前补充好。

2. 离开客房

检查无误后,除了留灯(一般留床头灯和走廊灯)外,将房内其余的灯全部关上,并关上房门。如果客人在房内,可以征求客人的意见是否需要关掉部分电灯,向客人致歉并道晚安后,面向客人轻轻地将房门关上。服务过程中若客人一直在房内,如客人有提问应礼貌应答,但不能与客人长谈。

3. 填写报表

开完夜床后,应将未尽事宜或客人习性,记录于楼层工作日志上或客史档案上。若有重大事项,必须及时告知值班主管或当班办事员,切勿自行处理,以免造成服务失误,并要做好工作车及工作间的清理工作。

由于夜床服务是一个非常好的观察和记录客人喜好的机会,为了能给客人提供更加个性化的、体贴舒适的客房服务,管家在提供夜床服务时,不仅仅被动地做完清洁整理工作,而更应该通过自己的观察,积极主动了解客人的爱好和需求,并将一些特殊的爱好与需求信息及时地记录下来,交房务中心或酒店相关部门统一保管,并在客人下次入住时提供更个性化的服务。

当然,要使夜床服务成为酒店服务的亮点之一,还需要管理者的创新意识,不断地丰富和完善夜床服务的内容,设计出令客人惊喜的效果。

四、其他客房的整理技能

(一)走客房整理程序

走客房一般是在撤床后先清理卫生间再回房间做床、整理卧室。这样安排的目的主要是可以让席梦思床垫有一定的时间透气,达到保养的目的。

🎥 走客房清扫

1. 开门进房

(1)开门,摆放工作车。走客房虽然客人已经结账退房,也应严格按操作规程开门进房。开门后,应将工作车在房门前摆放好。

(2)做好整理前期工作。将房卡插入取电盒,接上电源后马上关闭空调,熄灭多余的灯,检查空调、灯具等是否运作正常;拉开窗帘、打开窗户或打开空调的新风系统;清扫前先检查一下房内情况,看是否有客人的遗留物品、有无设备被损坏等。

2. 撤走脏物品

(1)整理器皿。如果客人在房内用过餐,应先将客人用过的餐具或餐车撤到指定地点;然后撤换房内客人使用过的茶具、水杯、酒具等,倒空电热水壶。

(2)清理垃圾和杂物。将房内垃圾、果皮、大块纸团等集中收拾到垃圾桶中,把烟灰缸里的烟蒂、烟灰倒入垃圾桶内,再洗净、擦干烟灰缸。清理垃圾时应注意对客房垃圾进行分类处理。

(3)撤走使用过的床单和枕套,把脏布草放进工作车的布草袋内。

3. 卫生间整理

(1)进入卫生间。

(2)恭桶上清洁剂。

(3)撤布草、收拾垃圾。

(4)清洗抹布、烟缸、皂碟等。

(5)清洁台盆、台面、水龙头、毛巾架、镜面、四周面砖等。

(6)清洁浴缸和淋浴房。

(7)清洁恭桶。

(8)卫生间抹尘。

(9)补充卫生间布草和用品。

(10)洗刷地面。

(11)检查、离开。

4. 铺床

铺床,也称做床,具体质量标准与操作技能详见本章任务清单1的相关内容。

5. 房间整理

(1)抹尘。按环形线路依次把房间设施设备、用品的表面抹干净。抹尘时注意抹布干湿分开、折叠使用、擦拭到位,特别是一些卫生死角,如窗台、窗框等。抹尘时应同时检查房内设施使用是否正常、房间用品是否齐全充足、摆放是否规范,如设备设施有故障应立即报修,对所缺物品应记下物品种类和数量,以便准确补充。

抹尘的具体操作技能如下:

①房门。应从上到下,用湿抹布将门、门框抹净,用干抹布擦拭房号牌及门锁;检查门锁、合页、安全扣或安全链是否灵活、完好;检查"请勿打扰"牌、防火疏散图是否完好、有无破损或污迹。

②衣柜。从上到下、从里到外用湿抹布擦拭衣柜,擦拭时应同时检查柜内衣架种类、数量是否齐全,是否按规定挂好;检查鞋篮是否清洁完好,篮内物品如拖鞋、擦鞋纸(布)、洗衣袋和洗衣单等是否齐全完好;检查其他物品如鞋拔、衣刷、熨斗、熨衣板等是否完好有效。

③小酒吧。用专用抹布擦净小酒吧区域内外各处;检查冰箱运转是否正常,接水盒是否溢满,温度是否适宜;检查烈性酒和软饮料的品种、数量有无短缺,食品、饮料有无过保质期;酒水单、酒杯、调酒棒、杯垫是否完好、有无破损;茶杯、水杯、热水瓶等是否需替换。电热水壶应每天换水,并擦净表面浮尘和水迹。

④行李架。用湿抹布擦净行李架内外、表面和挡板,并摆放好位置。行李架放置应与写字台间隔5~10厘米,与墙面间隔5~10厘米。

⑤电视机。用湿抹布擦净电视机外壳和底座的灰尘,必要时用专用干抹布,如绒布擦净电视机屏幕,同时打开电视机检查有无图像,频道选用是否正确,音量、色彩是否适度;检查电视节目单是否完好,摆放是否符合要求,电视频道排序与节目单是否一致;最后用湿抹布将电视机柜里外、上下各处擦拭干净。

⑥写字台、化妆台。用干抹布擦拭镜灯、镜框、台灯,如果台灯电线露在写字台外,要将其收好,灯罩接缝朝向墙面;用干抹布擦拭化妆台镜,擦拭完毕后,站在镜子侧面检查,看镜面有无毛发、手印和灰尘等;用湿抹布擦净写字台台面,检查文件夹内有无短缺和破损的物品;用湿抹布擦拭写字台抽屉;擦净椅子,并注意椅子脚及桌脚的擦拭。

⑦窗台。用湿抹布擦拭窗台内外、窗轨,及时关好窗户、拉上薄纱帘。

⑧沙发、茶几。沙发、扶手椅的软面可用干抹布掸去灰尘或用吸尘器进行吸尘,用湿抹布擦拭扶手椅的木档;用湿抹布擦拭茶几。

⑨床头柜、床头板。用干抹布擦拭灯罩、灯泡、灯架和床头板,注意床头灯的位置,灯罩接缝朝后;用干抹布擦去电话机及话筒上的灰尘与污垢,同时检查电话是否正常,电话线按规定绕放;用湿抹布擦净床头柜表面;检查"请勿在床上吸烟"(晚安)牌、便笺纸、铅笔、电视遥控器等物品是否齐全,有无污迹或破损,用品摆放整齐有序;用干抹布擦拭床头各种开关,并检查开关、灯具、电话机等,如有故障,应立即报修,并做好记录。

⑩空调开关。用干抹布擦去空调开关上的灰尘,将空调温度、风速调节至酒店规定的刻

度,并检查空调运行是否正常。

（2）补充房间客用品。

（3）空气处理。如果房间有明显异味,则需要进行除味处理,如延长通风时间,喷洒除臭剂或空气清新剂等。在使用时要注意不要直接喷到家具表面,并注意空气清新剂的用量,避免使用容易使客人产生过敏的香型。

6. 吸尘

吸尘是客房清洁整理的最后一项工作,具体质量标准与操作技能和"客房日间整理技能"相同。

7. 自我检查

站在房门口环视房间,如有不妥之处,应及时调整。

8. 关闭房门,做好记录

将插在取电盒上的房卡取出,轻关房门,按酒店规定做好记录工作。

（二）贵宾房整理技能

1. 贵宾抵店前的整理技能

接到贵宾预订或入住通知时,应在规定的时限内按酒店设定的贵宾接待方案进行清扫、布置。

（1）在日常清洁基础上,对客房和房内设施设备进行全面彻底的清洁和检查保养。

（2）选用新的或较新的布草,如床单、枕套、枕芯、被褥、床裙、卫生间毛巾等,以显示接待规格高于其他普通客房。

（3）按照贵宾等级和贵宾接待通知单的要求对客房进行专门的布置,一般应准备鲜花、果盘、糕点、欢迎信、总经理名片等礼仪致意品和其他礼品。

（4）按照酒店规定的品种、数量补充全新的卫生用品。

（5）如贵宾晚间抵店,在做好客房清扫布置的基础上提前做好夜床服务。

2. 贵宾住店期间的整理技能

（1）贵宾住店期间,酒店应优先对其房间进行清扫整理。

（2）根据贵宾对客房的使用情况及时提供整理服务,一般要求贵宾每次离房后即为其进行整理,并按贵宾接待规格进行布置。

（3）在清扫整理过程中注意观察贵宾的生活习惯、爱好等,以方便做好客史档案。

（三）空房的整理技能

管家每天都要对空房进行简单的清洁保养,以保持空房良好的状态,保证随时可以接待客人入住。具体程序如下：

（1）进房后首先检查房内所有电器设备,保证其运转良好。

（2）每天用干抹布擦拭家具上的浮尘,并检查家具的牢固程度。

（3）每天对卫生间内的水龙头试放水,以免时间过久水质浑浊。

（4）定期对空房进行通风和吸尘。

（5）检查房间有无异常情况,例如卫生间毛巾是否因干燥失去柔软度,如有需要立即更换。

(四)请勿打扰房的处理技能

当住客房间挂出"请勿打扰"牌或亮出"请勿打扰"灯时,管家应:

(1)先在客房清扫报告上做好记录,不要去打扰客人。

(2)到12:00时,若仍挂着"请勿打扰"牌或亮着"请勿打扰"灯,就要了解一下客人是否确实仍在房内,以防客人实际已外出而忘记将此牌收回或消除指示灯。

(3)若到14:00后,仍挂着"请勿打扰"牌或亮着"请勿打扰"灯,也未见客人外出,应及时报告领班,并打电话到房间。如客人还在房间,应礼貌询问是否需要服务;如无人接听,则按可以进房程序进行整理。

(五)维修房的清扫技能

(1)管家接到报修通知后,应立即到达指定客房。

(2)先检查维修的设施设备是否已完好。如果故障仍未排除,应马上报告领班或房务中心进行登记,并再次报修。

(3)如房间已维修完毕,可按房间状态有针对性地进行整理。

(4)整理完毕,应立即报告领班,以便检查后及时出租。

(六)小整理服务技能

小整理服务的内容大致与夜床服务相似,主要是在客人午休后或者在客房接待亲朋、小型聚会等活动后,为客人提供简单整理,包括重新整理床铺,家具用品清洁归位,补充消耗过的各类客用品,使房间恢复OK状态。有的酒店还规定对有午睡习惯的客人,在其去餐厅用中餐时迅速给客人开床(窗帘一般不要求全部拉上),以方便客人午休。

小整理服务一般为贵宾(VIP)主动提供,也可应客人要求提供。是否需要提供小整理服务,以及小整理服务的次数、标准等,各酒店应根据自己的经营方针、客源市场、房价高低、客人身份等做出相应的调整与规定。

(七)客房整理过程中应报告的事项

为保证客人的身心安全和部门财产人员安全,管家在清扫客房时,必须警惕并及时报告任何不寻常的或可疑的情况,包括一些非法行为及安全隐患。

(1)发现住客房内有麻醉剂、针筒、管制器具一类的违禁物品。

(2)外来人员出入住客房的人数过多或频率过高。

(3)发现客人患有严重疾病。

(4)在走廊或其他地方发现可疑的人员或物品。

(5)发现客人将宠物带入房间。

(6)发现客人在房间内使用大功率电器或烧香拜佛。

(7)发现客房内的设备、家具有缺损或故障。

(8)在工作时无意中损坏了客人的行李物品。

(9)发现客人退房后留下的遗留物品。

(10)发现客房实际房态和工作表上的不符。

(11)发现住客人数、身份与已知的不符。

(12)客人没有行李或行李很少的房间,或者客人外宿。

(13)发现客房里有虫害。

（14）客人对客房清洁保养情况和客房服务的评价,无论表扬或批评。

第三节　客房周期整理及消毒技能

楼层客房周期性清洁保养,也称计划卫生,是指在客房日常清洁保养的基础上,拟订一个周期性清洁计划,采用定期循环的方式,将客房日常清扫中不易清洁或不需每日清洁的部位进行彻底的清洁和维护保养,以保证客房的洁净舒适和家具设备的完好状态。

一、客房周期整理项目

哪些项目列为计划卫生项目以及计划卫生项目的多少,直接影响客房的清洁保养质量。计划卫生与日常清洁保养有所区别,计划卫生项目是定期的或周期性的清洁保养工作,而日常清洁保养项目必须每天完成,否则就难以达到酒店客房的基本清洁卫生质量要求。因此,计划卫生项目不宜过多,也不能与日常清洁保养项目有过多的交叉。

(一)卧室部分的计划卫生项目

卧室部分的计划卫生项目一般包括:清洁冷热水壶、冰桶,墙纸修补,清洁空调回风口、出风口,刷洗地毯边角,床底吸尘,家具后侧除尘,清洗阳台,翻转床垫,洗涤毛毯、窗帘与床罩,清洗地毯,吸沙发及座椅浮尘,冰箱除霜,吸灯罩浮尘,清洁消毒电话机,刷洗床头板,清洁垃圾桶,擦房号牌及房内其他铜制品或金属器皿,家具打蜡等。

(二)卫生间部分的计划卫生项目

卫生间计划卫生项目一般有:清洗出风口、换气扇,清洗灯箱,清洗恭桶水箱,刷洗浴缸和淋浴房下水口及活塞,清洗浴帘,刷洗面盆下水口及活塞,刷洗卫生间四壁,洗刷卫生间地面,擦洗卫生间不锈钢制品,大理石台面上蜡等。

二、客房计划卫生周期

客房部须根据酒店设备设施的配备、清洁保养的要求和客房出租率等情况,确定客房计划卫生的周期。在日常卫生清洁过程中,为了科学、合理、有条不紊地将计划卫生安排和落实下去,最好的办法就是将计划卫生项目按清洁周期的长短进行分类,然后根据周期长短进行合理安排。

根据酒店的规模、档次、经营情况,客房清洁保养计划周期一般有短期、中期和长期三种,也可以分为一周、一月、一季度或半年、一年不等。

(一)短期计划卫生项目

短期计划卫生项目,是指循环周期为一个月以内的计划卫生项目,多数是一些日常不易清洁到的死角卫生。例如,床底吸尘,吸沙发及座椅浮尘,吸灯罩浮尘,清洁消毒电话机,清洁房门边框,清洁地漏,清洁恭桶水箱,清洁排风扇、新风口,清洁房间电线,冰箱除霜,刷洗卫生间四壁,洗刷卫生间地面等。

(二)中期计划卫生项目

中期计划卫生项目,是指以一个月以上半年以内为一个清洁周期的计划卫生项目。例如,座椅(沙发)的坐垫、靠背与扶手的清洗,软墙面的清洁,席梦思床垫翻转,家具打蜡保养,金属器具除锈保养,地毯干洗,墙面和天花板除尘等。

(三)长期计划卫生项目

长期计划卫生项目,通常是指循环周期在半年到一年的计划卫生项目。例如,厚薄窗帘、毛毯、床裙的清洗,地毯抽洗,墙纸修补,大理石台面上蜡,家具补漆、打蜡等。

三、客房周期整理(计划卫生)安排

计划卫生的项目及时间安排,各酒店要根据自身客房的设施设备情况和淡旺季进行合理的调配。同时,工程部也应借此机会,对某些设备和家具进行彻底的维修保养。计划卫生安排方式主要有以下三种。

(一)单项计划卫生

由于人力安排以及客房出租率高低等因素的影响,客房日常清扫整理只能有所侧重。因此,管家在完成规定的客房日常清洁任务之后,领班通常会安排适当的单项计划卫生项目,以弥补平时工作的不足。

(二)房间周期性大清洁

这是一项通过专人、专职负责的对客房进行周期性、全面、彻底的清洁计划。因为仅凭单项的计划卫生较难维持客房的格调,因此应安排专人对客房进行周期性的清洁保养,以确保客房始终处于整洁如新的状态,使客房的卫生质量始终达到和保持较高水平。

具体做法是:一般以一个季度为一个工作周期,保证在一个周期内至少对全部客房完成一次周期性大清洁。

(三)年度性大清理

这种大清理不仅包括家具设备,还包括床上用品、窗帘、沙发等。这种大清理一个楼层通常要一周时间才能完全清理完毕,因此只能在淡季进行。清理前,客房部需和前厅部、工程部取得联系,以便前厅部对某一楼层实行封房,维修人员也可利用这个时期对设备等进行定期的检查和维修保养。

四、客房周期整理(计划卫生)实施与控制

(一)客房计划卫生的实施

计划卫生涉及范围广,并具有一定危险性,实施时尤其要注意以下几个问题。

1. 准备好清洁器具和清洁剂

在做计划卫生工作前,应根据具体工作内容准备好清洁器具,如洗地毯机、吸水机、吸尘器、水桶、玻璃清洁器、尘拖、抹布等;同时准备好各种清洁剂,如地毯清洁剂、除渍剂、家具蜡、酒精等。

2. 采用分区包干的方法

通常楼层服务员都相对固定地负责某一楼层或某一区域的客房及公共区域的清洁保养工作,因此该区域的计划卫生工作也应由该服务员负责包干。

3. 注意安全

在客房计划卫生中,有不少是需要高空作业的,如清理通风口、玻璃窗以及天花板等。因此在清洁高处设备和物品时,应使用脚手架或高架车,尽量不要使用普通凳子,并系好安全带,加强安全措施,防止事故发生。许多酒店还聘请专业清洁公司对这些高空作业项目进行清洁保养,以保安全。

(二)客房计划卫生的质量控制

1. 科学合理确定计划卫生清洁保养周期

各计划卫生项目由于其被污染的程度有快有慢,清洁间隔的时间要求也就不尽相同。客房部应根据自身实际情况,合理安排计划卫生项目及其周期,如制定每周计划卫生项目、每月计划卫生项目等,并严格贯彻实施。

2. 安排好计划卫生工作

将客房的周期性计划卫生安排表贴在楼层工作间的告示栏内或门背后,楼层领班还可每天在管家清扫报告表上注明当天要做的计划卫生项目,以便安排与督促管家在完成一天的日常清理工作后,完成当天的计划卫生任务。管家每完成一项计划卫生工作,并接受领班检查后,应在表格内填上完成的日期并签名。

3. 做好检查记录工作

领班根据本楼层计划卫生安排表进行监督、检查。客房中心或客房部办公室可根据计划卫生项目的完成情况,绘制部门计划卫生一览表,显示各楼层计划卫生完成状况,以引起各楼层人员和管理人员的重视。

五、客房消毒技能

消毒和除虫害是酒店清洁保养工作的一项重要内容,是预防各种疾病流行以及确保客人健康的有效措施。在客房的清洁保养工作中,管家必须明确客房日常消毒要求,掌握消毒的基本方法。

(一)客房消毒要求

1. 房间消毒要求

楼层房间要求每天进行通风换气和日光照射,定期用紫外线或其他化学消毒剂杀菌和灭杀虫害,遇到特殊情况(如住客患传染病或死亡),应及时进行消毒。

2. 卫生间消毒要求

卫生间的设备用具极易沾染细菌,因此卫生间必须做到每天彻底清扫、定期消毒、保持清洁。每换一位住客卫生洁具必须进行严格消毒,并定期在地面喷洒杀虫剂,尤其要注意对地漏及下水管道等处的喷洒。

3. 杯酒具消毒要求

客房内用过的杯酒具须每日一换,送楼层洗消间进行严格的洗涤消毒。每个楼层应有专门的洗消间,配备相应的消毒设备和用具。

4. 其他客房用品消毒要求

客房使用的布草应严格按规定进行更换、洗涤、消毒,其他客房用品要求完好、无污渍、无污染,密封包装。

5. 客房工作人员消毒要求

客房工作人员应严格实行上下班更换工作服制度;清扫房间时,双手应尽量少触摸物品,特别是布草、杯酒具等经过严格消毒的物品;清理卫生间时,应戴好胶皮手套;每天上班前与下班后用肥皂或洗手液清洁双手,并用消毒剂对双手进行消毒;定期检查身体,防止疾病传染。

将客房床单
消毒进行到底

(二)客房消毒的基本方法

1. 通风与日照法

(1)室外日光消毒。利用阳光的紫外线作用,可以杀死一些病菌,例如定期翻晒床罩、毛毯、枕芯、床垫与被褥等,既可起到消毒作用,又可使其松软舒适。

(2)室内采光。室内采光是指让阳光通过门窗照射到地面,以杀死病菌。例如,冬季有3小时日照、夏季有2小时日照,即可杀死空气中大部分致病微生物。

(3)通风。通风既可以改善空气环境,又可以防止细菌、螨虫等孳生。因此,在清扫客房时应打开窗户和房门,使房内空气对流,达到通风的效果。

2. 擦拭消毒法

服务员清扫完客房后,可定期使用化学消毒液擦拭客房家具设备。例如,用10%浓度的碳酸水溶液或2%浓度的来苏水溶液擦拭房间里的家具设备,消毒完毕后,紧闭门窗约2小时,然后开窗通风,即可达到消毒目的。

3. 喷洒消毒法

为防止对人体肌肤的损伤,有时可采用喷洒的方法进行消毒。例如,用浓度为1%～5%的漂白粉澄清液对房间的各个死角进行消毒,或用空气清新剂、消毒剂进行喷洒。

(三)杯酒具消毒的常用方法

1. 高温消毒法

(1)煮沸消毒法。将洗涤干净的杯酒具放在100℃的沸水中,煮15～30分钟即可。此法适用于瓷器,但不适合玻璃器皿。

(2)蒸汽消毒法。将洗涤干净的杯酒具放到蒸汽箱中,通常蒸15分钟即可达到消毒的目的。瓷器和玻璃器皿都适合此种消毒法。

用上述两种方法消毒后,应将杯子上的水迹擦干。擦拭时,必须使用干净并经过消毒的杯布,员工的双手不可以触碰杯子的任何部位。

2. 干热消毒法

客房楼层常用的消毒柜多属此类。操作程序是将洗涤干净的杯酒具放入消毒柜中,将温度调到120℃,时间设为30分钟即可。

3. 浸泡消毒法

浸泡消毒法一般适用于杯酒具的消毒。使用浸泡的方法消毒,务必把化学消毒剂溶解,同时严格按比例调制好,才能发挥效用。浸泡消毒的操作方法是:将杯酒具用洗涤剂洗刷干净后,放入消毒溶液中浸泡一定时间(不同消毒液要求的浸泡时间有所不同),再用清水冲洗干净并擦干即可。

目标考核

初级目标考核:

每位同学从下列项目中任意抽选一项,并完成相应的操作:

(1)房务工作车的准备;

(2)卫生间清洁;

(3)中式铺床;

(4)开夜床及相关工作;

(5)地毯除渍;

(6)地毯吸尘;

(7)客房抹尘。

高级目标考核:

每两位同学组成一组,其中同学 A 负责对已经清扫完毕的客房设置问题障碍,同学 B 则负责进行检查,双方都应在规定的时间(1分钟和5分钟)内完成相应的任务,A、B 角色由抽签决定。

第六章　康乐服务技能

第一节　康乐部各岗位职责

一、康乐部经理岗位职责

（1）接受总经理的督导，直接向总经理负责，贯彻酒店各项规章制度和总经理的工作指令，全面负责康乐部的经营和管理。

（2）根据酒店规章制度和各项设施项目具体情况，提出部门管理制度，制定主管、领班的具体工作任务、管理职责工作标准，并监督实施，保证部门各项娱乐设施及各项管理工作的协调发展运转。

（3）分析各项设施项目的客人需求、营业结构、消费状况及发展趋势，研究并提出部门收入成本与费用等预算指标，报总经理审批。纳入酒店预算后，分解落实到各项设施项目，并组织各级主管和领班完成预算指标。

（4）研究审核各项设施项目的服务程序、质量标准、操作规程，并检查各项设施项目各级人员的贯彻实施状况,随时分析存在的问题,及时提出改进措施,不断提高服务质量。

(5)根据市场和客人需求变化,研究并提出调整各项设施项目的经营方式、营业时间、产品和收费标准等管理方案。配合业务接待,适时地安排联谊酒会、运动类比赛等销售活动,适应客人消费需求变化,提高设施利用率。

(6)审核签发各项设施项目主管的物品申购、领用、费用开支单据,按部门预算控制成本开支,提高宾客满意度及经济效益。

(7)做好各项设施项目主管、领班工作考核,适时指导工作,调动各级人员积极性。随时做好巡视检查,保证康乐部各项设施项目管理和服务工作的协调发展。

(8)制定部门各项设施项目人员编制,安排员工培训。根据业务需要,合理组织和调配人员,提高工作效率。

(9)随时收集、征求客人意见,及时处理客人投诉,并分析康乐部服务质量管理中存在的问题,适时提出改进措施。

(10)做好康乐中心和酒店各部门的协调配合工作,完成总经理交办的其他工作任务。

二、部门主管岗位职责

(1)贯彻执行上级下达的各项任务,带头执行各项规章制度。

(2)钻研业务知识,熟悉本部门的各项服务工作,不断提高自身管理水平。

(3)负责本部门的日常管理工作,制定工作计划,对下属进行业务培训。

(4)常跟班,勤巡查,现场督导,发现问题及时解决,或及时向经理汇报。

(5)主持定期考评,奖勤罚懒。

(6)每月上交“营业分析”报告。

(7)进行客源、客情分析,向部门经理提出整改意见。

三、台班管家岗位职责

(1)负责客人的康乐活动的安排、接待及预订工作,向客人提供酒水、送餐服务。

(2)熟悉本中心设施、活动项目的特点,耐心解答客人提出的要求和疑难问题。

(3)负责安排活动项目的管理,管家要礼貌接待客人及周到服务。

(4)严格把好验证关,并注意客人的身体状况,严防醉客及患有某些疾病者进入有关场所。

(5)负责门厅的清洁卫生,保证环境整洁、美观。

(6)负责设备保养和报修工作。

四、娱乐部工作人员岗位职责

(一)舞厅、KTV管家

(1)由于该场所灯光昏暗,应勤巡查,勤观察,勤为客人服务,多推销饮料。

(2)由于人员复杂,要注意场所安全,遇突发事件应妥善处理,并及时向上级汇报。

(3)按客人需要事前准备多种食品和饮料,为客人提供热情、周到的服务。

(4)根据工作的服务操作程序,为客人提供适当服务。

(5)保持卫生整洁、空气清新。

(二)茶室、酒吧管家

(1)负责区域工作,创造一个舒适、幽雅的环境。

(2)根据工作的服务操作程序,为客人提供适当服务。

(3)严格掌握执行外事纪律和公安条例,及时、正确处理各种意外情况。

(4)负责有关器材设备的使用维修和保养。

(三)棋牌室管家

(1)负责棋牌室的卫生工作,保持室内空气清新。

(2)上下班前需认真清理棋具、牌具。

(3)上班时,管家要勤巡查、勤服务,提供饮料和小食。

五、美容部工作人员岗位职责

(一)美发室工作人员岗位职责

1. 美发师岗位职责

(1)为客人美发时,精力要集中,动作要轻快,使客人轻松愉快。

(2)根据客人的要求,按照客人的脸型和头发的疏密,认真细致地梳理出客人满意的发型。

(3)热心解答客人提出的有关美发的要求和疑难问题,根据客人的发质推销、介绍美发用品。

(4)工作中以身作则,技术上精益求精,对助手言传身教,热心将技术传授给助手。

2. 美发助手岗位职责

(1)遵守各项规定,服从工作安排。

(2)以诚实的态度、热情的服务做好每项服务工作。

(3)尊敬上司,配合上级做好接待客人的每一步骤。

(4)上级工作时,不得无故离开,听从上级的工作指令。

(二)美容室工作人员岗位职责

1. 美容师岗位职责

(1)自觉遵守酒店的各项规章制度,热爱本职工作,热诚待客,为客人提供优质服务。

(2)遵守美容业的职业道德,尊重客人,尽责尽职。

(3)接受合作公司的专业技术训练,严格按程序向客人提供服务,坚持一流的美容水准。

(4)负责解答客人有关美容、护肤方面的咨询,根据客人不同皮肤性质提供相应的护理程序,向客人推销产品。

2. 美容助手岗位职责

(1)遵守酒店的各项规章制度,服从工作安排,主动配合美容师和台班管家做好服务工作。

(2)负责美容用品的准备和补充工作。

(3)要根据需要做出符合标准的药棉,放入冰箱备用,毛巾、头带、头布等每天要补充消毒。

(4)负责接待客人的辅助工作。

(5)为客人提供饮料和其他物品,为美容师提供用料,客人走后收拾房间。

(6)负责美容室的卫生工作。

(7)做到地面无杂物,家具无灰尘,玻璃无水渍、手印,灯具无积尘,仪器设备无油渍,卫生无死角。

(8)负责美容室电器设备安全使用工作,发现问题及时报告。

(9)负责洗涤工作。及时洗烫用过的毛巾、头带、头布、美容袍等,按时清洗房间的床单、大毛巾、枕垫等,并定期消毒。

(三)SPA工作人员岗位职责

1. 桑拿室管家岗位职责

(1)服从工作安排,与按摩师通力合作搞好桑拿室的各项工作。

(2)熟悉各种设施器材的使用方法,注意加强设备、器材的检查和保养,及早发现问题并尽快处理。

(3)坚守岗位,保证客人安全,勤巡查,发现问题及时向上级汇报。

(4)负责检查桑拿室设备运转情况,如水位、灯光、抽风机、温度等,如有损坏或非正常工作应及时报修。

(5)熟练掌握清洁桑拿室的标准,负责客用物品的补充,保持室内空气清新、设备洁净、物品整齐、环境幽雅。

2. 按摩师岗位职责

(1)遵守酒店各项规章制度,培养良好的职业道德,为客人提供最佳服务。

(2)坚守工作岗位,注意室内动态,确保客人的生命和财产安全。

(3)服从上级工作安排,自觉按编排顺序进行工作,不得向客人索取小费、物品等。

(4)按摩时,充分运用技术技巧,动作力度应恰到好处,让客人松肌活络,轻松舒服。

(5)按操作流程做好按摩工作,为客人带路、开灯、挂衣等,做完后负责送客,整理房间用品。

六、健身、运动部工作人员岗位职责

(一)健身房工作人员岗位职责

(1)严格执行酒店和本部门的各项规章制度。

(2)上班时要求身着制服,注意仪容仪表,讲究礼貌礼节。

(3)辅导不熟悉健身运动的客人正确使用各种设备或训练方法。

(4)坚守工作岗位,勤巡查,确保客人安全运动,及时劝止客人的违规行为。

(5)负责环境卫生工作。

(6)负责运动器材的检查、报修、保养工作,经常擦抹运动器材,保持器械洁净。

(二)室内高尔夫球场工作人员岗位职责

(1)负责球场及服务台的卫生工作。

(2)及时准备服务用品,布置好球场有关器具。

(3)热情待客,主动介绍球场规则和提供有关技术指导。

(4)经常检查各种客用品是否损坏,勤巡查,及时解决设备问题。

(5)提供饮料和其他物品。

(6)高尔夫球场设专门陪练员或教练员,若客人要求陪练、教练服务,应热情提供。

(7)陪练员或教练员技术熟练,示范动作规范、标准。

(8)掌握客人心理和陪练技巧,能够提高客人兴趣。

(9)球场组织比赛,预先制定接待方案,保证球场秩序良好。

(10)填写服务记录,负责清场工作。

(三)桌球室管家岗位职责

(1)热情周到为客人服务,主动介绍桌球有关知识和技术,进行动作示范。

(2)在客人提出要求时,陪同客人练习或比赛。

(3)经常巡视各区域,检查客人是否损坏器具,有否存在违章行为,如发现情况应及时处理。

(4)负责室内的环境卫生工作。

第二节 康乐服务基本知识

酒店是提供客人吃、住、行、娱、购等系列服务的场所。而康乐部是为客人提供娱乐、休闲、健身等活动场所的部门,是酒店借以吸引客人、招徕生意、提高酒店声誉和营业额的一个重要手段和途径。目前,康乐部逐步从其所隶属的部门独立出来,形成一个专业化的经营部门,成为与客房、餐饮、前厅等部门平行的重要部门。现在,绝大多数三星级以上的饭店都设有康乐部。

康乐部的任务就是满足客人在康乐方面的需求。各种娱乐设施、器械设备应全面满足客人对健康、健美、度假休闲的需求。

一、康乐部的基本职能

(一)提供娱乐服务

娱乐享受是客人重要的消费因素。客人的类型广泛多样,他们的娱乐口味和喜爱项目因人而异,要求也难以划一。为提供优质的娱乐服务,康乐部应在硬件设施方面多引进先进、新颖的娱乐器械,更应在软件服务上不遗余力。

(二)提供健身服务

客人的强身健体要求多是非常强烈的。体育锻炼的目的因人而异,形式也呈多样性。常见的大众运动有跑步、练拳、做操、跳舞等,也有借助各种器械的专门运动,如骑自行车、单双杠、举重、各种肌肉运动等。康乐部应因地因店而异,设置游泳池、健身房等各种专门场所,以满足客人的健身需求。

（三）提供健美服务

爱美之心,人皆有之。现代健美通常包括体型健美、发型健美、脸型健美等方面。健身房、游泳池等可为体型健美服务提供场所,而发型健美、脸型健美服务则可以在美容美发室、按摩室中获得。

（四）满足顾客安全的需求

休闲健身场所,特别是健身房具有一定的危险性,其中器械设备亦具有一定的损耗性。为杜绝突发事件的发生,每天应定时检查,并进行场所、设备、器械的安全保养工作。应针对使用中出现的不安全因素,如有的器械出现明显的损坏、断裂、老化等现象,必须妥善解决。每月的重点检查和维修也是必不可少的。

（五）满足顾客卫生的需求

康乐场所应是个高雅、洁净的地方,但因其客流量较大,设备使用频繁,尤其是器械设备经过许多人的接触、抚摸,因此清洁卫生工作特别重要。如游泳池卫生要求较高,应保证泳池边、台、地面、椅等的洁净;保证池水清澈、透明、无杂物、无沉淀物、无青苔,水质符合国家标准。而美容室的卫生要求更高,所有的美容设备、美容物品都直接与客人的头部、面部接触,不仅要表面整洁干净,而且毛巾等用具要经过高温消毒处理。所用的美容化妆品也都要符合行业卫生标准,化学成分要达标。

（六）提供咨询服务

体育锻炼项目很多,健身器械也五花八门。不同的客人对娱乐健身的项目、品种的熟悉程度也各不相同。对于一些国外进口器材,以及带有电子屏幕显示的体育器材,客人刚接触时不易学会使用,这就要求康乐部的员工提供耐心、正确、优质的指导性服务,以便客人顺利进行健身活动。

二、熟悉康乐部常见球类运动知识

（一）台（桌）球知识

台球又称落袋台球或斯诺克球,是国际流行的一种桌上游戏,是一种脑力和体力结合的健身运动。台球分落袋台球、彩色台球和四球台球。这里着重介绍彩色台球的有关知识。

1. 彩色台球基本知识

（1）彩色台球总共用球 22 个,其中 15 个红球,6 个彩球(黑、粉、蓝、棕、绿、黄各 1 个)和 1 个白球(见图 6-1)。红球和彩球用来得分,白球用来击打红球和彩球。

（2）从开始到所有红球和彩球被击打入袋这样一个过程叫作一局。在整个进球过程中,一方如果未能成功进球,或者打了一个坏球,此时他就得让位于另一方打。连续成功进球的过程叫一杆。

台球室设施
设备介绍

（3）一场比赛可以约定打一局、三局、五局或七局来决定最后胜负。如果在结束时双方平分,传统的决定胜负方法是:将黑球留在黑球位上,白球摆在开球区,双方通过抛币,决定谁先打,先将黑球打入者为胜方。

图 6-1　彩色台球

2. 斯诺克比赛方法

(1)在开球时,开球一方可将白球摆在开球区的任何位置,去击打红球。其后,白球停在什么位置,就必须从什么位置打起。每一方必须先打入一个红球,然后任选一个有利的彩球打。打入彩球后,需将彩球取出重新摆回自己开球前所在的位置上。

(2)接着,再打红球、彩球,如此反复,直到所有红球入袋。之后,就必须按照一定顺序(即黄、绿、棕、蓝、粉、黑)打彩球。此时,进一个彩球,台面上就少一个彩球,直到所有彩球入袋,台面上只剩下白球,就宣告结束。

(3)每局的胜负是由双方积分多少决定的,得分多的为胜方。得分有两种途径:一是通过对方失误罚分而得;二是进球得分。进一个红球得 1 分,打入一个黄球得 2 分,其他依次为绿球 3 分、棕球 4 分、蓝球 5 分、粉球 6 分、黑球 7 分。为此,双方都会尽力,多将黑球打入袋内。在打红球时,如果白球未能碰到任何红球,就要罚 4 分;如果误碰了彩球,则按照该彩球的分数罚分,但是最少都要罚 4 分。同样,在打彩球时,如果未能打到要打的球,则按照此球分数罚分;如果误撞了更高分的彩球,按照高分罚分,最少都要罚 4 分。因此在进了红球后、打彩球前,理论上,打球方都要先声明他准备打哪个彩球,但实际上一般无须声明。如果要打的彩球不明显,则一定要声明,否则自动罚 7 分。如果误将白球击入袋,最少罚 4 分,或者按照白球进袋前最先碰到的最高分数球罚分。如果白球入袋,接着打的一方可将白球摆在开球区的任何位置击球。罚分不从受罚方的分中扣减,而是加入对方的得分中。

3. 彩色台球常见规则

(1)失误球。失误球最少罚 4 分,如果失误的球是 4 分以上的彩球,则按此彩球实际分数罚分。主要包括以下情形:

①双脚同时离地击球;

②将球打离台球面;

③白球跳过中间球击打目标球；

④台面上的球被球杆击球端以外任何物品或身体任何部位所碰到；

⑤在出杆时，球杆连续击打白球两次以上。

（2）无意识救球。在一方打了失误球以后，如认为这个球应该可以打到，则可以判罚无意识救球。在这种情形下，得益方可以有以下选择权：将球恢复到失误球前的原状，要求失误方在现在的位置上接着打；在现在的位置上自己打；如果台面上出现斯诺克，自己打自由球。

（3）重打球。如果一方打了一个失误球，而使对方处于不利，则对方有权要求失误方接着打。

（4）彩球摆位。当彩球落袋重新摆回台面时，如果这个彩球原位点被其他球占了，则将这个彩球摆到当时最高分的彩球空位点上。例如，当绿球进袋后，它自己的原位点被其他球所占，台面上空出的彩球点有棕球点、黄球点和粉球点，这时绿球就应该摆放在粉球点上。假如所有彩球点都被占，此时就应该将此彩球摆在自己原位点垂直于底边的直线上，最靠近自己原位点，并且不能够碰到其他球。

（5）僵局。如果裁判认为台面已形成僵局，便会向双方声明，如在几个回合之内，局面再无明显变化，此局就成为无效局，须重新开始。

（二）保龄球知识

保龄球（bowling）又称地滚球，是在地面上滚球撞击木桩的一种室内体育活动（见图6-2）。保龄球老少皆宜，不受年龄限制。

图6-2　保龄球

1.保龄球场地

保龄球赛场是用枫树或松树等硬质木料铺成的细长水平滑道，长18.6米，宽1.05米。

保龄球由硬质胶木制成。比赛时在滑道终端设置10个瓶柱,摆成三角形,参加比赛的人在投掷线上轮流用球滚投撞击瓶柱,每人轮流投击两次为一轮,十轮为一赛。以用最少轮次击倒所有瓶柱者为优胜。

2. 保龄球专用鞋知识

当我们说起保龄球用品时首先想到的是保龄球手套,其实保龄球专用鞋也是一个很重要的用品。其原因包括以下两个方面:首先,大多数保龄球运动中心不会让你穿着普通运动鞋打球。助跑道是需要精心的保养的,一般鞋有灰尘和泥土会损坏助跑道。其次,大多数保龄球运动员击球是靠鞋来灵活处理的。正是这个原因,左鞋底贴覆了一层松软的皮革,以便在助跑时能顺利地滑行(对左手球手而言则恰恰相反),而左鞋跟和另外一只鞋底是橡胶材料,增加右脚底与地面的摩擦力使左脚的滑步动作更加完整,以便身体其他部位的缓冲。大多数保龄球运动中心都免费提供或有租鞋业务,经常打球的保龄球球手为了穿着舒适和卫生会购买自己喜欢的保龄球专用鞋。

那么,保龄球专用鞋有什么优点呢?专用鞋的底部有皮做,也有橡胶做的,它的特点是在前脚掌部分加上一块纤维底,以配合左、右手发球的球员的不同需要:右手球员以左脚滑步,纤维底放在左脚的鞋上;左手球员以右脚滑步,纤维底则放在右脚的鞋上。高档的专用鞋更可更换鞋底,以配合不同程度的滑步需要。经常打球和参赛的球友,都明白专用鞋的好处和重要性,因此虽然专用鞋价钱不菲,他们也乐于购买。

3. 保龄球比赛规则

(1)保龄球运动是以球击倒瓶柱的数目记分的,而以其得分来决定胜负的。比赛一次通常称为一球路,而一球路的最高分为300分。

(2)每一球路,可以打十回。打一回中,一次投球击倒全部瓶柱时,准予第二次投球。但是投第十回中,若有合乎后述条件时,得第三次投球机会。

(3)比赛时,凡以球击倒一个瓶柱就记为1分,而以计算一球路中的总分数作为得分。

(4)一次投球而击倒全部瓶柱时叫作好球,而得好球时,那一回就结束了,进入下一回;但其得分是以该回固有的10分以外再加以下两度投球的分数来计算的。

(5)以两次投球而击倒了10个瓶柱的,就叫作两球滚完法。此时的分数,除了固有的10分以外还应加上下一回中最初一球的分数。所以,若是下一回得好球,则两球滚完法的得分就是20分了。

(6)在一回的运动中,最初的球不能击倒一个瓶柱,而等到第二次球才把10个瓶柱一起击倒时也叫作两球滚完法。

(7)在投第十回中,若是出好球则还可以第二次投球。若是两球滚完时也还可以再有一次投球机会。也就是说,在投第十回中,若是错打就以两度投球而结束,但若是出好球或两球滚完则可以投球三次。若自第一回至第十回全部都是好球,则等于做到了12回好球,其总分数便是300分了。

(8)若是第二球仍然未能把10个瓶柱全部击倒,就叫作错打。这样就以两个球所击倒的瓶柱的合计数目算为该回中的得分。

(9)不能得分的情况。主要包括:

①犯规。球员的手、脚、身体的一部分触犯边线,或超越边线冲出前方时就是犯规。犯规视同一回的投球,是不能重做的。

②死球。球未碰到瓶柱以前,由于某种原因,瓶柱中有几个倾倒;球未碰到瓶柱以前,自动配柱机受到动摇而对瓶柱或球有所影响;正在投球的球员,或所投出的球,受到其他的球员、观众或别种因素妨碍。死球是可以重新投的。

4.打保龄球要注意的基本礼仪

(1)进投球区时,必要更换保龄球专用鞋。

(2)只使用自己选定的保龄球。

(3)等到瓶柱完全置完之后再投球。

(4)不要进入旁边的投球区。

(5)不可以随意进入投球区。

(6)先让给已经准备好投球姿势的人投球。

(7)当同时进到投球动作的情况发生时,由右边的人先投球。

(8)在投球区,投球的预备姿势不可以持续太久。

(9)投球动作结束后,不可以长久地站在投球区。

(10)不可投出高球。

(11)不可打扰正在投球人的注意力。

(12)不在投球区挥动保龄球。

(13)成绩不好时,不要怪球道情况不良。

(14)不可批评他人缺点。

(15)不可把水撒落在投球区。

(三)网球知识

网球(tennis)运动深受人们的欢迎,在欧美更是流行。比赛时双方各占网球场一边,由一方发球开始,运动员手执网球球拍,运用发球、正反拍击球、截击球、变压球、挑高球、放短球、击反弹球等技术,以及发球、上网和底线抽击球等战术,努力将球击至对方场地。正式网球比赛有13名裁判执法,其中主裁判1名,球网裁判1名,监督发球裁判1名和边线员10名。

1.网球比赛场地

按照场地的质地,常见的网球场有:草地球场、土地球场和硬地球场。标准网球场地的占地面积不小于670平方米(南北长36.6米、东西宽18.3米),这一尺寸也是一片标准网球场地四周围挡网或室内建筑内墙面的净尺寸。

(1)草地网球场

这是历史最悠久、最具传统意味的一种场地。其特点是球落地时与地面的摩擦小,球的反弹速度快,对球员的反应、灵敏、奔跑的速度和技巧等要求非常高。由于草地网球场对草的特质、规格要求极高,加之气候的限制以及保养与维护费用昂贵,很难被推广到世界各地。每年的寥寥几个草地职业网球赛事几乎都是在英国举行,且时间集中在六七月份,温布尔登网球锦标赛是其中最古老也最负盛名的一项赛事。

(2)土地网球场

土地球场也称为软性场地,常见的各种沙地、泥地等都可称为软性场地。此种场地地表铺有一层细沙或砖粉末,特点是球落地时与地面有较大的摩擦,球速比较慢,球员在跑动中特别是在急停急回时会有很大的滑动余地,这些决定了球员必须具备比在其他场地上更优良的意志品质和更出色的奔跑、移动能力,否则很难取胜。法国公开赛的红土球场,是软性球场最典型的代表。

(3)硬地网球场

这是最普通的一种场地了,一般由水泥和沥青铺垫而成,其上涂有红、绿等漂亮的颜料或铺有一层高级塑胶面层,其表面平整、硬度高,球的弹跳非常有规律,但球的反弹速度很快,平时易于清扫和维护,基本上用不着很精心的照顾。

需注意的是,硬地网球场不如其他质地的场地弹性好,初学者在其上练球时应加强对自身的保护,特别是膝、踝关节。自我保护的办法是:时刻保持膝关节的弯曲以便随时依靠膝关节的升降和缓冲抵减来自地面的反作用力;奔跑时重心落在前脚掌上以使整个身体更有弹性;变向回动时也尽可能地降低重心。

2. 网球比赛项目和计分方法

(1)比赛项目

网球比赛有男子(女子)团体、男子(女子)单打、男子(女子)双打及混合双打几个项目。网球的团体项目为两个单打、一个双打,或者四个单打、一个双打;男子单打和双打采取三盘两胜或五盘三胜,女子单打和双打以及男女混合双打采取三盘两胜。如一方击球出界、球落网或让球落地两次后再击,则均失1分。以先得4分者为胜一局,以先胜6局为胜一盘。每局结束后,双方交换发球。

(2)计分方法

①胜一局的情形:每胜一局得1分,先胜者得4分;双方各得3分时为"平分",平分后净胜2分。

②胜一盘的情形:一方先胜6局为胜一盘;双方各胜5局时,一方再净胜两局为胜一盘。

③决胜局计分制:在每盘的局数为6平时,有两种计分法,一是长盘制,一方净胜两局为胜一盘;二是短盘制。

3. 网球比赛主要规则

(1)发球

①比赛从发球开始,发球员站在发球区,用手将球向空中抛起,在球接触地面前用拍击球。

②整个发球动作中不得通过行走和跑动来改变原来的位置,两脚只准站在规定位置不得触及其他区域。

③每局开始先从右区端线后发球,得或失一分再换到左区发球。

④发出的球应从网上越过,落到对角的对方发球区内。

⑤发球员第一次发球失误后,应在原发球位置进行第二次发球。

⑥每局比赛结束,双方交换发球,直到比赛告终。

(2)交换场地

双方应在每盘的第一、三、五等单数局结束后,以及每盘结束双方局数之和为单数时,交换场地。

(3)失分规则

①在球第二次着地前未能还击过网。

②故意用球拍触球超过一次。

③运动员的身体、球拍,在发球期间触及球网。

④还击空中球失误。

⑤过网击球。

⑥抛拍击球。

⑦还击的球触及对方场区界线以外的地面,以及固定物等。

(4)压线球

落在场地线上的压线球都算界内球。

(5)双打发球次序

每盘第一局开始时,由发球方决定谁先发球,第二局开始时由对方决定谁先发球,以后每局发球方轮流发球。

(6)双方接发球次序

先接发球的一方,应在第一局开始时,决定谁先发球,并在这盘单数局里继续先接发球,对方同样至第二局开始时,决定谁先发球并在这盘双数局时继续先发球。

(7)双打还击

比赛中,每一方两名队员只能各击球一次,如两人击球两次,则判对方得分。

(四)壁球知识

壁球(squash)又叫软式网球,就是在墙壁上打球的运动项目(见图 6-3)。壁球比赛所采用的球是黑色空心橡胶球,比网球略小,弹性很大,打在墙上发出"扑、扑"的响声。所用的球拍比羽毛球拍稍短。击球部位为圆形。

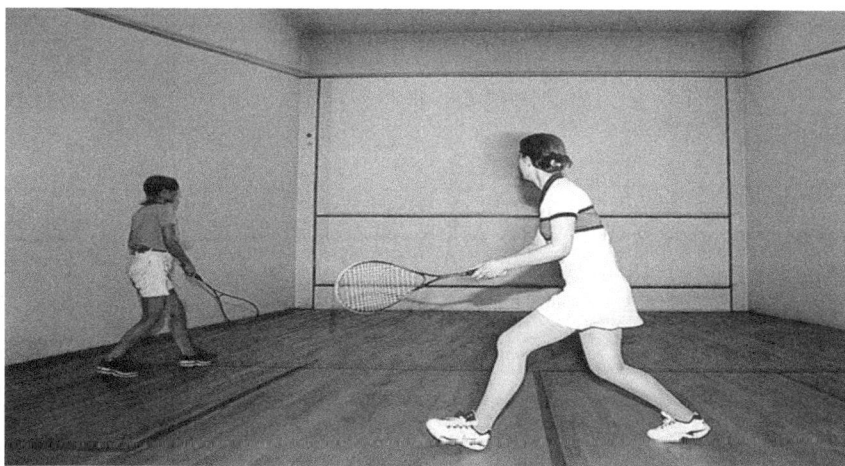

图 6-3 壁球

1. 壁球比赛场地

壁球比赛场地分为单打和双打两种。单打场地的面积约为 50 平方米,双打场地则是单打的两倍。墙壁一般高 4~5 米,宽 6 米左右。场地分左、右区,各区内标有发球区。壁球房有天花板,离地面很高,窗户开在墙的上部,墙壁是白色的,上面画有线条。人们可以透过球场墙壁上部的窗户观看比赛情况。

2. 壁球比赛规则

发球时,发球者必须一只脚置于发球区内,否则就算犯规,发出的球必须先击中正前方的墙壁,然后再弹向边墙,否则也算犯规。运动员在击球时,不得故意碰撞对手,更不能有意阻挡对方视线。

3. 壁球比赛项目及计分方法

壁球比赛分男子单打、女子单打、男子双打、女子双打、男女混合双打几种。比赛采用三战两胜或五战三胜的办法。计分方法分英式和美式两种,英式是 9 分制,美式是 15 分制。壁球比赛只有获发球权的一方才能得分。

(五)高尔夫球知识

高尔夫球(golf)运动是在草地上以棒击球入穴的球类运动。"高尔夫"原意为"在绿地和新鲜空气中的美好生活"。这从高尔夫球的英文单词"golf"中可以看出来:g——绿色;o——氧气;l——阳光;f——脚部活动。它是一种把享受大自然乐趣、体育锻炼和游戏集于一身的运动。

1. 高尔夫球比赛方法

(1)比赛时,用抽签方法决定开始的发球顺序。

(2)赛程中各穴的击球顺序,以球离穴最远者先击,次远者其次,最近者最后击。

(3)击落在什么地方,就在什么地方接着击球,不可以任意挪动位置。

(4)每次击球入穴后可将球取出,并将球移至下一穴的开球处。

(5)如同比赛开始第一次击球一样,可以堆沙垫或使用球座垫球,然后击出。

2. 标准场地

标准高尔夫球场地要求长 5943.6～6400.8 米,占地面积约 60 公顷,设 18 个洞穴。场地四周应有界线。高尔夫球的 18 个洞穴,相隔不同距离,分为近、中、远三种洞穴。近洞穴在 229 米以内(女子为 192 米),中洞穴是 430 米(女子为 336 米),远洞穴为 431 米以外(女子为 376 米)。

3. 洞穴

洞穴为埋在地下的圆罐,直径为 10.8 厘米,深 10.2 厘米,罐的上沿低于地面约 2.5 厘米。穴间距离为 91.44～548.64 米不等。

4. 通路

开球区和洞穴之间经过修整的草地。既有平坦球道,也有粗糙不平的地形、沙洼地及水沟等障碍物。

5. 开球区与球座

这是一块平坦的草坪,球座是插入地面的一个小木桩,上为凹面的圆顶。比赛选手必须在开球时向前方洞穴击球。击球时将球放在木桩顶端,以便准确击出。

6. 高尔夫球

在一块压缩的小橡皮上,用橡皮盘球绕成圆球,再包上有微凹的坚硬合成材料为外壳。高尔夫球直径不得小于 4.6 厘米,重 45.93 克(见图 6-4)。

7. 高尔夫球棒杆

高尔夫球棒杆长 0.91～1.29 米,用木质或塑料与金属组合制成(见图 6-5)。比赛时,每

图 6-4 高尔夫球

图 6-5 高尔夫球棒杆

个参赛者需备 14 支。包括木头棒杆 5 支、铁头棒杆 5 支,除 1 支推击铁头棒杆外,其余为不同斜度的弯头(击球面)棒杆,用以敲击,并根据球击远、击近、击高的不同需要分别使用。推击棒杆的击球面是笔直的,用以推击。

8. 标志旗

标志旗是系于细长旗杆上的小旗。插入每一洞穴指明洞穴的号数。近距离向洞穴击球时,旗杆可暂时拔去。

9. 高尔夫基本打法——握杆、站姿

(1)左手:把杆子从食指靠掌的第一指节斜着横贯上紧紧地靠着掌缘下端的厚肉垫,大拇指跟食指的"V"形纹要指着右眼。

(2)右手:全用指头去握杆,杆子直着压过靠掌的指节上,一定要握在手掌之外。中指及无名指吃力最重,在练习右手握杆的时候,把右手的大拇指和食指拿开,拇指和食指形成"V"形纹指着下巴。

(3)合:两手握杆的时候,要联结在一起形成一体。右手的小指头在左手指和中指之间的夹缝里;左手的大拇指正好平稳地被藏在右掌拇指下的窝里。

(4)站姿:右脚方方正正地抵着假想中与弹道平行的一条线呈90°。左脚向外开1/4,以5♯铁杆为准,双脚分开与肩同宽,比5♯铁杆长的就开得宽;比5♯铁杆短的,双脚就向内拢一些。双臂和关节尽量向身体靠紧,双脚向内指。

10. 初学高尔夫礼仪规范须知

(1)着装,应着有领之上衣、长裤,谢绝穿圆领T恤、牛仔裤或运动短裤,应穿着软钉球鞋,以保护球场草皮和果岭。

(2)挥杆,挥杆时应与他人保持适当距离,确保安全,同时也应注意保护草坪。

(3)击球,下场打球时手机应关闭或调到静音状态。

(4)当有人准备击球或正在击球时,应马上停止走动,保持安静,以免影响击球者的注意力。

(5)上场击球时,为避免影响整体的击球速度,在打完球后,应快步走向球的落点处,以缩短击球时间。

(6)在果岭上推杆完毕后,应尽快离开果岭,以免影响后组击球。

(7)在发球台或球道击球时所挖起的草皮,应随手拾起补回原位,并请球童补沙。

三、熟悉康乐部常见保健类项目知识

保健类康体项目是一种被动的休闲方式,是指顾客在一定的环境和设施中享受放松精神、利于身体健康的休闲方式,如桑拿浴、保健按摩、护肤美容等。

(一)桑拿浴

桑拿浴首先是从北欧传入中国的。干桑拿浴从芬兰传入中国,因而又称为芬兰浴;湿桑拿浴从土耳其传入中国,因而亦称为土耳其浴。

1. 桑拿浴的分类

(1)芬兰浴

传统的桑拿浴即指芬兰浴,"sauna"(桑拿)来自芬兰语,意指"一个没有窗子的小木屋"。浴客在木结构的浴室里坐着,浴室里设矿石炉,通电烧红后浇冷水产生大量蒸汽供客人沐浴,接受高温的烘烤。此类浴法较适合于油性皮肤的客人。

（2）土耳其浴

土耳其浴，又称蒸汽浴。它是在温度很高的室内通过不断在散热器上淋水，或是根据需要控制专用的蒸汽发生器的开关，使浴室内充满浓重的湿热蒸汽，使沐浴者仿佛置身于热带雨林之中，又闷又热，大汗淋漓，从而达到充分排泄体内垃圾的目的。此类浴法较适合干性皮肤的客人。

（3）光波浴

光波浴又称红外线桑拿浴，是继传统的桑拿浴之后，出现的一种新的洗浴方式。光波浴是利用红外线发生器发出的红外光照射人体，与人体内的红外线发生共振，产生内热，使人体在 40℃ 的环境温度下大量出汗，与干桑拿浴有相同的效果。

（4）药浴

药浴，在中国已有几千年的历史。据记载自周朝开始，就流行香汤浴。所谓香汤，就是用中药佩兰煎的药水。其气味芬芳馥郁，有解暑祛湿、醒神爽脑的功效。药浴法是中医外治法之一，即用药液或含有药液的水洗浴全身或局部的一种方法，其形式多种多样：洗全身浴称为药水澡；局部洗浴包括烫洗、熏洗、坐浴、足浴等，其中烫洗最为常用。

2. 桑拿浴的禁忌

（1）有心脏病、高血压、传染性皮肤病、癫痫的人不宜。

（2）年老体弱者、10 岁以下儿童、酒后以及正在服用药物者，应先咨询医生。

（3）如感到头晕、嗜睡、身体不适，应立即离开。

（4）在暴饮暴食之后或正患严重的咳嗽者，请不要进行桑拿洗浴。

（5）一般的洗浴者 5～10 分钟可以出来洗一次温水淋浴，若需要可以轮流几次，直到淋漓尽致为止。

（二）温泉 SPA

1. SPA 的概念

SPA 是希腊语 solus（健康）、par（在）、agula 水（水中）的缩写，意为"健康之水"。SPA 是指人们利用天然的水资源结合沐浴、按摩和香薰来促进新陈代谢，满足人体视觉、味觉、触觉、听觉、嗅觉和思考，达到一种身心畅快的享受。

SPA 最早源于 15 世纪中期，其名字来源于靠近比利时的列日市的一个叫作 Spau 的小山谷，这是一个含有丰富矿物质的热温区，当地的居民通过泡温泉浴治疗各种疾病与疼痛。由此，当地的温泉浴远近闻名。18 世纪后，SPA 开始在欧洲贵族中风行，成为贵族们休闲度假、强身健体的首选。20 世纪，欧洲又重新掀起了 SPA 热潮。

SPA 是集美容、健康、休闲于一体的全方位调养护理方法，它利用矿泉水中的矿物质、微量元素，并辅以芳香精油成分，通过洗、按、揉、搓、推、敷、薰、吸入等方式，透过皮肤和嗅觉吸收，补充肌肤所需养分，增加皮肤弹性和光滑度，加速身体新陈代谢，促进血液循环、活络筋骨，达到排毒、健身、养颜的目的。

2. SPA 的分类

不同的 SPA 有不同的主题诉求，有的偏重放松舒缓、排毒，有的以健美瘦身为重点，还有的则注重芳香精油、草本疗法等。但无论哪一类的 SPA，都不脱离满足客人的嗅觉（天然花草熏香）、视觉（自然景观）、听觉（疗效音乐）、味觉（健康餐饮）、触觉（按摩呵护）、思考（纯净心灵)六种愉悦感官的需求。

(1)resort SPA(度假式 SPA):以度假、疗养为主,与风景、温泉结合,一般坐落在风景优美的温泉疗养区。

(2)destination SPA(功能式 SPA):以理疗慢性病为主,在日本被称为"方外疗法"。

(3)club SPA(俱乐部式 SPA):以健身运动、减肥为主,多开在城市中。

(4)hotel SPA(酒店式 SPA):在酒店里放松、休假。

(5)day SPA(日常式 SPA):美容中心或 SPA 水疗中心提供的一种便捷的身心修护服务,顾客可以享受专业的 SPA 服务。

(6)home SPA(家居式 SPA):到 SPA 专卖店购买所需的 home SPA 用品,利用工作之余或假期,在家自己动手做 SPA。

3.SPA 的六大要素

(1)一定要有水。

(2)一定要有减压护理。

(3)一定要有"五感六觉"的情境。SPA 是通过人体的五大感官功能:听觉、味觉、触觉、嗅觉、视觉,达到一种身体、心灵皆舒畅自在的感受。其中,听觉(耳)——具备疗效的音乐;嗅觉(鼻)——天然花草的熏香;视觉(眼)——舒适的景观;味觉(舌)——健康餐饮的提供;触觉(身)——按摩、护肤。SPA 必须在这五个感官(觉)上去满足顾客,提供无微不至的关怀。而第六觉是指心灵的升华,在实际上应该是顾客随着前五感而不知不觉地进入冥想的禅境,当然这是 SPA 的最高境界。

(4)一定要有高效美容护理。

(5)一定要有康体健身。

(6)一定要有亚健康诊断。

4.SPA 的禁忌与注意事项

不适合 SPA 的人群:

(1)头脑或意识不清、老年体衰及平衡感障碍者,以免淹水发生意外。

(2)心律不齐者。

(3)未接受治疗的癫痫病患者。

(4)血糖控制不良的糖尿病患者或低血糖症患者。

(5)严重的下肢静脉曲张者。

(6)对光、热敏感者(例如红斑疮患者)。

(7)恶性肿瘤患者。

(8)血压控制不良的高血压患者。

(9)姿势性低血压患者。

(10)关节炎严重骨质增生者。

(三)按摩保健

按摩服务是由按摩师运用推、拿、揉、按等手法对客人身体的不同部位或经络进行按摩,从而达到促进血液循环、经络通畅、消除疲劳、增进健康的目的。

1. 保健按摩的分类

(1)中式保健按摩。中式保健按摩是以中医理论为基础的保健按摩;以经络穴位按摩为主,其手法渗透力强,可以放松肌肉、解除疲劳、调节人体机能,具有提高人体免疫能力、疏通经络、平衡阴阳、延年益寿之功效。通过以中医理论为基础的手法,搓、拿、滚、打、摩等作用于人体的穴位、经络和肌肉组织上,可疏通气血、平衡阴阳、调理脏腑、促进新陈代谢,从而达到强身健体、增强抗病能力、延缓衰老、健康长寿的目的。

(2)泰式保健按摩。泰式保健按摩是各种按摩中最激烈的,由泰国御医吉瓦科库玛根据古印度西部传入泰国的按摩法和当地中国移民的一些按摩手法创造而来,当时作为招待皇家贵族的最高礼节。其技法还被铭刻在瓦特波卧佛寺的游廊壁上,那里被称为"泰式按摩基地"。

泰式按摩是跪式服务,左右手交替动作,用力柔和均匀、速度适中、顺序进行。利用手指、手臂、膝部和双腿等按摩对方穴位,又在肌肉和关节上按压和伸展,令身体、精神和心灵回复平衡,促进血液循环、消化系统运作正常和肌肉皮肤新陈代谢。

(3)日式保健按摩。日式保健按摩的基本特点是指压,它是以肢体或手指作为支撑架,利用自身的体重,向肢体的中心部位垂直施力,以达到各种保健效果。

(4)韩式保健按摩。韩式保健按摩源于韩国朝鲜族,它吸收了中式、泰式、日式等保健按摩的精华,技术手法以拿为主,提、拉为辅。对人体施以沉缓的力度进行按摩,独特的跪背、脸部护理、采耳、修甲的全套服务给客人全身心的放松。

(5)港式保健按摩。港式保健按摩是在我国南部沿海地区洗浴中搓背、采耳的基础上,吸取西方的推油手法,并结合我国独有的踩跷疗法,创出的一种独特的保健按摩手法。按摩疗程时长一般为 30～90 分钟。港式保健按摩有三种按摩手法:①指压法,是用双手拇指的指腹,用力作用于人体的一种手法;②踩背法,是按摩者双手握住按摩吊杠,用单足或双足用力踩踏于被按摩者身体一定部位的一种方法;③推油法,是在指压按摩或踩背后,或单独应用的一种滑润肌肤、促进血液循环的方法,对治疗风寒感冒、腰背寒凉及增强人体体质有良好的效果。

(6)香熏保健按摩。将高香度的植物花瓣、枝叶经过提炼制得芳香精油,通过按摩、蒸熏等方式使精油被人体皮肤系统吸收,渗透至皮下脂肪,甚至可直达血液,通过血液循环来发挥其治疗作用。主要有按摩法、吸入法、沐浴法、热敷法、蒸熏法、口服法等。

2. 保健按摩的禁忌

(1)有皮肤病及皮肤破损处,影响按摩施术者包括:湿疹、癣、疱疹、脓肿、蜂窝组织炎、溃疡性皮肤病、烫伤、烧伤等。

(2)有感染性疾病者,如骨髓炎、骨结核、化脓性关节炎、丹毒等。

(3)内外科危重病人,如严重心脏病、肝病、肺病患者,急性十二指肠溃疡、急腹症者及有各种恶性肿瘤者。

(4)有开放性软组织损伤者。

(5)有血液病及出血倾向者,如恶性贫血者、体内有金属固定物等按摩后易引起出血者。

(6)体质虚弱经不起轻微手法作用者,如久病、年老体弱的人,妇女妊娠期及月经期均不宜做腹部按摩。

(7)极度疲劳、醉酒后神志不清、饥饿及饭后半小时以内的人也不宜做按摩。

(8)诊断不明的急性脊柱损伤或伴有脊髓症者。

3．足浴

(1)足浴概述。足浴在我国有着悠久的历史,是我国古代人民在长期实践中的知识积累和经验总结,它可以促进人体脚部血液循环,达到改善脚部经络,促进人体健康的目的。

古人曾经有过许多对足浴的经典记载和描述,例如民间歌谣中有这样的表述:"春天洗脚,升阳固脱;夏天洗脚,暑湿可祛;秋天洗脚,肺润肠濡;冬天洗脚,丹田温灼。"

关于热水浴足,苏东坡曾曰:"其效初不甚觉,但积累百余日,功用不可量。比之服药,其力百倍。"又在诗中写道:"主人劝我洗足眠,倒床不复闻钟鼓。"

陆游道:"洗脚上床真一快,稚孙渐长解烧汤。"

清朝外治法祖师在《理瀹骈文》中写道:"临卧濯足,三阴皆起于足,指寒又从足心入,濯之所以温阴,而却寒也。"

俗话说:"晨起皮包水,睡前水包皮,健康又长寿,百岁不称奇。"其中,皮包水是指晨起喝水,水包皮指的是睡前洗脚。

在中国的历史长河中,更是不乏名人靠足浴养生保健的故事:唐朝一代美女杨贵妃经常靠足浴来养颜美容;宋朝大文豪苏东坡每晚都采用足浴的方式来强身健体;清朝名臣曾国藩更是视"读书""早起"和"足浴保健"为其人生的三大得意之举;近代京城名医施今墨也是每晚用花椒水来泡脚养生。可见,足浴在中华养生保健历史中占有举足轻重的地位。

(2)足浴保健原理。足浴保健疗法是足疗诸法中的一种,是通过水的温热作用、机械作用、化学作用及借助药物蒸气和药液熏洗,起到疏通奉理、散风降温、透达筋骨、理气和血,从而达到增强心脑血管机能、改善睡眠、消除疲劳、消除亚健康状态、增强人体抵抗力等一系列保健功效。足浴保健疗法又分为普通热水足浴疗法和足药浴疗法。普通热水足浴疗法是指通过水的温热作用和机械作用,刺激足部各穴位,促进气血运行、畅通经络、改善新陈代谢,进而起到防病及自我保健的效果。足药浴疗法是指选择适当的药物、水煎后兑入温水,然后进行足药浴,让药液有效成分在水的温热作用和机械作用下通过黏膜吸收和皮肤渗透进入人体血液循环进而输送到人体的全身脏腑,达到防病、治病的目的。

(3)足浴注意事项。不适合足浴的人群主要包括:严重心脏病患者;脑溢血未治愈者;足部有炎症、皮肤病、外伤或皮肤烫伤者;出血性疾、败血病等患者;对温度感应失去知觉者;严重血栓患者;孕妇;小孩(应在成人帮助下使用);对温度感应迟钝者(应控制好温度,避免烫伤)。

第三节　康乐项目服务标准

一、健身房服务标准

(一)岗前准备工作

(1)上岗前应先做自我检查,做到仪容仪表端庄、整洁、符合酒店要求。

(2)检查各种健身器械是否完好,锁扣和传动装置是否安全可靠。

(3)精神饱满地做好迎客准备。

(二)迎宾

(1)面带微笑,主动迎候客人,并请客人在场地使用登记表上签字。

(2)向客人发放钥匙和毛巾,将客人引领到更衣室。

(三)健身服务

(1)客人更衣完毕,管家应主动迎候,征询客人要求,介绍各种健身项目,主动讲清要领并做示范。

(2)细心观察场内情况,及时提醒客人应注意的事项,当客人变更运动姿势或加大运动量时,管家应先检查锁扣是否已插牢,必要时须为客人换挡。

(3)对不熟悉器械的客人,管家要热诚服务、耐心指导,必要时要以身示范。

(4)如客人需要,在其运动时可播放符合其节奏的音乐,运动间隙时,管家要主动递上毛巾,并为其提供饮料服务。

(5)客人更衣完毕,应主动征求客人意见,并及时汇报给大管家。

(6)如客人希望做长期、系列的健身运动,管家可按照客人的要求为其制订健身计划,并为客人做好每次健身记录。

(7)当客人示意结账时,管家要主动上前将账单递送给客人。

(8)如客人要求挂账,管家要请客人出示房卡并与前台收银处联系,待确认后要请客人签字并认真核对客人笔迹,如未获前台收银处同意或认定笔迹不一致,则请客人以现金结付。

(9)客人离别时要主动提醒客人不要忘记随身物品,并帮助客人穿戴好衣帽。

(四)送别客人

(1)送客人至门口并礼貌向客人道别。

(2)及时清扫场地并整理物品。

二、游泳池服务标准

(一)岗前准备工作

(1)水深标记及安全提示清晰、醒目(在显眼处张贴当地安全法规;要在游泳池边上能清楚地看见游泳池深度标志)。

(2)泳池周边保持清洁卫生、照明充足。

(3)水温舒适,不低于25℃;水质洁净、无混浊。

(4)配备专职救生人员及相应救生设施。

(5)提供数量充足的躺椅,且位置摆放合理,保养良好;室外游泳池提供数量充足的遮阳伞,且保养良好。

(二)迎宾服务

(1)热情迎接宾客。

(2)向宾客介绍游泳池的各项服务设施、位置及注意事项。

(3)为宾客办理登记手续,提供更衣柜。

(4)给予安全提示,提醒宾客保管好贵重物品。

(三)对客服务

(1)提供毛巾,及时更换用过的毛巾。

(2)应客人要求提供饮品。

(3)主动巡视服务,如有异常,及时采取相应措施。

(四)安全服务标准

(1)对有皮肤病、急性结膜炎、心脏病、癫痫病、精神病、艾滋病等患者及酗酒者、过饥者,应谢绝入池。

(2)游泳池"客人须知"中应明确公告:"饮酒过量者谢绝入内""禁止带入酒精饮料""禁止带入玻璃瓶饮料"等。

(3)提醒客人在下水前做一些准备活动。

(4)管家须受过救生训练,注意水中客人的情况,发现异常,应及时采取有效措施。

(5)泳池边备有救生圈和急救箱。

(6)提醒带小孩的客人注意安全。

(五)游泳池急救标准

(1)宾客发生意外,救生员应立即采取措施。

(2)通知相关人员,并维护现场秩序。

(3)协助宾客到就近医院。

(4)将事情发生经过和处理过程详细记录在值班日志上,以备日后查阅。

资料卡 6-1

一般受伤预案

在游泳过程中发生皮肤割伤、头部受伤、脚部等部位出血时,应采取以下措施:

如发现有人受伤,劝导其立即停止游泳,立刻扶其上岸;

清洗受伤部位;

用酒精对受伤部位进行消毒(配有药箱);

上药进行包扎;

严重时打 120 或及时送往医院;

及时向上级管理人员报告;

对家属进行慰问。

(六)游泳池溺水事故应急处理

(1)如发现有人溺水,应该立刻求援。如果溺水者并未昏迷,救生员应从溺水者的后方向其靠拢,以免被溺水者抱住,无法动弹沉入水中。如果溺水者已经昏迷,可从正面向其靠近。

(2)如果溺水者呈俯卧姿势,要轻轻地用双手夹住患者,并将其身体翻转过来,呈仰卧姿势。

(3)溺水者的颈部有可能受到损伤,因此要保护好颈部,尽力维持呼吸,必要时进行人工呼吸。

（4）将溺水者救上岸后，应尽量放在平坦的地方，使其仰卧，检查是否有脉搏和呼吸。

（5）如果溺水者嘴中有污物，导致呼吸不畅通，应将溺水者的头部侧过来，用左手的拇指和食指撑开他的嘴，右手的食指沿着脸颊内侧伸入嘴中。当手指碰到异物时，将异物取出。

（6）再次实施人工呼吸，如果水由溺水者口腔内流出来，可以让其侧卧，方便水流出。

（7）最后，擦干溺水者的身体，用较厚的布裹住其全身进行保温，再将其立即送往医院。

三、歌舞厅服务标准

（一）岗前准备工作

（1）上岗前进行自我检查，做到仪容仪表端庄、整洁、符合要求。

（2）开窗或打开换气扇通风，清洁舞厅内环境及设备。

（3）检查并消毒饮具、餐具、酒吧器具和其他客用品，若发现破损应及时更新。

（4）补齐各类营业用品和服务用品，整理好营业所需的桌椅。

（5）查阅值班日志，了解客人预订情况和其他需要继续完成的工作。

（6）最后检查一次服务工作准备情况，处于规定工作位置，做好迎客准备。

（二）迎宾

（1）领位员面带微笑，主动问候客人，并询问客人是否有预订，如有预订将客人引领至预订位置，如无预订将客人引领至客人选择位置。

（2）如客人需要脱衣摘帽，领位员要主动为客人服务，并将衣帽送至衣帽间。

（3）领位员将客人引领到合适位置，并按主宾主客的顺序为客人拉椅让座。

（三）厅内服务

（1）客人入座后，应点燃桌上蜡烛，送上面巾、歌单和酒水单，请客人点用并适时向客人介绍和推荐。

（2）在客人点用时，管家应立于客人右后侧，身体微向前倾，仔细倾听，并准确记录在酒水单和点歌单上，待客人点完后管家应主动复述一遍，以确认无误。

（3）管家收回酒水单和点歌单，并在其上面记下台号、时间和人数，将单据送至调音室和吧台。

（4）管家上酒水、果点时应用托盘，并报出酒水、果点名称。

（5）管家在客人娱乐时应注意观察舞厅四周和客人活动情况，注意桌台，发现客人酒水将用完时，主动询问客人是否添加酒水，发现烟缸内有两个以上烟蒂时要立即更换。

（6）坚持站立式服务，如客人增加消费，要随时送上点用单并做好记录。

（7）当客人示意结账时，管家要主动上前将账单递送给客人。

（8）如客人要求挂账，管家要请客人出示房卡并与前台收银处联系，待确认后要请客人签字并认真核对客人笔迹，如未获前台收银处同意或认定笔迹不一致，则请客人以现金结付。

（9）客人离别时要主动提醒客人不要忘记随身物品，并帮助客人穿戴好衣帽。

（四）送别客人

（1）管家将客人送至门口，并与领位员一起向客人道别。

(2)迅速清洁桌面,整理好桌椅,准备迎接下一批客人的到来。

四、卡拉 OK 歌厅服务标准

(一)岗前准备工作

(1)每天上班提前 5 分钟换好工作服,整理仪容,然后签到,由大管家分派工作。

(2)清理歌厅内外卫生,擦拭小餐桌、座椅、沙发,擦拭地面和其他营业用品,将桌上的饮料价目表、蜡烛、桌号签摆放整齐。

(3)调试灯光、音响设备,发现异常要及时排除或请工程部门协助维修。

(二)对客服务

(1)客人来到时,管家要主动迎接、问好,并引导客人认座,及时按客人要求提供饮料。服务过程中注意观察,加强巡视,适时补充酒水饮料。

(2)当大厅客人点歌时,歌单要及时送到音控室,由音控室按先后顺序播放。

(3)包厅客人入座时,管家要主动为客人调好音量,并讲解电脑点歌系统的使用方法。

(4)客人消费结束后,管家要主动向客人道别,然后将房间整理好。

五、保龄球室服务标准

(一)岗前准备工作

(1)上岗前做自我检查,做到仪容仪表端庄、整洁、符合要求。

(2)开窗或打开换气扇通风,清洁室内环境及设备。

(3)检查并消毒相关器具和其他客用品,发现破损及时更新。

(4)补齐各类营业用品和服务用品,整理好营业所需的桌椅。

(5)查阅值班日志,了解客人预订情况和其他需要继续完成的工作。

(6)最后检查一次服务工作准备情况,处于规定工作位置,做好迎客准备。

(二)迎宾

管家面带微笑,主动问候客人,如客人需要脱衣摘帽,管家要主动为客人服务,并将衣帽挂在衣架上,同时请客人在场地使用登记表上签字。

(三)室内服务

(1)为客人办好活动手续,并提醒客人换好保龄球专用鞋。

(2)客人换好鞋后,引领客人到选定球道,打开电脑显示器,向客人介绍活动规则和活动须知。

(3)客人选球时,管家要耐心介绍球的重量,为客人选好用球。

(4)客人娱乐时,管家要主动征询客人意见,根据客人需要及时提供饮料、面巾等服务。

(5)当客人要求陪打时,管家应礼让在先,对客人击出的好球要鼓掌示意。

(6)当客人示意结账时,管家要主动上前将账单递给客人。

(7)如客人要求挂账,管家要请客人出示房卡并与前台收银处联系,待确认后要请客人签字并认真核对客人笔迹,如未获前台收银处同意或认定笔迹不一致,则请客人以现金结付。

（8）客人离别时要主动提醒客人不要忘记随身物品，并帮助客人穿戴好衣帽。

（四）送别客人

（1）管家将客人送至门口，向客人道别。

（2）迅速整理好场地，准备迎接下一批客人的到来。

六、学会处理康乐部客人的常见疑难问题

（一）宾客在歌舞厅喝醉酒怎么办

管家在发现客人醉酒事件时，应迅速告知负责人。同时，马上停止供应酒类饮料，送上冰毛巾放在客人额头上。另外，可送上一些帮助醒酒的饮料，如橄榄汁、热茶、咖啡或糖水等，在条件允许的情况下，请他人或他的朋友帮助将醉酒客人扶入客房休息，以免影响其他客人的娱乐，适时地去关照客人，提供服务。

如果醉酒客人开始骚扰其他客人，管家应极力劝阻，若劝阻无效，可报告值班经理或请保卫部前来帮助解决处理；若客人醉酒很厉害，在力所能及的醒酒范围内无法解决，并无好转迹象，可请酒店医务室医生前来为醉酒客人就诊，必要时送客人到医院诊治，并将客人安顿好，直至有恢复迹象时，方能离开。

（二）客人请管家陪舞、陪喝酒、陪唱歌怎么办

管家应平静对待，婉言谢绝，并请示场地值班经理。值班经理应礼貌地首先向客人表示道歉，告知由于工作关系，服务人员无法抽身，且制度上不允许，并婉言告知客人不提供此项服务内容。当然，应根据现实情况判断客人的意图，灵活处理。

（三）在歌舞厅发现客人争执怎么办

管家应立即前去沉着冷静地妥善处理，可以巧妙地转移视听，协商解决，不要就事论事地加以评判。如果自己处理不了，立即报告场地值班经理和保卫部来处理，以避免酿成更大的事件，影响客人和设备的安全。事后，需记录在案、上报部门。

（四）客人出现不礼貌的行为怎么办

此类行为通常可分为两大类：一类属具有侵扰性不礼貌行为，如大声喧闹，干扰他人休息；对服务人员提出无理要求；强占设施等，具有一定的破坏性，影响营业的正常运转，干扰别的客人正常消费。对于这类行为，服务人员应报告值班经理，迅速果断地加以劝阻，严重者由保安部出面强行处理。另一类属非侵扰性不礼貌行为。此类行为大多是由于客人本身的素质，在言行举止中表现出不文雅行为，如躺在公共区域的沙发上，随地吐痰、嚼口香糖、往花盆里抖烟灰等。对于此类行为，管家应上前委婉提示，暗示正确的文明行为。

康乐部应在公共场所内，张贴《宾客须知》，将不文明行为明文列出加以劝止，在与客人交涉时，有一定的依据，以引导客人进行文明的健身娱乐活动。

（五）客人要求延长服务时间怎么办

管家首先应婉转地问清客人需延长多少时间，然后请客人稍等片刻，并请客人继续娱乐，再去报告场地值班经理或上级领导，在征得其同意后，立即告知客人答案。如果客人所需延长时间太长或要求通宵，为了不扫客人的兴致，应和客人商量妥善处理，并告诉客人合理的收费标准，并感谢他们的光临，同时欢迎他们再次光临，还可以介绍酒店其他有 24 小时

服务的场所。

（六）发现客人在娱乐场所遗留物品怎么办

管家应立即报告场地值班经理，将拾到的物品交到值班经理处，共同清点，然后放至大堂副理处，做好交接手续，迅速联系失主，及时归还。由值班经理做好整个过程的记录、备案，并将处理结果反馈给康乐部。

目标考核

初级目标考核：

选出5位同学要求根据度假型客人、商务客人的需求，为客人安排康乐活动方案，向客人介绍各项康乐活动的基本知识。

高级目标考核：

（1）由教师选一名学生作为模拟酒店管家，按康乐各岗位工作职责、服务标准和康乐活动知识进行模拟接待客人，教师示范，同时进行讲解；

（2）由学生按照岗位职责—运动知识—服务标准的步骤进行练习；

（3）教师在一旁对学生的操作进行纠正、辅导；

（4）模拟结束后，先由学生进行自我评价，然后由教师进行点评。

第七章 宴会服务技能

学习目标

◎ 初级目标：熟知宴会布置、服务的相关要求和标准。

◎ 高级目标：根据不同主题宴会进行场景、台面布置，并设计相关服务流程。

课前准备

以小组形式（每组 3~5 人）接受任务清单，自学宴会台面的类型等知识，完成任务并相互点评。

任务清单

任务清单 1：根据宴会图片判断主题类型。

现代主题宴会台面类型多样，各类主题台面的风格特点比较如表 7-1 所示。根据宴会图片（见图 7-1~图 7-10），判断其主题类型，并填入表 7-1 最后一列。

表 7-1 现代主题宴会台面

序 号	主题类型	台面风格特点	适用宴会	示 例
1	仿古宴	选取古今文化景观、著名历史人物、典型文化历史故事、经典文学著作、宫廷礼制等作为主题，仿古代名宴的餐酒具、台面布局、场景布置，礼仪规格高	红楼宴、满汉全席、孔府宴、水浒宴等	
2	风味宴	具有鲜明的民族餐饮文化和地方饮食特色。对食材进行深入挖掘，将其特色进行多样化呈现，给人以耳目一新的感受	西安饺子宴、安吉百笋宴、云南百虫宴、野菜宴、镇江江鲜宴等	
3	正式宴会	主题鲜明，政治性强，目的明确，场面气氛庄重高雅，接待礼仪严格	国宴、公务宴、商务宴、会议宴等	
4	亲（友）情宴	主题丰富，目的单一，气氛祥和热烈，突出个性以及个性化服务	洗尘接风、红白喜事、乔迁之喜、添丁祝寿、祝贺高升、毕业宴请、家庭便宴	
5	节日宴	节日气氛浓厚，注重节日习俗	适合圣诞节、元旦、春节、元宵节、国庆节、中秋节、儿童节、情人节、重阳节等	
6	休闲宴	主题休闲，气氛雅静舒适	茶宴、农家宴等	
7	保健养生宴	倡导健康饮食主题，是不同的养生方法或养生文化与饮食的融合。就餐的环境、设施与台面设计有利于客人的健康需求	健康美食宴、中华药膳宴、长寿宴等	
8	会展宴	宴会的台面设计与会展主题相符，就餐形式多种多样	各种大型会展主题宴会、冷餐会、鸡尾酒会等	

图 7-1　安吉竹之宴

图 7-2　红楼主题宴

图 7-3　壶迎天下主题宴

图 7-4　梁祝主题宴

图 7-5　龙井问茶主题宴

图 7-6　梦笔生花主题宴

图 7-7 寿宴

图 7-8 文人雅宴

图 7-9　西湖传说主题宴

图 7-10　中式婚宴

任务清单2：自选主题，设计一个主题宴会场景布置方案。

宴会场景设计原则：

1. 满足宾客需求

宾客需求是行动的最高指南。宴会场景设计时，高级宴会服务师必须树立宾客导向意识，与宴会的主办者充分沟通，充分了解对方的要求和意图，根据宴会的性质、规模、主题等有针对性地设计。

主题宴会场景布置

2. 符合主题，富于美感

宴会的主题种类繁多，宴会场景布置风格也多种多样，有中国传统风格、地方风格、少数民族风格、西洋古典风格、中世纪风格、现代风格等。只有将宴会的主题与宴会的装饰风格协调一致，才能创造出特定意境和特色的装饰环境、适应市场需求。如婚宴，要求吉庆祥和、热烈隆重，在环境布置时，要热烈、吉祥。一对龙凤呈祥雕刻，一幅鸳鸯戏水图，都会起到画龙点睛、渲染气氛、强化主题意境的作用。

3. 突出特色

宴会的特色不但体现在菜肴、服务方式等方面，宴会场景布置设计也往往给宾客留下难忘的印象。要根据宴会主题的不同，突出特色，如国宴布置要能体现民族特色，商务宴会要能体现企业特色等。

本章新知

第一节　宴会概述

现代社会生活中已离不开宴会，现代宴会是最高级的餐饮形式，也是餐饮文化的综合表现形式，所以，探讨宴会就是研究和发展餐饮文化。

一、宴会的特点及其在酒店中的重要作用

宴会不同于一般的餐饮活动，与普通的聚餐方式相比，它具有自己的特点和作用。

(一)宴会的特点

宴会具有就餐人数多、消费标准高、菜点品种多、气氛隆重热烈、就餐时间长、接待服务讲究等特点，具体表现在以下几个方面。

1. 社交性

宴会是一种重要的交际形式，往往有一定的目的。政府、社会团体、单位、公司或个人之间在交往中经常运用这种交际方式来表示欢迎、答谢、庆贺或举办喜庆餐饮活动。

2. 规格化

宴会讲究规格和气氛，宴会一般要求格调高，有气氛，讲排场，服务工作周到细致。宴会的设计、布置、灯光、音响、前后台工作等都十分讲究，要求宴会部、管事部、食品采购部、餐厅、厨房、酒水部和电器技术人员通力合作才能搞好。

3. 聚餐式

聚餐式是指用酒菜来款待集聚到一起的来宾。宴会的菜肴品种多，且在选配上有一定

的格式和质量要求,讲究色、香、味、形、器的搭配。赴宴者在席间非常注重礼节礼仪。

(二)宴会的经营特点

与一般的餐饮经营活动相比,宴会经营活动具有以下特点。

1. 营销活动的多功能性

饭店的宴会厅也叫多功能厅,一般设有大厅和单间。大型宴会厅又大多设有隔断,可以调节大小。经营活动能够满足客人的多种需求,不但可以聚餐,而且可以作为会议、谈判、音乐茶座、文艺演出、社交娱乐等场所,举办多种活动。这一特点决定了宴会管理要根据客人的需求采取灵活多样的方式。

2. 需求档次的多样性

饭店宴会以食品、饮料销售为主,其档次高低由客人的支付能力来决定。从我国饭店、宾馆宴会经营的实际情况看,高档宴会标准可以达到人均 2000～2500 元,中档宴会从几百元到千余元不等,低档宴会只有几十元或上百元。宴会管理要适应客人多层次的消费需求,广泛组织客源,并尽可能增加高档宴会销售。

3. 服务质量要求高

一般来说,出席宴会的客人身份、地位较高,对服务质量要求也高。这一特点要求宴会管理必须十分重视环境布置、台型设计、座次安排、设备配置、菜单设计和服务质量管理等各个方面的工作。

二、宴会种类

宴会的种类很多,按照宴会的菜式分,有中餐宴会和西餐宴会;按照宴会的主题分,有迎送宴会、商务宴会、喜庆宴会,及婚宴、寿宴等;按照宴会的性质分,有国宴、正式宴会、便宴和家宴等;按照宴请的形式分,有中西餐宴会、冷餐会、鸡尾酒会、茶话会等。宴会的最高表现形式是国宴。每一种宴会都有大、中、小型之分,有高、中、低档之别,现将常见的宴会形式简单介绍如下。

(一)按宴会的菜式划分

1. 中餐宴会

中餐宴会是指使用中国餐具、吃中国菜肴、采用中国式服务的宴会。除正式的招待会外,还有婚宴、寿宴等也多采用中餐宴会形式。它的特点是宴会礼遇规格高,接待隆重,多用于招待重要客人及外宾。

中餐宴会根据菜点可分为高档筵席、中档筵席、一般筵席。

2.西餐宴会

西餐宴会是按西方国家宴会形式举办的一种宴会。其特点是摆西餐台、吃西菜、用各式西餐餐具,并按西餐礼仪进行服务,席间经常送放轻音乐。

西餐宴会根据菜式与服务方式不同,可分为法式宴会、俄式宴会、日式宴会和美式宴会等。

(二)按宴会的主题划分

1.迎宾宴会

迎宾宴会是指由主办者在饭店为一些远道而来的亲朋、好友而举办的宴会。这类宴会一般情况下有以下要求。

(1)最好用单独的小厅,因为他们一般都喜欢清静,客人们在入席前想在一起促膝长谈或倾诉一些心里话。

(2)事先要在房间里为客人们准备好茶水、毛巾等。

(3)时间由客人自己掌握,不能操之过急。

(4)一般在这种情况下,主人为了显示自己的热情好客,常常会以当地的名菜、名点来招待客人,喜欢服务人员将菜点逐一向客人介绍,使主人脸上有光,客人感到亲切。

2.商务宴会

商务宴会是指专为客人建立友谊、联络感情、洽谈商务而举行的宴会。商务宴会的消费水准以中等偏上为多。有的在事先预订,有的是临时性预订。商务宴会有以下要求。

(1)在接受预订时,要了解宾主双方的特点和爱好,并在设计布置时加以体现。

(2)迎合双方共同的特点和爱好,表现双方的友谊,使协商、洽谈在良好的环境中进行。

(3)在宴会进行过程中,宾主双方往往边吃边谈,服务人员要及时与厨房联系,控制好上菜节奏。

(4)如果洽谈出现不顺利的局面,服务人员可利用上菜、分菜、送毛巾等服务,暂时转移一下双方的注意力,不使宴会出现冷场。

3.庆典宴会

庆典宴会是指企事业单位为庆贺各种典礼活动而举办的各种宴会,如开业庆典、毕业庆典、开工庆典、庆功宴会、科研成果表彰会等。这类宴会主要有以下特点。

(1)规模大,气氛热烈,事先要做充分的准备,服务程序以简洁为主。

(2)要突出庆贺的主题,往往在宴会中有简短的致辞,客人相互走动、庆贺,要注意服务的有条不紊。

4.纪念宴会

纪念宴会是指为纪念某人、某事或某物而举办的宴会,要求有一种纪念、回顾的气氛。因此,在宴会布置时有特殊要求。

(1)要有突出纪念对象的会标。

(2)餐厅或会客室要悬挂纪念对象的照片、文字或实物。

(3)在纪念宴会上可能有较多的讲话或其他活动,需及早有所准备,服务节奏要与之相配。

5.婚宴

婚宴是人们在举行婚礼时,为宴请前来祝贺的宾朋或庆祝婚姻美满幸福而举办的喜庆宴会。婚宴的特点主要有以下几点。

(1)根据我国"红色"表示吉祥的传统,在餐厅布置、台面和餐具等的选用上,多体现红色。

(2)主桌应设计得更美观一些,突出新娘、新郎的位置,桌与桌之间保持宽敞的通道,以利于新郎、新娘向来宾敬酒。

(3)婚宴的菜肴要讲究讨口彩,如"红运四喜""满地金钱""年年有余"等。

6. 生日宴会

生日宴会是人们为纪念出生日而举办的宴会,一般有祝贺小孩的满月宴、周岁宴及老年人的寿宴。生日宴会的特点主要有以下几点。

(1)场面上突出喜庆、热闹的气氛。

(2)菜点形式上要突出祝寿之意。如将冷盘装饰成松柏常青或松鹤延年,点心可以按我国的传统习惯配寿桃、寿面等。

(3)菜点质地上应以满足生日者的需要为主。如果是为老年人庆贺生日的宴会,则菜点以松软为主,在制作上尽量采用烩、扒、炖、焖的烹调方法;如果是小孩的生日宴会,还应配置一些专门适合小孩食用的菜肴。

(4)现在人们庆祝生日常常在生日宴会上再配上生日蛋糕,庆祝生日的程序也转变成中西结合的形式,如点蜡烛、吹蜡烛、唱生日歌、切蛋糕等。

(三)按宴会的性质划分

1. 国宴

国宴是国家元首或政府首脑为国家的庆典,或为外国元首以及政府首脑来访,以示欢迎而举行的正式宴会,是一种规格最高、最为隆重的宴会形式。宴会由国家元首或政府首脑主持,还有国家其他领导人和有关部门的负责人以及各界名流出席作陪,有时还邀请各国使馆的负责人及各方面人士参加,安排乐队演出。

国宴作为最高级的宴会形式有以下特点。

(1)宴会具有特殊礼仪及礼节形式,礼节礼仪特别注重。国宴的礼仪既要体现民族的自尊心、自信心、自豪感、独立自主的尊严和高度的精神文明,又要体现兄弟国家或民族之间的平等、友好和睦的气氛。礼仪要求特别严格,安排特别细致周密,到宴宾客和宴会工作人员都必须以庄严的风度、彬彬有礼的举止出现在宴会厅中。

(2)宴会厅的环境与气氛。国宴从宴会厅环境到宴会乐队、参加宴会人员和服务人员的服装、言谈风度,都必须显示出隆重的气氛。国宴厅内悬挂国旗、会标,绿化环境,厅内要求格局豪华、庄严隆重。

(3)国宴程序。国宴有别于其他宴会的程序主要有:安排乐队演奏两国国歌及席间乐,席间致辞或祝酒。

(4)桌面设计要选用具有本国特色的餐具,按照本国宴会的特点铺台摆位。

(5)菜肴、点心、酒、饮料以及水果等,也应具有本国的特点。

2. 正式宴会

正式宴会一般是指在正式场合举行的、十分讲究礼节程序而且气氛较隆重的大型宴会。这种形式除不挂国旗、不奏国歌,以及出席者规格低于国宴外,其余的安排大致与国宴相同,宾主都按身份排位就座。许多国家的正式宴会十分讲究排场,在请柬上注明对客人服务的要求。

外国人对宴会服饰比较讲究,往往从服饰规定来体现宴会的隆重程度。对餐具、酒水、菜肴道数、陈设以及服务员的装束、仪态都要求得很严格。

3．便宴

便宴是非正式宴会,这类宴会形式简便,不拘规格,可以不排座位,不作正式讲话,菜肴道数亦可酌减。常见的有午宴、晚宴,有时也有早上举行的早餐。西方人的午宴更为简便,有时不上汤,不上烈性酒。

便宴较随便、亲切、轻松自由,宜用于日常友好交往,但便宴的轻松和自由仍不失以高度的精神文明作为基础。虽然便宴的礼仪要求比较简单,但决不等于不要礼仪和风度,只是这类宴会没有特定的主题和较为重要的背景,只要与宴者达到心情舒畅即可。

4．家宴

这是在家中进行的私人宴请,在外交场合中不多见。在家中设便宴招待客人,西方人喜欢采用这种方式,以示亲切友好。家宴属自我服务的一种形式,礼仪不可缺,礼节可从简,家宴往往由主妇亲自下厨烹调,家人共同招待,以示乐趣。最近几年,我国也兴起在家里以私人名义宴请外国来宾,如邓小平就曾在家里宴请过美国总统里根夫妇。

（四）按宴会的形式划分

1．冷餐酒会

冷餐酒会是宴会的一种形式,与其他宴会相比有以下特点。

(1)举办地点比较随意。冷餐会既可在室内,又可在院子里,也可在花园里举行。

(2)举办形式。这种宴会形式的特点是不排座位,不设主宾席,也没有固定的座位,通常采用通长桌,也可以设小桌、椅子,宾客自由入座,也可以不设座椅,站立进餐,参加宴会者比较自由。

(3)菜点形式。菜肴以冷食为主,亦可上热菜。一般事先把菜肴和点心摆在桌上,供宾客自取。客人可自由活动,可以多次取食。酒水可陈放在桌上,也可由招待员端送。

(4)举办时间。一般在中午12时至下午2时,或下午5时左右。

(5)规格与规模。根据主客双方的身份,举办冷餐酒会的规格、隆重程度可高可低,根据参加人数规模有大有小。

这种宴请形式,常用于庆祝各种节日,欢迎代表团访问,以及各种开幕、闭幕典礼,文艺、体育演出,比赛前后,国际国内大型学术研讨会等,近年来,国际上举行大型活动采用冷餐酒会的形势渐趋普遍。

我国举行的大型冷餐酒会,用于宴请人数众多的宾客,通常用大型圆桌,主宾席排座,其余各席不固定座位,食品与饮料均事先放在旋转桌上,冷餐会宣布开始后,自动进餐。

2．鸡尾酒会

鸡尾酒会是冷餐酒会的一种形式,盛行于欧美。这种宴会有以下特点。

(1)提供的招待品:以酒水为主,略备小食,如三明治、小串烧、炸薯片等。

(2)酒会形式:不设座椅,仅置小桌或茶几,设有主宾席,宾客站着进餐,随意走动,对主人、客人都很方便,而且酒会的请柬往往注明整个活动延续的时间,客人可在酒会期间任何时候到达或退席,来去自由,不受约束。

(3)酒会举行的时间:酒会举行的时间较为灵活,中午、下午、晚上均可,主办者根据需要,可放在下午3:00—4:00举行,作为晚上举行大型中西餐宴会、庆功宴会、国宾宴会的前奏活动。

(4)用途：作为大型宴会的前奏活动，又可用于举办记者招待会、新闻发布会、签字仪式等活动。

3. 茶话会

茶话会属座餐式，是一般社团、单位在节假日或需要之时而举行的一种以饮茶、吃水果点心为主的欢聚或答谢的宴会形式，是一种非常简便的招待形式。与其他类型的宴会相比，茶话会有以下特点。

(1)举行的时间。举行的时间非常随意，一般安排在非正餐时间。

(2)茶话会通常设在客厅，不用餐厅，不排座位。但如果为某贵宾举行的活动，入座时，应有意识地将主宾同主人安排坐到一起，其他人随意就座。客厅应布置得幽静、高雅、整洁，给人耳目一新的感觉。茶会，顾名思义是请人喝茶，略备茶点，因此对茶叶、茶具的选择要因时、因事、因地、因人而异，要有所讲究，或具有地方特色，一般用陶瓷器皿，不用玻璃杯，更不能用热水瓶代替茶壶。

一般而论，春、夏、秋季举行茶会用绿茶，冬季举行茶会用红茶，招待欧美宾客用红茶，招待日本及东南亚宾客用绿茶。招待外国人的茶会，一般略备点心或地方风味小吃，也有不用茶而用咖啡者，其组织安排与茶会相同。

国内招待宾客的形式，近年来已由宴会向茶会方面过渡，如重大节日、招待离退休老干部等活动，也多被茶会形式所取代，清茶一杯，忆旧迎新，十分高雅。

(五)按宴会的规模划分

1. 大型宴会

一般把 15 桌以上的宴会称为大型宴会，大型宴会不仅人数多，而且宴会举办者的要求也比较多，要有主持人讲话，气氛也较为热烈。

2. 中型宴会

一般情况下将 10～15 桌的宴会视为中型宴会。

3. 小型宴会

通常把 10 桌以下的宴会称为小型宴会。

(六)按宴会的特色划分

1. 仿古式宴会

仿古式宴会是将古代非常有特色的宴会与现代文化相融合而产生的宴会形式。我国历代积累的宴会形式和宴会礼仪，对当今宴会的发展仍有重要参考和借鉴价值，对古代宴会的挖掘、整理、吸取、改进、提高、创新，可以增加宴会的花色品种，吸引国外游客，传播中华文化。如西安试制的"仿唐宴"，济南、北京制作的"仿孔宴"，江苏推出的"红楼宴"等都是一种有意义的尝试，受到了国内外宾客的广泛欢迎。随着宴会的发展，还将会出现"祝酒曲""进食曲"或"宴席曲"等伴宴音乐，以提高宴会的文化气氛。再如，满汉全席曾被我国许多地区甚至日本纷纷仿效和改造，既吸取了古代满汉全席的精华，又融入了当代最新的宴会技术成果，创造出新型满汉全席，深受各国人民的欢迎。

2. 风味式宴会

风味式宴会就是将某一地方的特殊风味小吃,用宴会形式加以包装、改造,使其成为宴会的一种形式。如西安的饺子宴,就是在考察、研究全国各地及相关面点食品的基础上,创新的一种以饺子为主体、辅以冷菜组合而成的各种档次的宴会。自问世以来,由于宴会内容新颖、品种丰富、风味独特而脍炙人口,倍受欢迎。除获得国内各界人士好评外,还得到国际友人的赞许。

三、宴会预订

宴会部受理预订,是宴会组织工作的第一步。预订工作做得好与坏,直接影响到菜单的编制、场地的安排以及整个宴会活动的组织与实施。因此,宴会部或饭店销售部应设预订专门机构和岗位,建立完善的制度,并积极掌握市场动态,从而推动宴会的销售。

(一)宴会预订的基本内容与方式

1. 宴会预订的基本内容

宴会预订业务从客人提出宴会预订开始,到宴会部确认预订,包括以下三方面基本内容:①回答客人有关的各种问询;②接受宴会预订;③发送宴会预订确认书。

2. 承接宴会预订的组织

负责宴会预订的部门或人员因饭店和宴会部的规模与组织机构的不同而不同,大型饭店宴会部可以下设专门的预订部和专职预订人员,中小型饭店可以将预订工作安排在宴会部办公室,由专职或兼职人员来具体完成预订任务。其组织形式主要有以下几种。

(1)宴会预订部。大型、豪华饭店的宴会部一般可以根据需要设立专门的宴会预订部,具体负责宴会的预订工作。

(2)销售部。规模较大的饭店通常设有销售部,其中的职能之一是推销宴会服务。销售部比较适合于承担提前较长时间的宴会预订,而且销售部一般只负责预订,不直接参与宴会服务。

(3)餐饮部。规模不大的饭店,其餐饮部都有推销宴会的功能,以服务带销售,这适合于短期预订或小规模的宴会。

(4)销售部与餐饮部。有些饭店的餐饮部和销售部均有推销的功能,这要求做好二者之间的协调工作。

所有宴请活动的承接可以由销售部和宴会部负责,但无论如何,宴请活动的最后确认和宴会部的安排要由宴会部经理执行。

3. 宴会预订的方式

宴会预订的方式是指客人与宴会预订有关人员接洽联络,沟通宴会预订信息的过程。宴会预订的方式多种多样,主要有以下几种。

(1)电话预订。电话预订是宴会部与客人联络的主要方式。主要用于接受客人询问,向客人介绍宴会有关事宜,为客人检查地点和日期,核实细节,确定具体事宜。预订部门为了争取主动,应约定会面时间当面交谈。现代化大型饭店必要时可用电话和传真与客户联络销售产品。

（2）面谈。面谈是进行宴会预订较为有效的方法。面谈也要通过电话来约定会面时间和地点。销售员或预订员与客户当面洽谈讨论所有的细节安排，解决客户提出的特殊要求，讲明付款方式等。在进行面谈时，要详细记录填写预订单和联络方法。

（3）信函。信函是与客户联络的另一种方式，主要用于促销活动，回复客户询问，寄送确认信，适合于提前较长时间的预订。收到客户的询问信时，应立即回复客户询问的在饭店举办宴会、会议、酒会等一切事项，并附上饭店场所、设施介绍和有关的建设性意见，事后还要与客户保持联络，争取客户在本饭店举办宴会活动。此后，便可以通过信函或面谈的方式达成协议。

（4）登门拜访兼预订的方式。这是饭店销售部采用的重要的推销手段之一。这是指宴会推销员登门拜访客户，同时提供宴会预订服务。这样，既宣传并推销了饭店产品，达到扩大知名度、促进销售的目的，又可以为客户提供方便。

（5）中介人代表客户向宴会部预订。中介人是指专业中介公司或本单位职工。专业中介公司可与饭店宴会部签订常年合同代为预订，收取一定佣金。本单位职工代为预订主要用于饭店比较熟悉的老客户，客人有时委托饭店工作人员代为预订。

（6）指令性预订。政府机关或主管部门在政务交往或业务往来中安排宴请活动，而专门向直属饭店、宾馆宴会部发出预订的方式。

4．宴会预订的立卷建档

不论哪种宴会，宴会预订一般都要立卷建档。它具体包括以下几项内容。

（1）建立宴会预订卷。把所有预订的宴会归在一起，按预订日期的先后顺序排列，包括宴会时间、宴会活动名称、宴会举办单位、宴会规格、宴会活动地点等。

（2）建立宴会执行卷。当宴会预订确认后，就要按预订合同的有关要求来准备，建立宴会执行卷。

（3）建立有关宴会活动的资料卷。对举办宴会的团体或单位，按团体名称的字母顺序或笔画先后排列，收集有关信息、资料，准备宴会时间、地点、方式及结果等，建立尽可能详细的有关宴会活动的资料卷。

（二）宴会预订的程序

正规的宴会预订应遵循先回答客人有关各种询问，然后接受宴会预订，最后发送宴会预订确认书的顺序。

1．回答客人有关宴会的各种问询

预订人员在接受客人询问前，必须详细掌握有关宴会部可供选择的宴会厅、菜单、价格等资料。当接到宴会预订后，立刻检查宴会厅的适用性和预订的可行性，并核查宴会预订卷的有关记录，然后回答客人的各种问询。

（1）回答客人有关问询的内容

①宴会厅是否有空；

②宴会的菜肴、饮料以及宴会厅的费用；

③宴会菜肴的内容；

④宴会主办单位提出的有关宴会的设想以及在宴会活动安排上的要求能否得到满足；

⑤宴会厅的规模及各种设备情况；

⑥中西餐宴会、酒会、茶话会的起点标准费用；

⑦高级宴会人均消费起点标准；

⑧大型宴会消费金额起点标准；

⑨各类宴会的菜单和可供变换、替补的菜单；

⑩不同费用可供选择的酒单；

⑪不同费用标准的宴会,饭店提供的服务规格；

⑫不同费用标准的宴会,饭店可提供的配套服务项目；

⑬不同宴会的场地布置、环境装饰和台形布置的实例图；

⑭饭店所能提供的所有配套服务项目及设备；

⑮宴会中主要菜点和名酒的介绍及实物彩色照片；

⑯宴会预订金的收费规定；

⑰提前、推迟、取消预订宴会的有关规定。

为了给客人的问询以迅速准确的回答,宴会预订员应该熟悉本饭店所有宴会厅的设备、设施的各种功能(包括面积、平面形状、朝向),有关宴会菜肴及饮料的知识,餐桌摆放的形式,各种费用价格等情况,这些是宴会预订员必须具备的起码知识。

(2)宴会预算单

大型宴会的主办单位为了编制预算,或希望将宴会预算控制在某个范围内,大多要求饭店提供宴会预算单。在宴会问询阶段,客人就可能问及宴会预算的经费问题,所以有时在问询阶段就要向客人提供宴会预算单(见表7-2)。

表 7-2 宴会预算单

_____ 先生/女士 宴会时期：_____ 年 ___ 月 ___ 日

费用项目	数 量	价 格	金 额	备 注
菜肴				
饮料				
宴会厅费用				
餐桌装饰花				
(1)小计				
印制菜单费				
席间节目费				
开瓶费				
设备费				
(2)小计				
(3)合计＝(1)＋(2)				
(4)税金＝(3)×____%				
(5)服务费＝(1)×____%				
共计＝(3)＋(4)＋(5)				

2. 接受宴会预订

如果确定宴会预订可行,无论暂时性确认,还是确定性确认,都要一式两份填好宴会预算单,一份为存根,一份送到销售部通知预订确认。接受宴会预订主要是通过填写宴会预订单来完成。

(1)宴会预订单的内容

①宴会主办单位或个人;

②宴会主办单位或负责人头衔、地址、电话;

③宴会类型;

④宴会日期及宴会开始时间;

⑤出席人数;

⑥付款方式;

⑦预订金额(一般为总费用的 10%～15%);

⑧宴会各项费用开支和总计金额;

⑨宴会形式及宴会厅布置。

(2)宴会预订单的类型

宴会部或宴会的规模、档次、风格以及管理方法不同,宴会预订单的内容也有所不同。下面以综合性宴会预订单为例进行简单介绍。

综合性宴会是指以宴请形式开展多种交流活动的宴会,一般规模较大,牵涉面广,不易组织协调,为此,这种宴会的预订单内容应该更加详细具体(见表 7-3)。

3. 宴会预订的确认

承接了客人的宴会预订,并填写好宴会预订单后,应在宴会预订控制表上做好记录,必须经过所涉及的其他部门和主办人的确认后,才能算作完成宴会预订的整个工作。宴会预订的确认可分为暂时性确认和确定性确认。

(1)暂时性确认

宴会预订仅仅填完宴会预订单而未得到所涉及的其他部门和主办人的确认,就算作暂时性确认。包括以下几种情况:

①客人对宴会尚未作最后决定,仍在询问或了解宴会情况阶段,如不及时预订,宴会厅到时不一定会有空档;

②宴会已经确定,而在费用和宴会厅地点上客人仍在进行比较和选择;

③客人希望的宴会日期或时间因有其他预订,无法最后确定其他日期或时间。

无论是哪种情况,预订人员有责任帮助客人,尽量排除不利因素的干扰,尽快把宴会预订确认下来。

表7-3　宴会预订单

编　　号			
宴会名称		预 订 者	
地　　址		联系电话	
宴请时间	由＿＿＿＿至＿＿＿＿	星期/日期	
宴会类别		宴会场地	
菜单价格		饮料价格	
预订人数		最低人数	
订　　金		其他费用	
租　　金		结账方式	
注意事项			
预订单发送日期		发送人	

菜单与临时酒吧：

宴会厅布置：

宴会指示牌：

台型摆放：

布件：

花草：

工程装潢：

宴请设备要求：

□签到台	□演讲台	□麦克风	□黑　板
□文　具	□会议桌	□摄影机	□电　视
□录像机	□幻灯机	□电影机	□银　幕
□射　灯	□表演台	□舞　池	□音　响
□台　花	□照相员	□指示板	

发送部门	□前　厅　□总　机　□总经理室　□财务部　□工程部　□客房部　□餐饮部
	□安全部　□酒　吧　□厨　房　□行李部　□公关部　□采购部　□宴会部

（2）确定性确认

在填写完预订单后，如果得到了所涉及的有关部门或主办单位和个人的确认，就是确定性确认。在办好宴会预订承接手续后，还应填写宴会预订确认书送交客人，确认书可摘录宴会预订单上的有关项目，内容一般包括：

①宴会名称；

②宴会日期和起止时间；

③宴会厅名称；

④宴会人数、宴会预算及其他。

资料卡 7-1

宴会预订确认书

_____先生(女士):

承蒙惠顾,不胜感谢。

所订宴会正在按下列预订要求认真准备,如有不妥之处或新的要求,请随时提出,我们愿为您竭诚服务。

　　　　　　　　　　××饭店　　宴会经理:×××

　　　　　　　　　　　　　　　联系电话:××××××××

1. 宴会名称:_____

2. 宴会日期及时间:_____年_____月_____日　(星期_____)

　　　　　　　　早:_____时_____分至_____时_____分

　　　　　　　　中:_____时_____分至_____时_____分

　　　　　　　　晚:_____时_____分至_____时_____分

3. 宴会人数:_____

4. 宴会形式:_____

5. 宴会预算:_____

6. 宴会厅名称:_____

7. 其他:_____

_____

_____

_____

(3)宴会合同书的签订

一旦宴会活动得到确认,经过协商得到顾客认可的菜单、饮料单及其他细节的资料,应以确认信的方式迅速送交顾客。在一般情况下,可以将一张"宴会合同书"连同要求付订金的通知一道寄送给顾客。预订金的数额要由负责财务的主管决定,并得到宴会经理的批准。当宴会合同签完收到后,应在宴请活动簿上注明,所收到的订金应与合同书一道交财务部。宴会经理要负责填制"宴会活动计划单"并分发到所有有关部门。

资料卡 7-2

宴会合同书

本合同由××饭店(地址)_____

和××公司(地址)_____

为举办宴请活动,所达成具体条款如下:

活动日期_____星期_____活动时间_____

地点_____预计人数_____最少出席人数_____

座位安排＿＿＿＿＿＿＿＿＿＿＿＿＿＿＿＿＿＿＿＿＿＿＿＿

菜单计划＿＿＿＿＿＿＿＿＿＿＿＿＿＿＿＿＿＿＿＿＿＿＿＿

　　　　＿＿＿＿＿＿＿＿＿＿＿＿＿＿＿＿＿＿＿＿＿＿＿＿

酒水饮料＿＿＿＿＿＿＿＿＿＿＿＿＿＿＿＿＿＿＿＿＿＿＿＿

娱乐设施＿＿＿＿＿＿＿＿＿＿＿＿＿＿＿＿＿＿＿＿＿＿＿＿

招牌＿＿＿＿＿＿＿＿＿＿＿＿＿＿＿＿＿＿＿＿＿＿＿＿＿＿

其他＿＿＿＿＿＿＿＿＿＿＿＿＿＿＿＿＿＿＿＿＿＿＿＿＿＿

结账事项：

价格＿＿＿＿＿＿＿＿＿＿＿＿＿　场地租金＿＿＿＿＿＿＿＿

其他费用(细列)＿＿＿＿＿＿＿＿＿＿＿＿＿＿＿＿＿＿＿＿

预订订金＿＿＿＿＿＿＿＿＿＿＿＿＿＿＿＿＿＿＿＿＿＿＿＿

说明：

背面的各项条款作为本合同的一部分已得到顾客的阅读、理解和接受，否则将注明。

宴请活动所有酒水应在本宴会厅购买。

大型宴会预收10％订金。

所有费用在宴会结束时一次性付清。

顾客签名＿＿＿＿＿＿＿＿　　饭店经手人签名＿＿＿＿＿＿＿

日　　期＿＿＿＿＿＿＿＿　　日　　　　期＿＿＿＿＿＿＿

(注意：在该合同的背面，要详细地列明如下内容：合同双方的名称、地址、时间、详细的价目表、付款的方式、订金的原则、饭店的责任、顾客的权利与责任以及各项注意事项，要求详细具体、用词准确。)

宴会合同一式五联：

一联：顾客保存　　二联：顾客签名后回收　　三联：成本控制员

四联：宴会销售联　五联：宴会部经理

4. 宴会预订的程序

宴会预订的方式有很多，因此预订的程序也存在着差异。宴会预订的程序主要有：

(1)客人来店面谈，交纳订金的预订程序

客人提出预订→饭店受理预订→客人选定菜单→填写宴会预订表→询问具体要求→客人交纳订金→开出宴会订单→排入宴会预定计划。

(2)客人用信函、电传或间接方式，不能当场收取订金的预订程序

接到Fax(传真)预订要求→给客人详细的反馈→客人二次Fax预订→填写宴会预订表→排入宴会预定计划。

(3)政府指令性预订程序

政府指令性的预订→上报菜单进行反馈→排入宴会预定计划。

第二节　主题宴会设计

一、氛围设计

(一)色彩与灯光

色彩是宴会场景设计的重要因素和表现手法。不同主题的宴会对色彩的要求也有很大的不同。比如,圣诞主题宴会,应以金色、白色、红色为永恒的色调,突出圣诞文化和欢乐气氛;在中式婚宴设计中,红色作为中国人心中的吉祥喜庆色彩,给新人和来宾以幸福美满的喜悦感。色彩的混色效果可引起人对物体的形状、体积、温度、距离上的感觉变化,这种变化往往对宴会厅场景设计效果有着决定性的影响。

当人们看到或听到一种色彩的时候,经常会联想到曾经看到的某一个物品、听到的某一件事情的描述或是曾经回想的某一个情景,这些有的会给人们带来积极的影响,有的则会带来消极的影响。色彩能够直接影响到人的情绪,让人快乐或悲伤。因为人们的年龄、性别、所受教育、所处环境、生活经历、风土人情等方面的差异,导致对色彩的感性认识不同,进而产生具有共通性和差异性的联想,其象征的意义也就有所不同。但一般来说,色彩情感的联想是有共通性的。色彩的联想是指看到色彩时会想到相关的人或事物等,是由色彩所引发出来的具体想象;色彩的象征就是指看到色彩所引发的联想,由所联想到的事物、所表现的某种特殊意义而产生的一种抽象的想象(见表 7-4)。

表 7-4　色彩的联想与象征

色　彩	色彩的联想	色彩的象征
红	太阳、火焰、红旗、鲜血、消防栓、红十字等	喜庆、热烈、警示、愤怒、冲动、炎热、躁动等
橙	柑橘、夕阳、枫叶、古老的建筑、哈密瓜等	温暖、美味、健康、青春、暴躁、傲慢、固执等
黄	向日葵、柠檬、香蕉、烛光、星星、黄金等	光明、兴旺、辉煌、财富、猜疑、任性等
绿	森林、草原、军装、新鲜蔬菜、西瓜等	希望、生命、和平、健康、青涩、不成熟等
蓝	天空、江河湖海、山川、宇宙等	清凉、庄严、知性、沉着、遥远、冷漠、忧郁等
紫	葡萄、紫罗兰、薰衣草、紫藤、丁香等	神秘、高贵、浪漫、女人味的、嫉妒、悲伤等
黑	深夜、煤炭、乌鸦、丧服、浓墨等	肃穆、庄重、沉稳、绝望、孤独、罪恶等
白	雪、白云、棉花、珍珠、白兔、牛奶等	干净、纯洁、神圣、正义、冷酷、寒冷、死亡等
灰	阴雨、混凝土、灰土、阴暗的天空等	平凡、低调、沉默、优柔寡断、不明朗、荒废等

灯光照明是室内的重点装饰,起着控制整个室内空间气氛的作用。良好的灯光照明设计可以创造和强化宴会环境气氛、情调,突出装饰美化功能和食品展示效果。

(二)宴会背景音乐

宴会背景音乐设计是通过声音的传播影响宾客的心理,可以产生对宴会预期的遐想意境,其音量的大小控制在以不影响两人对面轻声交谈为宜。

背景音乐所表现出来的民俗风情、自然景色、精神内涵、历史文化是其他表现形式无法替代的。例如,国宴上乐队演奏的两国国歌,婚宴上的《婚礼进行曲》,生日宴会上的《祝你生日快乐》,春节宴会上选用的《步步高》《喜洋洋》等。另外,背景音乐要与宴会的进程相一致,如迎宾时的《迎宾曲》、祝酒时的《祝酒歌》和送客时的《欢送进行曲》。

(三)舞台背景

舞台背景要结合宴会主题,与会务方确定背景图案,结合色彩与灯光渲染宴会气氛。舞台背景的样式有静态的立架喷绘、屏风、帷幔和动态的 LED 显示屏等,色彩要能与主题搭配协调一致。

(四)确定绿化装饰

绿化装饰区域一般是在厅外两旁、厅内入口、楼梯进出口、厅内的边角或隔断处、话筒前、花架上、舞台边沿等,宴会餐台上常根据需要布置鲜花。宴会花景的布置,不仅要考虑到鲜花所包含的寓意,还要综合考虑色彩的搭配与宴会主题相符。

盆栽品种可供选用的有盆花、盆果、盆草、盆树、盆景等几种。一般来说,喜庆宴会可选用盆花,以季节的代表品种为主,形成百花争艳的意境,以示热烈欢快的气氛。如典雅可多用观赏植物,如文竹、君子兰。至于阔叶植物如棕榈、槐树以及苍松、翠柏之类,其树形开阔雄伟,点缀或排列在醒目之处,亦能增加庄重的效果。宴会餐台排列较松散时,可用盆栽点缀。选用盆花时还要考虑各国各地习俗对花的忌讳,如日本忌荷花、意大利忌菊花、法国忌黄色花等。

(五)确定标志

标志是指宴会中使用的横幅、徽章、标语、旗帜等,是表现宴会主题最直接的方式。高档宴会要根据宴会的性质、目的及承办者的要求来设计标志。例如,国宴就要悬挂主客双方的国旗,菜单上要印国徽;婚宴上可悬挂大红喜字或龙凤呈祥图案等。

二、餐台的台面布置

(1)台布和台裙的装饰。台布、台裙的颜色、款式的选择要根据宴会的主题和主题色调来确定。台裙常选择制作好的成品台裙,也可以根据实际需要,选择丝织或其他材料。

(2)餐具的选择和搭配。餐具的选择和搭配,要根据宴会主题和酒店实际状况选用适当的餐具,强化宴会主题氛围。

(3)餐巾折花造型。要与宴会的其他要素色调和谐一致,突出主题,渲染宴请气氛。同时宴会规模大小也会影响餐巾折花的选择,一般大型宴会采用简单、快捷、挺括的花型,小型宴会可选择较为复杂的花型。主桌应该与其他桌有区别,应更加突出、更加精美。无论选择任何花型,都要整齐美观、便于识别、方便清洁。切记不能出现赴宴者忌讳的花型。

(4)花台造型。要根据不同类型的宴会,设计出不同的花型,即美化环境又增加宴会和谐美好的气氛。布置花台要根据主题立意,选择花材,设计造型。采用谷物和其他物品设计花台也可以达到良好的效果。

(5)餐椅装饰。餐椅的主要功能是供宾客就座之用。它一般相对比较固定,而设计师经常采用椅套改变其色调与风格,使其与整体相协调。

(6)主桌台面布置。在台布、椅套、餐巾折花及餐具配备、花台造型上面都要有别于副桌,布置上要能突出主桌的规格和档次,可根据宴会的季节来设计,例如春桃、夏荷、秋菊、冬梅。

三、菜单、酒水设计与搭配

(一)宴会菜肴的设计

高档宴会对宴会菜单的设计包括菜名设计、菜点设计和装帧设计。

1. 菜名设计

通过好的菜名,能让一些简单的菜点成为一种思想情感交流的工具,一种文化、艺术的载体,使这些普通的菜点具有良好的审美价值和"语言"功能。如婚宴菜单中的"花好月圆""鸳鸯戏水""鸟语花香""珠联璧合""百合莲心",其菜名寓意夫妻的和睦恩爱,体现了人们的美好祝愿,给人一种喜悦的遐想和享受。宴会菜名的设计,必须根据宴会的性质、主题,采用寓意性的命名方法,使其主题鲜明,寓意深刻,富有诗意。

2. 菜单设计

菜点设计是菜单设计的核心。宴会菜单的设计要点如下:

(1)了解宾客,投其所好,以宾客的需求为导向。宴会菜单是供宾客使用的,用好宴会菜单是使宾客宴请达到目的一种手段,所以宴请菜单设计一定要了解主办单位或个人举办宴会的意图,掌握其喜好和特点,并尽可能了解参加宴会人员的身份、国籍、民族、宗教信仰、饮食嗜好和禁忌,从而使我们设计的菜单满足宾客的爱好和需要。

(2)合理搭配,富于变化,还要有创新性。宴会菜单如同一曲美妙的乐章,由序曲到尾声,应富有节奏和旋律。因此,在设计菜单时,应注意冷菜、热菜、点心、水果的合理搭配;注意菜点原料、调味、形态、质感及烹调方法的合理搭配;注意营养成分的合理搭配,达到合理营养,平衡膳食。

3. 菜单装帧设计

菜单装帧主要体现在制作菜单的材料、形状、大小、色彩、款式及印刷和书写等方面。在字体样式和大小上,应以适宜目标客源阅读为主要根据。比如儿童菜单,可选用幼稚活泼的卡通字;若是寿宴菜单,可选择古老的隶书;若是正规宴会菜单,则宜选用端庄的字体。菜单上的标准色宜淡不宜浓,宜简不宜多,否则会影响阅读效果。菜单材质、款式的选择,则应体现别致、新颖、适度的准则,如扇形、卷轴形等。

(二)酒水设计与搭配

酒水的档次与宴会的档次相一致,如国宴上选用茅台。酒水的来源与宴会席面的特色相一致,一般中餐宴会选用中国白酒、黄酒、啤酒、饮料等。西餐宴会选用外国酒,如葡萄酒、鸡尾酒等。酒水搭配与宴会对象相一致,女士多选用无酒精饮料或低度酒。黄酒饮用需要根据宾客喜好,可添加冰糖、话梅、姜丝、枸杞、鸡蛋等。

第三节　宴会接待技能

目前,在饭店举行的多为中餐宴会,即按照中式服务方法和传统礼节进行服务,供应我国富有民族色彩和地方特色的名菜名点,使用中式餐具,饮用中国名酒。

中餐宴会服务可分为四大环节:宴会前的组织准备工作、宴会时的迎宾服务、宴会中的就餐服务和宴会的收尾结束工作。

一、宴会前的组织准备工作

(一)掌握情况

接到宴会通知单后,餐厅管理人员和服务员应掌握与宴会有关的下列内容。

(1)"八知":知台数、知人数、知宴会标准、知开餐时间、知菜式品种及出菜顺序、知主办单位或房号、知收费办法、知邀请对象。

(2)"三了解":了解风俗习惯、了解宾客生活忌讳、了解宾客特殊需要。如果是外宾,还应了解国籍、宗教、禁忌和口味特点等。

(3)对于规格较高的宴会,还应掌握宴会的目的和性质、宴会的正式名称、宾客的年龄和性别;有无席次卡、席卡;有无音乐或文艺表演;有无主办者的指示、要求、想法;有关司机接待方式;等等。

(4)管理人员根据上述情况,按宴会厅的面积和形状设计好餐桌排列图,研究具体措施和注意事项,做好宴会的组织工作。

(二)明确分工

(1)规模较大的宴会,要明确总指挥人员,总指挥在准备阶段,要向服务员交任务、讲意义、提要求,宣布人员分工和注意事项。

(2)在人员分工方面,要根据宴会要求,对迎宾、值台、传菜、供酒及衣帽间、贵宾室等岗位,都要有明确分工,都要有具体任务,将责任落实到人。

(3)做好人力、物力的充分准备,要求所有服务人员思想重视、措施落实,保证宴会善始善终。

(三)宴会布置

1. 场景布置

中国的美食从来都讲究进餐环境的气氛和情调,因而在场景布置方面,应根据宴会的性质和规格的高低来进行,要体现出既隆重、热烈、美观大方,又具有我国传统的民族特色。

(1)举行隆重大型的正式宴会时,一般在宴会厅周围摆放盆景花草,或在主席台后面用画屏、大型青枝翠树、盆景等进行装饰,用以增加宴会的隆重盛大、热烈欢迎的气氛。

(2)一般的婚宴或寿宴,应在饭店大堂设欢迎性指示牌,在靠近主台的墙壁上挂"喜"字或"寿"字,两旁贴对联。

(3)中餐宴会通常要求灯光明亮以示辉煌,但国宴和正式宴会则不要做过多的装饰,而要突出严肃、庄重、大方的气氛。

(4)宴会厅的照明、音响要有专人负责,宴会前必须认真检查一切照明设备及线路,保证不发生事故。宴会期间要有工程人员值班,一旦发生故障即刻组织抢修。

(5)正式宴会设有致辞台,致辞台一般放在主台的后面或右侧,装有麦克风,台前用鲜花围住。扩音器应有专人负责,事前要检查并试用,防止发生故障或产生噪音。临时拉设的线路要用地毯盖好,以防发生意外。

(6)国宴活动要在宴会厅的正面悬挂两国国旗,正式宴会应根据外交部规定决定是否悬挂国旗。国旗的悬挂按国际惯例以"右为上、左为下"为原则。由我国政府宴请来宾时,我国的国旗挂左方,外国的国旗挂右方;来访国举行答谢宴会时则相互调换位置。

(7)宴会厅的室温注意保持稳定,且与室外气温相适应。一般冬季保持在 18～20℃,夏季保持在 22～24℃。

2. 台型布置

中餐宴会的餐台一般使用直径 180 厘米的圆桌和玻璃转盘。转盘要求型号、颜色一致,表面清洁、光滑、平整。餐椅为宴会厅色调一致的金属框架软面型的,通常 10 张一桌。宴会餐桌标准占地面积一般每桌为 10～12 平方米,每客约占 1.5 平方米,桌与桌之间的纵距一般应有 2 米,横距一般应有 1.5 米;排列较紧的纵距不应少于 1.5 米,横距不应少于 1.2 米。大型宴会主宾席或主宾席区与一般来宾席之间的横向通道的宽度应大于一般来宾席桌间的距离,以便主宾入席或退席。

桌次一般采取"中心第一、先右后左、高近低远"的原则予以安排。

"中心第一"是指布局时要突出主桌,主桌放在上首中心,以突出其设备和装饰,主桌的台布、餐椅、餐具的规格应高于其他餐桌,主桌的花坛也要特别鲜艳突出;"先右后左"是国际惯例,即在与主桌距离相等的情况下,主桌右边的席位高于左边席位;"高近低远"是指按被邀请宾客的身份安排座位,身份高的离主桌近,身份低的离主桌远。

以 10 人一桌的正式宴会为例:主人的座位通常设于面向厅堂主入口的位置,副主人与主人相对而坐;主人的右、左两侧分别安排主宾和第二宾的座次,副主人的右、左两侧分别安排第三、第四宾的座次,主宾、第三宾的右侧为翻译(主方翻译、客方翻译)的座次。有时,主人的左侧是第三宾,副主人的左侧是第四宾,其他作为是陪同席。

座次的具体安排通常由席次卡体现。通常,由宴会主办单位负责人或主人根据参加者的身份、地位、年龄等将写有宾客名字的席次卡放置于相应的座位上;大型宴会一般预先将宾客座次打印在请柬上,以便客人抵达时能迅速找到自己的位置。

(四)熟悉菜单

(1)服务员应熟悉菜单和主要菜点的风味特色,做好上菜、派菜和回答宾客对菜点提出询问的思想准备。同时,应了解每道菜点的服务程序,保证准确无误地进行上菜服务。

(2)对于菜单应做到:能准确说出每道菜的名称和上菜顺序;能准确描述每道菜的风味特色;能准确讲出每道菜肴的配菜和配食佐料;能准确知道每道菜肴的制作方法;能准确服务每道菜肴。

(五)物品准备

(1)席上菜单每桌一至两份置于台面,重要宴会人手一份。要求封面精美、字体规范,可留作纪念。

(2)根据菜单的服务要求,准备好各种银器、瓷器、玻璃器皿等餐酒具,要求每一道菜准备一套餐碟或小汤碗。

(3)配备足够的服务用具。

(4)根据菜肴的特色,准备好菜式跟配的佐料。

（5）根据宴会通知单要求，备好鲜花、酒水、香烟、水果等物品。

（六）铺好餐台

1. 铺台布

服务员站在与主人位或站在与主人呈 90°的位置上将折叠好的台布放在餐桌中央；采用推单或甩单的形式进行。铺台布时，要做到动作熟练、干净利落、一次到位。铺好的台布要求做到台布图案花饰端正，中间凸缝穿过正副主人的位置，十字折线居中，四角与桌腿成直线平行，台布四边均匀下垂。多桌餐会时，所有台布规格、颜色均需一致。

2. 放转盘

玻璃转台摆在桌面中央的圆形轨迹上，检查转盘是否旋转灵活。

3. 摆餐具

(1)骨碟定位。将骨碟摆放在垫有布巾的托盘内，从主人座位处开始按顺时针方向依次用右手摆放骨碟，要求骨碟边距离桌边 1.5 厘米，骨碟与骨碟之间距离均匀相等，碟中店徽等图案对正。

(2)摆放调味碟、口汤碗和小汤勺。在骨碟纵向延长线 1 厘米处摆放调味碟；在调味碟横向直径延长线左侧 1 厘米处放上口汤碗、小汤勺，小汤勺勺柄向左，口汤碗与调味碟横向直径在一直线上。

(3)摆放筷架、银勺、筷子和牙签。在口汤碗与调味碟横向直径右侧延长线处放筷架、银勺、袋装牙签和筷子，勺柄平行于骨碟中心和桌子中心的连线，并与骨碟相距 3 厘米，筷套底端离桌边 1.5 厘米，并与勺柄平行，袋装牙签与银勺末端平齐。注意轻拿轻放。

(4)摆放玻璃器皿。在调味碟纵向直径线 2 厘米处摆放葡萄酒杯，葡萄酒杯右下侧摆放烈性酒杯，在葡萄酒杯左上侧摆放水杯，三杯成一直线，与水平线呈 30°，杯肚之间的距离为 1.5 厘米。

(5)放餐巾折花。

(6)摆其他。根据需要摆设公用筷子和汤勺、烟灰缸、火柴以及宴会菜单、台号。在通常情况下，10 人餐台放 2 张菜单，菜单放在正副主人骨碟的左侧，菜单的下端距离桌边 1.5 厘米，与骨碟纵向直径平行。高档宴会上，菜单也可每人一张。台号牌放在花瓶左边或右边，并朝向大门进口处。

(7)转台正中摆放花瓶或插花。

（七）摆设冷盘

(1)大型宴会开始前 15 分钟摆上冷盘，然后斟预备酒，中小型宴会视宾客情况定。

(2)摆设冷盘时，根据菜点的品种和数量，注意菜点色调的分布、荤素的搭配、菜型的正反、刀口的逆顺、菜盘间距等。使摆台不仅为宾客提供一个舒适的就餐地点和一套必需的进餐用具，而且能给宾客以赏心悦目的艺术享受，为宴会增添隆重而又欢快的气氛。

（八）全面检查

(1)台面服务、传菜人员等分派是否合理。

(2)餐具、酒水、水果等是否备齐。

(3)摆台是否符合规格。

(4)各种用具及调料是否备齐并略有盈余。

(5)宴会厅的清洁卫生是否搞好。

(6)餐酒具的消毒是否符合卫生标准。

(7)服务员的个人卫生、仪表装束是否符合要求。

(8)照明、空调、音响等系统能否正常工作。

仔细检查上述几个方面,做到有备无患,保证宴会按时举行。

二、宴会时的迎宾服务

(一)热情迎宾

(1)根据宴会的入场时间,宴会主管人员和引座员提前在宴会厅门口迎候宾客。

(2)值台员站在各自负责的餐台旁准备为宾客服务。

(3)宾客到达时,要热情迎接,微笑问好。

(4)宾客脱去衣帽后,将宾客引入休息间就座休息。

(5)回答宾客问题和引领宾客时,注意用好敬语,做到态度和蔼,语言亲切。

(二)接挂衣帽

(1)如宴会规模较小,可不设专门的衣帽间,只在宴会厅房门前放衣帽架,安排服务员照顾宾客宽衣并接挂衣帽。

(2)如宴会规模较大,需设衣帽间存放衣帽。

(3)接挂衣服时,应握衣领,切勿倒提,以防衣袋内的物品倒出。

(4)贵重的衣服要用衣架,以防衣服走样。

(5)VIP的衣物,要凭记忆进行准确的服务。

(6)贵重物品请宾客自己保管。

(三)端茶递巾

(1)宾客进入休息厅后,服务员应招呼入座,并根据接待要求递上香巾、热茶或酒水饮料。

(2)递巾送茶服务均按先宾后主、先女后男的次序进行。

三、宴会中的就餐服务

(一)入席服务

(1)值台员在开宴前5分钟斟好预备酒(一般是红葡萄酒),然后站在各自服务的席台旁等候宾客入席。

(2)当宾客来到席前,要面带笑容,引请入座。同样按先宾后主、先女后男的次序进行。

(3)在照顾宾客入座时,用双手和右脚尖将椅子稍撤后,然后徐徐向前轻推,让宾客坐稳坐好。

(4)待宾客坐定后,把台号、席位卡、花瓶或花插拿走。

(5)菜单放在主人面前,为宾客去掉餐巾,摊开后为宾客围上,然后迅速上茶。

(6)脱去筷子套后,开始斟倒酒水。

(二)斟酒服务

1.示瓶

示瓶也叫示酒。为了显示对客人的尊敬,当客人点了比较名贵的酒水时,应先将酒展示给客人,具体方法是服务员站在点酒客人的右侧,左手托瓶底,右手持瓶颈,酒瓶的商标朝向客人,让客人辨认商标、品种,直到客人点头认可。示瓶是倒酒服务的第一个程序,它标志着服务操作的开始。

2.温度处理

(1)降温。许多酒水的最佳饮用温度要求低于常温。啤酒最佳饮用温度为 4～8℃,白葡萄酒最佳饮用温度为 8～12℃,香槟酒和有气葡萄酒最佳饮用温度为 4～8℃,所以要求对酒进行降温处理。最佳的奉客饮用温度是向宾客提供优质服务的一个重要内容。

降温的方法通常有用冰块冰镇和冰箱冷藏冰镇两种。冰块冰镇的方法是:准备好需要冰镇的酒品和冰桶,将酒瓶插入冰桶架放在餐桌一侧,桶中放入冰块,冰块不宜过大或过碎,将酒瓶插入冰块中,一般 10 余分钟后,即可达到冰镇效果。冰箱冷藏冰镇的方法则需要提前将酒品放入冷藏柜内,使其缓慢降至饮用温度。

除对饮用酒进行降温处理外,对盛酒用的杯具也要进行降温处理,其方法是:服务员手持酒杯的下部,往杯中放入一块冰块,轻轻摇转杯子,以降低杯子的温度。

(2)升温(温酒,也叫温烫)。某些酒品(如黄酒中的加饭酒)在饮用前要升高温度,这样喝起来更有滋味。有些外国酒也有经升温后饮用的。

温酒的方法有水烫、烧煮、燃烧、将热饮料冲入酒液或将酒液注入热饮料中升温等四种,水烫和燃烧一般是当着客人的面操作的。

3.开瓶

酒瓶的封口常见的有瓶盖和瓶塞两种。开瓶是指开启瓶盖或瓶塞的方法与注意事项。

(1)使用正确的开瓶器具。开瓶器有两种类型:一种是专门开启瓶塞的酒钻;另一种是开启瓶盖用的启盖扳手。

(2)开瓶时动作要轻,尽量减少瓶体的晃动,一般将瓶放在桌上开启,动作要正确、敏捷、果断。

(3)开启瓶塞以后,用干净的布巾仔细擦拭瓶口,检查瓶中酒是否存在质量问题;检查时可以嗅闻瓶塞插入瓶内的那部分的气味是否正常。

(4)开瓶后的封皮、木塞、盖子等杂物,不要直接放在桌子上,可以放在小碟子里。

(5)开香槟酒的方法:香槟酒的瓶塞大部分压进了瓶口,上有一截帽形物体露出瓶外,并用铁丝绕扎固定。开瓶时,在瓶上盖一块餐巾,双手在餐巾下操作。具体方法是:左手斜拿酒瓶,大拇指紧压塞顶,用右手扭断铁丝,然后握住塞子的帽形物,轻轻转动往上拔,靠瓶内的压力和手拔的力量把瓶塞拔出来。操作时,应尽量避免瓶塞拔出时发出声音,并避免晃动,以防酒溢出。

4.倒酒

(1)中餐倒酒顺序。中餐宴会一般是从主宾位置开始,按照顺时针方向依次进行斟酒服务,有时也从年长者或女士开始斟倒;大型宴会一般提前 5 分钟左右时间将宾客的酒斟上。若是两名服务员同时操作,则一位从主宾开始,另一位从副主宾开始,并按顺时针方向进行。

(2)西餐倒酒顺序。西餐用酒较多,比较高级的西餐宴会一般要用 7 种酒左右,菜肴和酒水的搭配必须遵循一定的传统习惯,并应先斟酒后上菜。其斟酒顺序为:女主宾、女宾、女主人、男主宾、男宾、男主人。

(三)上菜服务

(1)在宴会中,上菜要遵循一定的程序。总的原则是:先冷后热,先炒后烧,先咸后甜,先清淡后味浓。

(2)厨房出菜时一定要在菜盘上加盖,菜上桌前将盖取掉。

(3)多台宴会的上菜要看主台或听指挥,做到行动统一,以免造成早上或迟上、多上或少上现象。

(4)要正确选择上菜位置,操作时站在与正副主人呈 90°角的译陪人员之间进行。

(5)每上一道新菜都要介绍菜名和风味特点,表情要自然,吐字要清晰。

(6)上菜时菜盘应放在中央位置。凡鸡、鸭、鱼等整体菜或椭圆形的大菜盘,在摆放时头一般朝向主人位。

(7)上新菜前,先把旧菜拿走。如盘中还有分剩的菜,应征询宾客是否需要添加或改为小盘盛装,在宾客表示不再要时方可撤走。

(8)凡宴会都要主动、均匀地为宾客分汤、派菜。分派时要胆大心细,掌握好菜的分量、件数,分派准确、均匀。凡配有佐料的菜,在分派时要先沾夹上佐料再分到餐碟里。应将有骨头的菜肴如鸡、鱼等的大骨头剔除。分菜的次序也是先宾后主、先女后男。

(9)中餐宴会大多采用旁桌式分菜。

(10)所有菜及主食上完后,在上甜食前,服务员要将用过的餐具全部撤掉,只留水杯和葡萄酒杯于台面,并换上新餐具及水果叉。

(11)待客人用完甜食后,要为客人送上一条新毛巾并送上茶水。

(12)宴会过程中要掌握好上菜的时间和速度,根据客人食用的情况,与厨房保持密切配合。

(四)撤换餐具

(1)为显示宴会服务的优良和菜肴的名贵,为突出宴会菜肴的风味特点,为保持桌面卫生雅致,在宴会进行的过程中,需要多次撤换餐具或小汤碗。

(2)重要宴会要求每道菜换一次骨碟,一般宴会的换碟次数不得少于三次。

(3)通常在遇到下述情况时,就应更换餐碟:①上翅、羹或汤之前,上一套小汤碗,待宾客吃完后,送上毛巾,收回翅碗,换上干净骨碟;②吃完带骨的食物之后;③吃完芡汁多的食物之后;④上甜菜、甜品之前应更换所有餐碟或小汤碗;⑤上水果之前,换上干净餐碟和水果刀叉;⑥残渣骨刺较多或有其他脏物的餐碟,要随时更换;⑦宾客失误,将餐具跌落在地的要立即更换。

(4)撤换餐碟时,要等宾客将碟中食物吃完方可进行,如宾客放下筷子而菜未吃完,应征得宾客同意后才能撤换。撤换时要边撤边换,交替进行。

(5)撤换餐具时,按先主宾后其他宾客的顺序先撤后换,站在宾客右侧操作。

(五)席间服务

(1)宴会进行中,要勤巡视、勤斟酒、勤换烟灰缸(见图7-11)。

(2)细心观察宾客的表情及示意动作,主动服务。

(3)服务态度要和蔼,语言要亲切,动作要敏捷。

(4)在撤菜盘时,如转盘脏了,要及时抹干净。抹时用抹布和一只餐碟进行操作,以免脏物掉在台布上。转盘清理干净后才能重新上菜。

(5)如宾客在席上弄翻了酒水杯具,要迅速用工作餐巾吸干水分,并用干净餐巾盖上弄脏部位,为宾客换上新的杯具,然后重新斟上酒水。

(6)宾客用餐后,送上热茶和香巾,随即收去台上除酒杯、茶杯以外的全部餐具。

(7)抹净转盘,换上点心碟、水果刀叉、小汤碗和汤匙。

(8)上甜品、水果,并按分菜顺序分送给宾客。

(9)宾客吃完水果后,撤走水果盘,递给宾客香巾,撤走点心碟和刀叉。

(10)摆上鲜花,以示宴会结束。

图7-11　大型宴会服务演练

四、宴会的收尾结束工作

(一)结账准备

(1)上菜完毕后即可做结账准备。

(2)清点所有酒水、香烟、佐料、加菜等宴会菜单以外的费用并累计总数,送收款处准备账单。

(3)结账时,现金现收,若是签单、刷卡或转账结算,应将账单交宾客或宴会经办人签字后,送收款处核实,及时送财务部入账结算。

（二）拉椅送客

（1）主人宣布宴会结束，值台员要提醒宾客带齐携来的物品。

（2）当宾客起身离座时，要主动为其拉开座椅，以方便宾客行走，并视具体情况目送或随送宾客至餐厅门口。

（3）如宴会后安排休息，要根据接待要求进行餐后服务。

（三）取递衣帽

宾客出餐厅时，衣帽间的服务员根据取衣牌号码，及时准确地衣帽取递给宾客。

（四）收台检查

在宾客离席的同时，值台员要检查台面上是否有未熄灭的烟头，是否有宾客遗留的物品等。

（1）在宾客离去后立即清理台面。

（2）清理台面时，按先餐巾、香巾和银器，然后酒水杯、刀叉、瓷器、筷子的顺序分类收拾。

（3）凡是贵重餐具要当场清点。

（五）清理现场

（1）各类开餐用具要按规定位置清洁复位，重新摆放整齐。

（2）开餐现场重新布置恢复原样，以备下次使用。

（3）收尾工作做完后，领班要做检查，待全部项目合格后方可离开或下班。

五、宴会服务注意事项

（1）服务操作时，注意轻拿轻放，严防打碎餐具和碰翻酒瓶酒杯，从而影响场内气氛。

（2）如果不慎将酒水或菜汁洒在宾客身上，要表示歉意，并立即用毛巾或香巾帮助擦拭。（如为女宾，男服务员不要动手帮助擦拭，可请女服务员帮忙。）

（3）当宾客席间讲话或举行宴席间演奏国歌时，服务员要停止操作，迅速退至工作台两侧肃立，姿势端正，厅内保持安静，切忌发出响声。

（4）宴会进行中，各桌服务员要分工协作，密切配合。服务出现漏洞，要立刻互相弥补，以高质量的服务和菜品赢得宾客的赞赏。

（5）席间如有事或电话找客人，要略欠身，低声细语，不可大声大气，干扰其他宾客。如找身份较高的主宾或主人，应通过主办单位的工作人员转告。

（6）席间若有宾客突感身体不适，要立即请医务室协助并向领导汇报，将食物原样保存，留待化验。

（7）宴会结束后，应主动征求宾客和陪同人员对服务和菜品的意见，客气地与宾客道别。当宾客主动与自己握手表示感谢时，视宾客神态适当地握手。

（8）宴会主管人员要对完成任务的情况进行小结，以利发扬成绩、克服缺点，不断提高餐厅服务质量和服务水平。

目标考核

初级目标考核：

以小组为单位，自选主题，设计一个宴会台面。

高级目标考核：

（1）小组头脑风暴，就小朋友生日宴、老人寿宴场地氛围布置、桌面布置、菜单设计、服务重点等分析各自特点，教师组织提炼、概括；

（2）学生以小组为单位，自选上述两个主题中的一个，进行实地布置；

（3）组织学生相互点评，指出优缺点；

（4）教师对学生作品进行点评，提出提升意见和建议。

第八章 名品鉴赏技能

◎ 初级目标:知道常见名品的名称及其标志。

◎ 高级目标:能够根据情景推荐相应的名品。

课前准备

以小组形式(每组 3~5 人)接受任务清单,自学相关名品的品牌特征、代表商品及标志,完成任务并相互点评。

任务清单

任务清单 1:查找以下汽车品牌的代表商品及其标志。

1.（美）西尔贝(Shelby Supercars)

2.（瑞）柯尼塞格(Koenigsegg)

3.（法）布加迪(Bugatti)

4.（意）帕加尼(Horacio Pagani)

5.（德）迈巴赫(Maybach)

6.（英）宾利(Bentley)

7.（荷）世爵(Spyker)

8.（英）劳斯莱斯(Rolls-Royce)

9.（意）法拉利(Ferrari)

10.（意）兰博基尼(Lamborghini)

📄 主要的奢
侈品品牌

任务清单 2:查找以下腕表品牌的代表商品及其标志。

1.（瑞）宝玑(Breguet)	2.（瑞）百达翡丽(Patek Philippe)
3.（瑞）爱彼(Audemars Pigeut)	4.（瑞）卡地亚(Cartier)
5.（瑞）积家(Jaeger-LeCoulter)	6.（瑞）万国 IWC
7.（瑞）江诗丹顿(Vacheron Constantin)	8.（瑞）伯爵(Piaget)
9.（瑞）芝柏(Girard-Perregaux)	10.（瑞）欧米茄(Omega)

任务清单 3:查找以下手袋品牌的代表商品及其标志。

1.（意）芬迪(Fendi)	2.（法）爱马仕(Hermes)
3.（意）托德斯(TOD'S)	4.（意）古驰(Gucci)
5.（法）路易威登(Louis Vuitton)	6.（法）香奈儿(Chanel)

任务清单 4:查找以下名牌化妆品的代表商品及其标志。

1.（法）香奈儿(Chanel)	2.（美）雅诗兰黛(Estee Lauder)
3.（法）兰蔻(Lancome)	4.（美）伊丽莎白·雅顿(Elizabeth Arden)

5.（法）迪奥（Dior）   6.（美）倩碧（Clinique）

7.（法）娇兰（Guerlain）   8.（法）碧欧泉（Biotherm）

9.（法）娇韵诗（Clarins）   10.（日）资生堂（Shiseido）

任务清单 5：查找以下品牌包的代表商品及其标志。

1. 路易·威登（Louis Vuitton）（国际著名品牌，1854 年创立于法国）

2. 卡帝乐鳄鱼（CARTELO）（国际著名品牌，1947 年创立于新加坡）

3. 圣大保罗（Polo）（国际著名品牌，源自 1910 年的美国）

4. 七匹狼（Septwolves）（中国驰名商标，1990 年创立于）

5. 金利来（Goldlion）（中国驰名商标，1968 年创立于香港）

6. 万里马（Wanlima）（中国驰名商标，1927 年创立于香港）

7. 沙驰（SATCHI）（国际著名品牌，20 世纪 30 年代初期创立于意大利）

8. 香奈儿（Chanel）（国际著名品牌，品牌创立于 1921 年法国）

9. 古驰（Gucci）（国际著名品牌，1923 年创立于意大利）

10. 雨果博斯（Hugo Boss）（国际著名男装品牌，1923 年创立于德国）

本章新知

第一节 十大品牌珠宝简介

一、蒂爵（Derier）

（一）品牌简介

从 1837 年蒂爵的创始人 Louise Derier(1807—1874)在巴黎 Grands Boulevards 开始的金银器及珠宝镶嵌的专门店，到今天遍布全球的蒂爵珠宝专门店/专柜，蒂爵始终秉承典雅、华贵、时尚、浪漫的设计理念，将珠宝的天然特性与精湛的手工工艺和经典款式有机结合，完美地诠释出珠宝的经典与辉煌（见图 8-1）。蒂爵以品质、价值及永恒的典雅享誉中国市场，各界绅士、名媛光临旗下之精品店选购荟萃之珠宝精品，鉴赏艺术风尚。蒂爵拥有纯正的欧洲血统，传统的设计以欧洲文艺复兴时期的文化激发灵感，款式高贵，繁华、璀璨。蒂爵采用新锐珠宝设计师，为每一个设计注入新颖的设计理念。强调不同生活方式和个人审美情愫的产品，原始而自然的意念可以触发具有创意的设计，而富有创意的设计又能激发更具革新的人文意念。

（二）在中国的发展

兰州、银川等地设立殿堂级的珠宝宫殿，蒂爵将高端珠宝及其尊贵体验带给中国顾客，为珠宝文化的广泛传播而竭尽全力。蒂爵珠宝的品牌发展获得多方肯定，连续三年获世界品牌实验室颁发的最具价值品牌五百强。

图 8-1　蒂爵的珠宝（示例）

二、蒂芙尼（Tiffany）

（一）品牌简介

蒂芙尼（Tiffany）1837 年创建于美国纽约，以银制餐具出名，在 1851 年推出了银制 925 装饰品而更加著名。1886 年，蒂芙尼推出了最为经典的 Setting 系列钻戒。它的六爪铂金设计将钻石镶在戒环上，最大限度地衬托出了钻石，使其光芒得以全方位折射。"六爪镶嵌法"面世后，立刻成为订婚钻戒镶嵌的国际标准。1960 年，好莱坞著名女星奥黛丽赫本出演的《蒂芙尼的早餐》（*Breakfast at Tiffany's*）就是以蒂芙尼命名的。蒂芙尼是美国设计的象征，以爱与美、罗曼蒂克与梦想为主题而风靡了近两个世纪。它以充满官能的美以及柔软纤细的感性满足了世界上所有女性的幻想和欲望（见图 8-2）。

图 8-2　蒂芙尼的珠宝（示例）

（二）在中国的发展

蒂芙尼于 2001 年正式进入中国大陆市场，2007 年开设了自己的首个专卖店。2019 年 12 月，作为蒂芙尼亚洲第一大精品店——上海香港广场店，正式举行开幕仪式，以当代美学演绎蒂芙尼百年传奇风格，呈现极具现代感的全新空间，尽显隽永迷人的非凡魅力。此外，备受期待的 The Tiffany Blue Box Cafe 也一同闪耀亮相，以专属于蒂芙尼的精致生活方式，让"蒂芙尼的早餐"由梦想变为现实。

截至 2021 年 8 月，蒂芙尼在中国大陆 25 座城市开设了 36 家精品店，主要包括上海（5 家）、北京（4 家）、天津（2 家）、杭州（2 家）、宁波（2 家）、成都（2 家）等。

三、卡地亚(Cartier)

(一)品牌简介

卡地亚(Cartier)是一家法国钟表及珠宝制造商,于1847年由Louis-François Cartier在巴黎创办。1874年,其子亚法·卡地亚继承其管理权,由其孙子路易·卡地亚、皮尔·卡地亚与积斯·卡地亚将其发展成世界著名品牌。

卡地亚在英国的第一家店铺开设于1902年的新伯灵顿街上,那里可以看到Garland风格的卡地亚珠宝,当时这种风格尤为盛行,被贵族评价为上流社会的女士"连接卡地亚和爱德华七世的桥梁"。仅仅两年后,伦敦卡地亚收到了第一个由国王爱德华七世颁发的皇家授权,被威尔士亲王,也就是后来的英国爱德华七世赞誉为"皇帝的珠宝商,珠宝商的皇帝"。这句话后来也成了卡地亚与各国王公贵族保持密切关系的真实写照。

1909年,卡地亚搬到奢侈品旗舰店聚集的新邦德街,这里成了卡地亚的英国总部。1911年,这里举办的乔治五世加冕皇冠展览让卡地亚名声大噪,英国权贵随之蜂拥而至。此后,卡地亚进入了英国的上流社会,也成了皇家政要的珠宝首选。

20世纪20—30年代,卡地亚在伦敦开始大放光彩。从影星弗雷德·阿斯泰尔为他的赛马训练师定制手表,到当时还是英国议员的温斯顿·丘吉尔为儿子订制21岁的生日礼物,再到名媛南茜·兰卡斯特的镶钻珍珠项链,卡地亚获得了更多名人的青睐和民众的仰慕。30年代后期,卡地亚开始为温莎公爵和乔治六世服务,并被介绍给新一代英国皇室。1976年,伊丽莎白女王二世颁发皇家授权证给卡地亚。

如今,卡地亚与英国王室的联系仍一如既往的密切。1997年,卡地亚英国区董事总经理阿尔诺·班贝格从查尔斯王子手中接过皇家授权证。同年,玛格丽特公主在大英博物馆举办了一场卡地亚展览。2011年,在伦敦举行的威尔士威廉王子的婚礼上,即将成为剑桥公爵夫人的凯瑟琳·米德尔顿佩戴了一顶1936年制作的卡地亚冠冕。这顶铂金冠冕最初是为约克公爵夫人和下一任伊丽莎白女王定做的,玛格丽特公主也曾于1955年佩戴过它。冠冕上雕刻的涡卷形纹饰形成一圈光环,因此也被称作"Halo Tiara(光环王冠)",如图8-3所示。

图8-3 卡地亚光环王冠

(二)在中国的发展

1992年,拥有珠宝、腕表、配饰、香水及礼盒多个系列的卡地亚以腕表为切入点,在上海设立了首家专柜,标志着其正式进入中国市场。目前,卡地亚在哈尔滨、长春、沈阳、大连、北京、天津、太原、乌鲁木齐、青岛、上海、广州、昆明、深圳、成都、重庆、武汉、南京、无锡、宁波、温州、苏州、杭州等地均设有专柜。

四、梵克雅宝(Van Cleef & Arpels)

(一)品牌简介

梵克雅宝(Van Cleef & Arpels)是一个具有百年历史的珠宝品牌,以其独树一帜的设计理念和其精湛的工艺赢得了世界的赞誉。它浸染了巴黎的艺术气息,紧随自然的韵律,应和一颗颗渴望飞扬的心,在珠宝的殿堂中,演绎着和谐轻盈之美。梵克雅宝的故事开始于一段美好的姻缘。

19世纪末,Estelle Arpels和Alfred Van Cleef两人的结合促成了最著名的珠宝品牌梵克雅宝于1906年的诞生。那一年,他们在法国凡顿广场22号设立了梵克雅宝的第一家精品店。从此,梵克雅宝坚持采用上乘宝石和材质,加以精湛的镶嵌技艺、匠心独具的理念,成就了其不朽的百年传奇。

在珠宝的世界里,你不可能对梵克雅宝无动于衷,它代表的绝对不是一般意义上的珠光宝气,而是浓厚的法国气质。它是爱情与梦想的混合体,是一种不言而喻的象征(见图8-4)。它集万千宠爱于一身,赢尽天下人的欢心。梵克雅宝自诞生以来,便一直是世界各国贵族和名流雅士所钟爱的顶级珠宝品牌。从温莎公爵夫人、摩纳哥王妃、伊朗国王与皇后,到现今的好莱坞巨星莎朗·斯通(Sharon Stone)、朱丽娅·罗伯茨(Julia Roberts)以及中国影星章子怡,无不选择梵克雅宝的珠宝,以展现他们尊贵的气质与风采。

图8-4　梵克雅宝的珠宝(示例)

(二)在中国的发展

继巴黎和纽约之后,梵克雅宝也在中国脉动起来。2011年9月,梵克雅宝位于香港中环太子大厦的第三间旗舰店终于隆重开幕。除了旗下的89间精品专门店之外,梵克雅宝同时在巴黎、纽约及香港开设三间高雅瑰丽的旗舰店,展出其精心设计的珠宝首饰及腕表杰作,引领知音人士走进高贵优雅的艺术境界。一如以往,香港旗舰店由负责巴黎和纽约旗舰店设计的Patrick Jouin及Sanjit Manku亲自操刀,集精致、非凡及现代气息于一身,令新店的格调更显独特超然。

五、宝格丽（Bvlgari）

（一）品牌简介

1879 年,希腊银匠索帝里欧·宝格丽(Sotirio Bulgari)举家移民到意大利的那不勒斯,1884 年他在罗马开了一家银器店,专门出售精美的银制雕刻品。意大利的宝格丽(Bvlgari),是继法国卡地亚和美国蒂芙尼之后的世界第三大珠宝品牌。宝格丽在首饰生产中以色彩为设计精髓,独创性地用多种不同颜色的宝石进行搭配组合,再运用不同材质的底座,以凸显宝石的耀眼色彩(见图 8-5)。

图 8-5　宝格丽的珠宝(示例)

（二）在中国的发展

与欧洲消费者相比,中国消费者接触奢侈品的年龄更小。宝格丽的中国消费者年龄一般是 25~35 岁,但在欧洲这个年龄区间是 35~45 岁。2016 年 1 月在达沃斯论坛上,宝格丽全球 CEO J. C. Babin 还曾表示要加大在中国市场的投入。由于他考虑到了欧洲的不安全因素和人民币贬值对中国人海外旅行购物的影响,宝格丽计划在中国大陆多开店,至少是覆盖 20 多个大城市。

六、夏利豪（Charriol）

（一）品牌简介

法国企业家菲利浦·夏利豪(Philippe Charriol)于 1983 年成立以自己名字命名的品牌"夏利豪"(Charriol),总公司设在瑞士日内瓦,并于世界各地开设分公司拓展不同地区的业务。夏利豪的产品线较为丰富,腕表、包袋、珠宝、时装、配饰等均有涉猎(见图 8-6)。

（二）在中国的发展

2011 年 3 月,夏利豪正式进军中国大陆市场,推出珠宝、腕表、男装及各产品系列。除了现时的重要专门店外,还计划于不久的将来在国内多个大城市,包括北京、成都、上海、广州和深圳等,设立专门店及专柜,届时定会为夏利豪的拥护者提供方便的购物机会。此外,夏利豪在上述各城市将设有维修中心,为顾客提供全面且体贴的售后服务。

图 8-6　夏利豪的珠宝(示例)

七、Folli Follie

(一)品牌简介

Folli Follie 于 1982 年由总裁 Dimitris Koutsolioutsos 先生及其夫人 Ketty Koutsolioutsos 在希腊创立,专长于设计、制作与销售首饰、手表及时尚配饰。如今,Folli Follie 在全世界 20 多个国家和地区已拥有超过 390 个销售网点,秉承"完全时尚理念",为人们创造"价位合理的时尚奢华",以满足现代白领的时尚需求(见图 8-7)。

图 8-7　Folli Follie 的珠宝(示例)

(二)在中国的发展

Folli Follie 在北京、哈尔滨、沈阳、大连、天津、长春、青岛、郑州、石家庄、邯郸、保定、西安、太原、济南、上海、合肥、南京、扬州、无锡、苏州、常州、杭州、宁波、温州、厦门、福州、长沙、镇江、广州、深圳、昆明、成都、重庆、南宁、武汉、乌鲁木齐、贵阳、银川、泉州、徐州、金华、呼和浩特、包头、宜昌等城市均有出售。

八、爱伦斯特(Ancient)

(一)品牌简介

爱伦斯特(Ancient)成立于意大利,一直秉承意大利乃至欧洲传统文化的精髓,以钻石为载体、以文化为依托、以情感为诉求,以卓越的品质、精湛的工艺、经典的设计以及权威的认证诠释着品牌的精髓! 拥有世界一流的珠宝制钻专家,精心设计、精确计算、匠心独运,每年推出国际流行款式千余款,无论是简洁洗练的回归自然款式,抑或是经典别致的浪漫华贵款式,艺术大师无一不将感性的哲学设计、灵魂的激情再造和完美的切割抛磨巧妙地结合到一起,为每一位爱伦斯特珠宝的拥有者打造宇宙间璀璨的那一颗星辰,放射永恒光芒,(见图 8-8)。

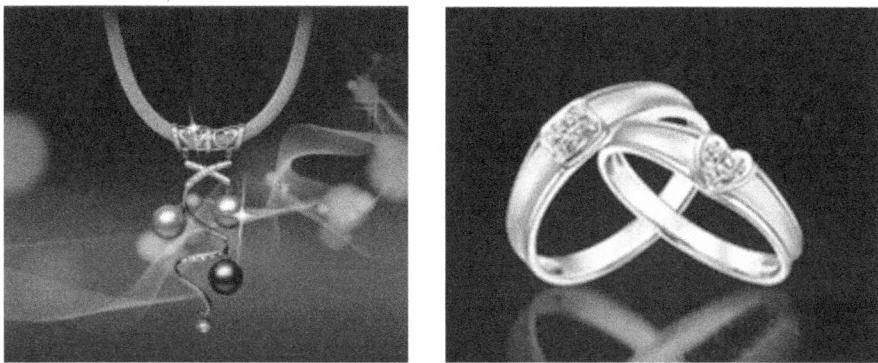

图 8-8　爱伦斯特的珠宝(示例)

(二)在中国的发展

爱伦斯特已在全国众多城市如北京、天津、重庆等的高级百货商场拥有 40 余家分店及专卖店。未来,爱伦斯特会一如既往地秉持"以顾客为核心,让顾客满意"的服务理念,为每一位来到爱伦斯特的顾客不仅提供璀璨的视觉盛宴,更让购买成为人生的珍贵记忆。

九、万宝龙(Montblanc)

(一)品牌简介

1906 年,万宝龙(Montblanc)创建于欧洲,历经一个多世纪,万宝龙已发展成为一个多元化的高档品牌,包括高档珠宝、文仪用品、腕表、优质皮具、男士高级衬饰等。万宝龙的品牌代表着高雅恒久的生活品质,反映着今日社会对文化、素质、设计、传统和优秀工艺的追求和礼赞,而优雅的六角白星标志已成为卓越品质与完美工艺的代表(见图 8-9)。

(二)在中国的发展

2007 年,万宝龙在全球首次推出女性珠宝钻饰。万宝龙在全球时尚界权威媒体 WWD 评选的"全球 41 个高级珠宝和腕表品牌"中排名前列。万宝龙商业(中国)有限公司成立于 2005 年 7 月,目前共有 300 多位员工、50 多家店铺,分布在全国的 10 多个城市。

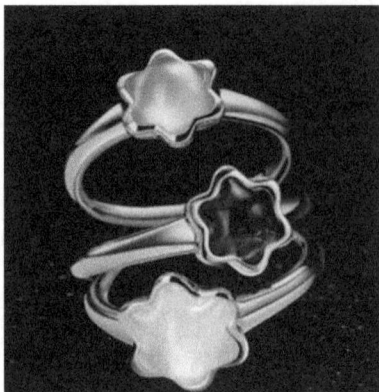

图 8-9　万宝龙的珠宝(示例)

十、戴瑞(Darry Ring)

(一)品牌简介

"戴瑞"是英文 Darry Ring(DR)的音译,虽是英文音译,但"戴"字的佩戴、尊奉、拥戴之意,和"瑞"字的吉祥、好兆头之意,使得"戴瑞"二字中西交融。追求恒久的经典,跟戴瑞本身追求永恒真爱的品牌定位相吻合。

早在 20 世纪 90 年代,香港戴瑞珠宝集团便开始从事钻石匠心打造定制,以寻求、欣赏珍宝的眼光,苛刻的甄选标准,搜集来自世界各地的珍稀钻石。这些优秀品质的钻石,戴瑞珠宝只提供给少数珠宝商,让钻石在不同珠宝艺术大师手中华丽绽放、璀璨生辉。自 DR 钻戒品牌诞生之日起便立下浪漫规定,男士凭身份证一生仅能定制一枚 DR 求婚钻戒,赠予此生唯一挚爱的女子,以示"一生只爱你一人"的爱情承诺(见图 8-10)。

图 8-10　戴瑞的珠宝(示例)

(二)在中国的发展

戴瑞实体店的选址向来以极具浪漫气息而为人津津乐道,在一座城市最浪漫或最有文艺气息或最具地标性之地建立新店铺,甚至会邀请著名设计师亲自设计店面,立志满足每一位到店顾客的视觉体验,让其可以在极为轻松而美好的环境里,挑选出此生仅此一枚的最美钻戒。戴瑞在中国香港、北京、上海、深圳等 40 多个城市开设有实体店。

第二节 十大品牌手表简介

奢侈品牌的特征

一、百达翡丽(Patek Philippe):贵族的标志

百达翡丽(Patek Philippe)的创始人安东尼·百达(Antoine Patek)原为1831年波兰反抗俄国统治的革命者。波兰革命失败后他逃往法国,后在瑞士日内瓦定居,开始从事钟表业,1839年开设了百达钟表公司。1844年,安东尼·百达与简·翡丽(Jean Philippe)在巴黎一个展览会中相遇。当时简·翡丽已经设计出表壳很薄,而且上链和调校都不用传统表匙的袋表。这种袋表在展览会上甚受漠视,而安东尼·百达却深为其新颖的设计所吸引。两人经过一番交谈,立即达成合作的意向,就这样,简·翡丽加盟百达公司。1851年,百达公司正式易名为百达翡丽公司。凭借超凡的专业技能,秉承优质的创新传统,百达翡丽至今已拥有超过80项技术专利。百达翡丽被誉为"手表中的蓝血贵族"(见图8-11)。

图 8-11 百达翡丽手表(示例)

二、爱彼(Audemars Pigeut):坚持百年传统

爱彼(Audemars Piguet)是世界著名三大制表品牌之一,1875年由钟表师 Jules-Louis Audemars 和 Edward-Auguste Piguet 在瑞士创立,生产地在瑞士汝山谷的布拉苏丝。

在1889年举行的第十届巴黎环球钟表展览会上,爱彼的 Grand Complication 陀表参展,其精湛设计引来极大反响,一时声名大噪、享誉国际,为爱彼表在表坛奠定了崇高的地位。爱彼的创办人一直醉心于制表艺术,专注于研制超薄机械零件,创制出精密复杂的机械表,且屡获殊荣。坚持以"专业手工定制"来打造精致作品是爱彼永恒的传统,爱彼在每一款钟表背后刻上制造者的名字,以示负责保证(见图8-12)。即使当零件已经停产多年,只要查询保存下来的制造数据,爱彼表厂仍可以为客户修护,达到品质世代保证的目的。直到今天,爱彼这个家族企业仍由其后代子嗣一手打理。

图 8-12　爱彼手表(示例)

三、伯爵(Piaget):值得欣赏的至尊之宝

1874 年,乔治·伯爵(Georges Edouard Piaget)在瑞士侏罗山区的自家的农舍中成立了第一间腕表工作坊,专门为瑞士著名的腕表品牌制作性能精准的优质机芯。自 1874 年创立以来,伯爵(Piaget)始终致力于提升创造力、修饰细节以及融合腕表和珠宝工艺等方面,体现高档品牌的风范。伯爵(Piaget)原本专于腕表机芯的研究和制造,后来进一步将这项精湛的技艺推展至珠宝工艺,因此得以在 20 世纪 60 年代推出第一款珠宝腕表。为了证明其不断自我超越、出类拔萃的能力,伯爵(Piaget)特别擅长研发稀有、珍贵和独一无二的作品。不论是创造世界最薄的自动上弦机芯或是最昂贵的腕表,面对每一次的全新挑战,伯爵(Piaget)都全力展现其制造腕表和珠宝的精湛工艺。"永远要做得比要求的更好"不仅是创始人的格言,也是该品牌的宗旨。伯爵(Piaget)精确地掌握时间的脉动,永不止息地以大胆尝试的精神、专业的技艺与丰富的想象力,追求更精湛的技艺(见图 8-13)。

四、积家(Jaeger-LeCoultre):创造吉尼斯纪录

积家(Jaeger-LeCoultre)是一家位于瑞士勒桑捷(Le Sentier)的高级钟表制造商。积家公司的前身是 1883 年由安东尼·勒考特(Antoine LeCoultre)所创立的制表公司,勒考特是一位能工巧匠,他发明了能够将测量的准确度精确到 1/1000 毫米的微米仪,使钟表零件加工精度大大提高,并在 1851 年伦敦举办的世界博览会上获得金奖。约 90 年后,安东尼·勒考特的孙子——戴维·勒考特与法国精密航海计时器制造商爱德蒙·积家达成了合作关

图 8-13 伯爵手表(示例)及其 logo

系。1929 年,积家制造出创吉尼斯纪录的微型机芯(即 101 机芯),震动了钟表界。1953 年,英国女王伊丽莎白二世在加冕礼上佩戴的正是积家的 101 珠宝腕表。

  该制表品牌从一开始就已经创造出 1200 多种机芯,使其今天在制表行业享有独一无二的非凡声誉。该制表商拥有诸多标志性系列,成为其自豪不凡和为其忠实客户提供极致满意的坚实基础。例如,Reverso 翻转系列腕表诞生于 1931 年的装饰艺术运动,具有经典和雅致的硬朗线条(见图 8-14);而 Atmos 空气钟则是一款配有近乎恒久运动机芯的钟摆式腕表。

图 8-14 Reverso 翻转系统腕表

五、江诗丹顿(Vacheron Constantin):贵族的艺术品

江诗丹顿(Vacheron Constantin)是全球历史最悠久的钟表制造商,创始人 Jean-Marc Vacheron 于 1755 年在瑞士日内瓦市中心创立了首间钟表工作室。Jean-Marc Vacheron 对人类文化充满好奇与热诚,经常保持开放态度,并不断钻研制表工艺,因而成为一位非常成功的日内瓦独立钟表匠。他还不断发掘其他有潜质的钟表匠,除了传授超卓的制表工艺外,更把自己追求完美艺术的那份锲而不舍的精神传授给他们。1819 年,经验丰富的商人 Francois Constantin 与 Jean-Marc Vacheron 的后人合作,成立了声名显赫的江诗丹顿。此后几十年间,Francois Constantin 不断穿梭在欧洲各地,为设计精巧及优质的钟表开辟新市场,同时也将钟表技艺推至完美(见图 8-15)。"可行性是永远存在的"已成为企业的格言。

六、卡地亚(Cartier):上流社会的宠物

卡地亚(Cartier)的故事源自 1847 年。路易斯·弗朗索瓦·卡地亚(Louis Francois Cartier)盘下了师傅在巴黎的珠宝铺,正式成立了卡地亚首饰店,当时的巴黎,经过王位争夺的一番动荡后,又恢复了花都昔日的浮华气象,极大地推动了巴黎珠宝业的繁荣。卡地亚幸运地得到了拿破仑三世年轻的堂妹 Mathilde 公主的推荐,业务不断增长。1902 年,卡地亚的店铺已经从巴黎开到了伦敦和纽约,纽约逐渐成为卡地亚的总部。父子相传仅两代,卡地亚已成为世界"首饰之王"。卡地亚自 1888 年开始就推出腕表,著名的款式包括 1911 年的 Santos 手表、1909 年取得专利的覆褶式表扣、1919 年的 Tank 手表等(见图 8-16)。1928 年至 1930 年期间,铂金、石英及长形钻石的混合成为卡地亚的重要标志。在 Louis 的管理下,卡地亚不断拓展,继续散发着无穷的魅力。

图 8-15　江诗丹顿手表(示例)　　　　图 8-16　卡地亚手表(示例)

七、劳力士(Rolex):手表领域中的霸主

劳力士(Rolex)是瑞士著名的手表制造商,其前身为 Wilsdorf and Davis(W&D)公司,由德国人汉斯·威斯多夫(Hans Wilsdof)与英国人阿尔弗雷德·戴维斯(Alfred Davis)于 1905 年在伦敦合伙经营。1908 年,由汉斯·威斯多夫在瑞士注册更名为劳力士。第一批劳力士表因它高超的技术质量而立即受到重视。一只小型劳力士表于 1914 年得到 Kew 天文台的 A 级证书,这是英国这一知名天文台从未颁发过的最高评价。它的精确度得到了承认,这是世界性的大事,使劳力士手表在欧洲和美国顿时身价倍增。从此,劳力士的质量即代表了精确。第一次世界大战后劳力士将总部迁回日内瓦,在创始人的推动下,劳力士公司不断创新、创造,完善自己。它主要的研究方向有两个:防水与自动(见图 8-17)。

八、万国表(IWC):机械制造,品质超凡

1868 年,波士顿制表匠佛罗伦汀·阿里奥斯托·琼斯(Florentine Ariosto Jones)在远离瑞士法语区制表业核心地带的沙夫豪森(Schaffhausen)创办了万国表公司(International Watch Co., IWC)。他在瑞士制表师的协助下,利用现代科技以及莱茵河河畔的水电能源,制造出高品质的腕表机芯。150 余年来,万国表一直致力于恪守追求不凡品质的传统,秉承对细节一丝不苟的精神在制表工坊手工打造机械腕表。IWC 的六大腕表系列(飞行员腕表系列、IWC 葡萄牙系列、工程师系列、海洋时计系列、达文西系列及柏涛菲诺系列)融合了精准的工程结构和超卓隽永的设计,见证了几代工程师的创新才华,并且蕴含公司的各类制表技艺:从坚固耐用的日常佩戴腕表,到专业运动腕表以至技术高超、精密复杂的高级钟表作品(见图 8-18)。此外,IWC 更推出了超卓复杂型腕表和 IWC 传承系列等独特腕表。

图 8-17 劳力士手表(示例)

图 8-18 万国手表(示例)

九、芝柏(Girard-Perregaux):传统与创意的产物

源自瑞士日内瓦的芝柏(Girard-Perregaux)手表,始创于1791年。两个多世纪以来,芝柏表的创意源源不绝,全赖背后无数超卓的制表工匠,代代相传,努力不懈,使其优良的制表传统得以发扬光大,达至今日举世推崇的地位。芝柏的表制作是心思的结晶,也是对美学和技巧完美配合的追求;在满足不同年代的品位和潮流之余,必须无损传统素质及优点,才能让人赏心悦目,始终如一(见图8-19)。

十、欧米茄(Omega):成就与完美的代表

瑞士名表欧米茄(Omega)在全球130多个国家和地区,透过优秀的经销商所出售的手表,每一块均是现代年轻人梦寐以求的腕上时计,代表了他们对欧米茄的认同和追求。在欧米茄的各大系列产品中,有陪伴人类征空的超霸专业系列——第一块也是唯一一块"一步登月"的"月球表"(Moon Watch);也有成为第21届奥林匹克运动会的指定时计,获得无数准确时计及最佳设计的奖项。欧米茄是全球杰出人士——包括国际名模辛迪·克劳馥及世界一级方程式赛车冠军迈克尔·舒马赫的必然选择。由路易斯·勃兰特始创于1848年,欧米茄标志着制表历史上的光辉成就,傲视同侪。1892年,欧米茄推出全球第一块打簧手表,两年后即1894年,生产了举世闻名的欧米茄19令机芯。这一机芯的制造融汇了当时革命性的先进技术,以其数项出色的功能,如以表冠调校时间,令欧米茄成为当时瑞士首屈一指的制表厂商。欧米茄是希腊字母中的最后一个字母,具有完美、成就、美轮美奂和卓越之意。自此起,欧米茄以其先进的科技结合卓越的制表艺术,稳占表坛的领导地位,创造了无数骄人的成就(见图8-20)。

图8-19 芝柏手表(示例)

图8-20 欧米茄手表(示例)

第三节 十大品牌香水简介

一、香奈儿(Chanel)

香奈儿(Chanel)是法国奢侈品牌,其标识由反向双 C 组成,取自创始人 Coco Chanel(即加布里埃·香奈儿,Gabrielle Chanel)女士名字的首字母(见图 8-21)。双 C 交叠设计,常常出现在服装的扣子或者皮件的扣环上,是香奈儿的象征。双 C 展现了香奈儿追求完美的设计理念:女人要由内到外达到内在气质和外在形象的双向完美。在当今奢侈品世界,反向的双 C 已经成为一种时尚界的骄傲,成为永远的经典。

图 8-21 香奈儿品牌标识

(一)"香奈儿 5 号"香水

"香奈儿 5 号"是 1921 年推出的第一支乙醛花香调的香水。它的香味由法国南部小镇的五月玫瑰、茉莉花和乙醛等 80 多种成分组合而成,清幽的花香凸显女性的娇柔妩媚。初调是伊兰花和柑橘的新鲜花香,配以湿草味,给人摩登现代的感觉,然后香体由玫瑰和茉莉带出,最后以白檀香为基底衬托。

1921 年,特立独行的香奈儿女士向当时的嗅觉大王恩尼斯要求一种气味突出的香水。她对恩尼斯说:我要人工合成的香味。听到这个要求的时候,恩尼斯被吓了一跳,心存疑惑。但他不久就发现香奈儿女士是认真的,而且被她那种敢于创新、决心独树一帜的勇气所感动。于是他全身心投入调制这款香水,反复试验使用了乙醛与真花提炼的 130 多种香精,调配出十几款香水,其中第 5 种精选了 80 多种成分,这就是"香奈儿 5 号"的诞生。这是第一支乙醛花香调的香水,因为香奈儿女士认为女人不该只有玫瑰的味道,正是在她的坚持下,恩尼斯加入了乙醛,让整瓶香水的香调充满层次感,层层叠叠转折,且更加丰富动人。

为什么命名为"香奈儿 5 号"呢?这是很多人乍见这瓶香水时所共有的疑问。其实香奈儿女士早早和"5"这个数字结下了不解之缘,"5"就是香奈儿女士的幸运数字。"香奈儿 5 号"是恩尼斯呈现给香奈儿女士的众多香水样品中的第 5 支;8 月 25 日是香奈儿女士的生日;"香奈儿 5 号"的发表日期选在 5 月 25 日,正好与香奈儿第 5 场时装发表会同时举行。香奈儿女士崇尚简洁之美,这充分体现在这款香水的包装上。如图 8-22 所示,"香奈儿 5 号"香水瓶是一个四角玻璃瓶,状如宝石切割般形态的瓶盖,透明水晶的方形瓶身造型,甚具装饰艺术味道的简单设计却也充满现代美感。"香奈儿 5 号"把简洁与奢华升华为一种标志,一种极致完美、极致自我、极致虚幻的境界,也使它成为全世界最伟大、最著名的划时代香水之一。

作为香奈儿推出的第一款香水,"香奈儿 5 号"香水的成功给香奈儿带来了巨大的财富,它也成了奢华与优雅并存的永恒。迄今为止,"香奈儿 5 号"仍是世界最畅销的香水之一。据统计,在全球,每半分钟就能卖掉一瓶。一般来说,专柜、专店等开设在高档百货、五星级

图 8-22 "香奈儿 5 号"香水

酒店、高级会所等富甲名流聚集的地方,而一般的场所则难以寻觅到"香奈儿 5 号"香水的踪影。

(二)"可可小姐"香水

可可(Coco)是香奈儿女士的小名,为了纪念这位香水界的鼻祖,著名调香师雅克·波热在 1984 年创作了"可可小姐"香水,即"Coco Mademoiselle"(见图 8-23)。

图 8-23 "可可小姐"香水

"可可小姐"香水的创作灵感来自香奈儿女士深爱的东方情调。"可可小姐"香水给人的感觉很特别,尤其是清新与浓郁的强烈对比,从辛辣刺激到芬芳花香,使用者可以体会到完全不同于以往香水的特殊感受。"可可小姐"香水以令人振奋的柑橘香调为开瓶初调,并借此牵引出由法国南部格拉斯(Grasse)玫瑰味道和东方茉莉清香两种花香组成的主调;随后香水香调融合了波本香草的感性、印度广藿香的深沉,以及海地香根草的温暖,让人体会到浪漫唯美的异国情调;最后,伴随着温柔而舒畅的白麝香,"可可小姐"香水圆润独有的尾香的香氛气息更是令人回味无穷。"可可小姐"香水重新诠释了充满现代风味的轻盈和性感,低调的香气更是强调了一位性感出众女人的独立特质,自信且妩媚的风范,同时兼具艺术性、知性与绝对的性感,深受新时代女性的喜爱。这款香水的外观设计和"香奈儿5号"一样,也是一个长方体形,体现了香奈儿女士所追崇的形式简洁、精神完美、绝不妥协的强烈个性。"可可小姐"结合了辽阔神秘的东方情调与精致典雅的西方文化,兼容并蓄的风格适合参加晚宴的摩登女子,在洗练的风情中流露着渴望被呵护的感性。

二、雅诗兰黛(Estée Lauder)

雅诗兰黛(Estée Lauder)是全球最大的护肤、化妆品和香水公司之一,与其创始人同名。1946年,创始人雅诗兰黛夫人凭借着"为每个女性带来美丽"的渴望在美国纽约创立了雅诗兰黛品牌,并以自己的名字为公司命名。其品牌标识由两部分组成:上半部分是 Estée Lauder 首字母的手写花体 E 和 L 的组合,代表了创始人对时尚、完美的不懈追求;下半部分则是英文全称 Estée Lauder 黑底金字的搭配,透出雅诗兰黛品牌的高雅与超凡脱俗(见图 8-24)。

图 8-24 雅诗兰黛品牌标识

1953年,雅诗兰黛推出"青春之露"(Youth Dew)。这是一种香氛沐浴油,可以当香水使用。"青春之露"上市后大获成功,打破了法国香水一统天下的局面,使得高档香水不再是极少数王公贵族才能使用的奢侈品,而雅诗兰黛也获得了创新和优质的美誉。此后,雅诗兰黛的香水一直颇受时尚界推崇。这款香水融合了艺术的灵感与完美的工艺,把人性中温暖的情、真挚的爱、美好的憧憬带给了每个使用者。当她们碰到雅诗兰黛香水,就像爱丽丝无意间掉进了兔子洞找到了一个神奇的世界那样如痴如醉,无法自拔。

(一)"欢沁淡香熏"香水

1995年,雅诗兰黛推出了"欢沁淡香熏"(Pleasure),它采用了首创的二氧化碳萃取技术,直接攫取整个花朵的香味,令花香栩栩如生,达到气味逼真却又不伤害真花的目的。"欢沁淡香熏"的花香乍浓还淡,前调在馥郁与清冷中环绕展开,纯净绿百合花与新鲜紫罗兰叶的香味相混合,就如春雨过后清风拂面,淡雅的香味唤起人们所有的甜蜜记忆;中调由香味持久的紫丁香、白牡丹、粉红玫瑰和纯茉莉组成,四种花香各有所长,混在一起使得整个香水飘送出清新自然的香气,使人感到欣喜和放松;最后香水以澄静的印度紫檀和薄荷油收尾,宛如大提琴低声的鸣奏,带人穿越到所有过往愉悦的回忆。这款香水花香纯净,给人传递一种温馨和热情的感觉,因此是一款男女接受度都很高的香水。此外,由于后调中没有常用的植物香材定香,因此整款香水显得纯净和清新。

"欢沁淡香熏"整体瓶身设计灵感来自雨中的花朵,晶莹剔透的椭圆形瓶身缀上圆形白金色瓶盖,给人纯净素雅的感觉(见图 8-25)。1995 年,这款香水获得年度 FIFI Award[①] 最佳女性香水奖、最佳包装奖和最佳广告奖三项大奖。

(二)"纯净如风"香水

雅诗兰黛在 2007 年推出了"纯净如风"(Pure White Linen)。前调中朝露植物、盛放的百合花及白色小苍兰描绘出了野生花卉的优雅香气,唤醒了使用者的乐观心情,给人带来活力。中调中带有果香的红郁金香、红玫瑰和茉莉花、鸢尾及桂花相融合,令人联想起阳光充沛的春天午后,到处弥漫着沁人心脾的芬芳,围绕在这些芳香之中,人们也不由得增加了一份优雅素养。后调中的白色雪松及广藿香更添了一份娇美的暖意,让人在这美妙的时光中流连忘返。"纯净如风"香水诠释出当今休闲和奢华的内涵,在体现经典品牌的精髓和创作灵感的同时,用极其现代的方式阐释了"简约的时尚,随意的优雅"这一全新概念。

在瓶身设计上,"纯净如风"香水融合了冰冷的白霜和闪耀的透明材质,以其纯粹的透明和简约风格凸显了香水的深邃与神秘,瓶身上的贝壳图标也焕发出新的光彩,如图 8-26 所示。

图 8-25 "欢沁淡香熏"香水　　图 8-26 "纯净如风"香水

三、兰蔻(Lancome)

兰蔻(Lancome)的标识很容易被人们记住。如图 8-27 所示,标识的上方是一束盛开的玫瑰花,这束象征爱情的玫瑰花不仅吸引了人们的眼球,也倾倒了众多爱美人士;标识的下方是兰蔻的英文名称,彰显了唯我独尊的不凡魅力以及他对自己品牌的崇高责任;标识的最下面的一行小字"PARIS",再一次印证了兰蔻诞生于时尚、文化和爱情浪漫之都——法国巴黎。

① FIFI Award 即菲菲奖,是香水行业的奥斯卡大奖,由香水基金会(The Fragrance Foundation)主办,为表彰香水行业创造性的成绩而设,1973 年创建于纽约。

图 8-27　兰蔻品牌标识

　　诞生于时尚、文化和浪漫爱情之都的兰蔻蕴含着稀世的优雅,它始终坚持"美的承诺"的品牌理念,用特有的迷人玫瑰魅力使自己成为闻名世界的经典香水品牌。

(一)"珍爱"(Tresor)香水

　　"珍爱"香水又称"璀璨"香水,诞生于 1952 年,是"珍贵时刻的香水"的意思。这款香水以淡雅芬芳的玫瑰和百合为前调,气味细腻,令人心情愉悦;中调以杏花、鸢尾花等的浓郁香液点缀,馥郁芬芳,使人精神焕发;琥珀、麝香以及檀木香相混合,木质调融合花香调收尾。香气独特、生气蓬勃,带来成熟女性的风情万种,激发出人们内心饱含的激情。这款香水别致而浓郁的格调处处显现着法兰西尊贵优雅的精神。这款香水的香水瓶其外形是一樽倒置的金字塔(见图 8-28),设计灵感来源于切割细腻的钻石,加强了它的感染力。其独特的芳香迎合了 21 世纪的女性,明朗而奔放,将女性的妩媚与性感、欢乐与积极展示出来。

图 8-28　"珍爱"香水

　　"珍爱"香水的花香调略带东方调的痕迹,完美地依衬在每一个女人的肌肤之上。"珍爱"香水以自然简单的方式展示一个女人最真实的自我,不能言说的神秘魅力和身体肌肤浑然一体,散发出让人难以忘怀的感性。闻一下它的芬芳,似乎就能带给人一种得到"珍爱"的感觉,让人充满自信。

　　"珍爱"作为一款经典香水,在香水的历史上留下了深刻的印记,其意义已经远远超越了时尚。作为卓越的典范,"珍爱"香水的永恒香气,以无与伦比的优雅荡漾在流光岁月中,充满无穷的吸引力。

(二)"奇迹"(Miracle)香水

2000年,为了进军美国市场,兰蔻发布了"奇迹"香水,这也成为兰蔻在21世纪创造的一个经典奇迹。这款香水以粉红色的瓶身加上诱人的香气,在全世界卖到脱销。2002年,兰蔻涉足男性香水市场,推出了第一款男士香水——"奇迹"男士香水,这款香水"就像是日出一样充满活力",市场反应极佳。"奇迹"香水以柔曼的苍兰芳香为前调,给人微风拂面的感觉,伴以清雅的木兰芬芳,让人心旷神怡,再加上经典的茉莉花香收尾,唯美浪漫的气质使得整款香水达到了极致。"奇迹"香水的外包装是日出天空的颜色,瓶身晶莹剔透,富有光线感,它的内部则有圆润的过渡,令人意外而着迷(见图8-29)。"奇迹"香水的瓶子大胆地运用现代材质与非凡的比例,超越了流行与时代,创造了现代与永恒。

图8-29 "奇迹"香水

四、Calvin Klein

Calvin Klein(简称CK)是卡尔文·克雷恩(Calvin Klein)于1968年创立的时尚品牌,总部设在美国纽约。该品牌的标识非常简洁大方,上方是英文全称的首字母,清晰而鲜明;下方是创始人名字的全称,表现了品牌的独特张扬的个性,白底黑字的总体设计体现了纯洁自然的品牌风格。

20世纪80年代,卡尔文·克莱恩成功开拓了香水领域,从开始的"迷惑"(Obsession),到之后的"永恒"(Eternity)和"逃逸"(Escape)香水,每个产品都取得了巨大成功,进一步促进了公司的发展。

(一)"CK one"香水

"CK one"香水于1994年问世,是第一款真正改变了消费者对香水固有概念的中性香水(见图8-30)。该款香水一经问世便受到了广泛欢迎,可谓既叫好又叫座,问世不久就创造了5800万美元的销售纪录。在当时的美国乃至世界都受到热烈追捧,它至今仍被奉为中性香水中的经典之作。其所代表的20世纪90年代个性新理念和清新明快的香调吸引了各个年龄段的人。

图 8-30　"CK one"香水

　　"CK one"香水是一款让人感到亲切的香水,初调由豆蔻、香柠檬、新鲜菠萝、番木瓜构成,轻松明快的香味扑面而来;茉莉、紫罗兰、玫瑰、肉豆蔻混合飘出的中调清香更增加了这一份清新怡人的感觉;后调中混合着琥珀的新型麝香则让人感到不一样的温暖与热情。就是这样一款香水,深受消费者的喜爱,据说很多从不用香水的年轻人也都被它吸引。

(二)"迷惑"香水

　　20世纪80年代中期,美国消费市场极为炽热,人人醉心享乐,卡尔文·克雷恩这位潮流触觉敏锐的美国时装界巨子,便趁机推出了自己的第一支香水系列并将其命名为"迷惑"(Obsession),以反映当时的社会风气。这一时期的香水往往是一个品牌两种香型:一种是男用(for men),一种是女用(for women)。"迷惑"香水也是如此,"迷惑"男士香水和"迷惑"女士香水陆续推出。据说"迷惑"香水的创作灵感源于卡尔文·克雷恩单身时对于女性魅力的迷恋,他认为女性具有难以抗拒的热情及神秘。他曾说:"谁不曾有过暂时忘掉理智,甘愿受激情支配的难忘时刻呢?"

　　"迷惑"香水瓶身浑圆小巧(见图8-31),由拥有"香水瓶设计之父"之称的皮埃尔·狄能德(Pierre Dinand)以印度祈祷石为灵感来源精心设计而成,并在1987年荣获FIFI Award的殊荣。这款香水性感浓烈的木香加上充满魅惑的包装,深受消费者的追捧。这款香水向消费者传达了自信坚韧、追求个性的非凡品质,让消费者在香水中感受到自由的浪漫和奔放,在茫茫人海中都能清晰地表达"我就是我"的真谛。

(三)"永恒时刻"香水

　　2004年圣诞节前夕,Calvin Klein推出了全新女性香氛"永恒时刻"(Eternity Moment)。这款香水采用最清新的花香调,令人垂涎欲滴且甜美。前调中荔枝、番石榴、石榴花传送出甜美的浪漫花香;继而中调中睡莲、西番莲、中国粉红牡丹带来了不一样的脱俗婉约;最后加入麝香、花梨木蕴含的性感香气,宛如被轻吻过含羞带怯的花香气息,瞬间让女性化身为甜美可人的精灵。据称,这款香水其设计灵感来源于陷入爱河的欢愉和关系开始之初的神奇境界。名字来源于"不爱江山爱美人"的温莎公爵对爱妻表达的爱情誓言,以缠绵悱恻的永恒恋情做积淀,这款香水是 Calvin Klein 献给天下有情人的最好祝福。Calvin Klein 希望借由该款香水让女性能时刻享受犹如初恋般的浪漫感觉,化瞬间为永恒。

整款香水的瓶身设计高挑修长(见图 8-32),极致柔美光滑的轮廓塑造出永恒的幸福感,剔透的粉红色瓶子透出粉红色香薰,令人仿佛置身于粉红色的花海。

图 8-31 "迷惑"香水

图 8-32 "永恒时刻"香水

五、古驰(Gucci)

古驰(Gucci)是源于意大利的奢侈品牌,1921 年由古驰奥·古驰(Guccio Gucci)于佛罗伦萨创办。其品牌标识由两部分组成:上方是大写的"CUCCI",标识了品牌的名称,鲜明而简洁;下方是印着一对反向字母"G"的商标图案(见图 8-33)。这个图案由创始人名字中的两个首字母构成,既突出了创始人对品牌的责任,又突出了商标对称的美感。这是古驰最早的经典商标的设计,在古驰的各种商品系列中,再配上各种醒目的底色,使得这个商标在标识一致性的基础上,又增加了单个商品的个性,从而成为奢侈品界的一大亮点。

1994 年,才华横溢的设计师汤姆·福特(Tom Ford)

图 8-33 古驰品牌标识

加入几乎濒临破产的古驰集团。以其鲜明的创作设计风格和对奢侈品独具的营销天赋为古驰重新赢回了消费者的信心。

(一)"妒嫉"(Envy)女士香水

"妒嫉"女士香水之意为:若让别人嫉妒,就该拥有妒嫉。"妒嫉"香水清新、透明,香味灵感来自葡萄藤花,这是一种颇为珍贵的花,每年只有 6 月初开放,花期只有一周时间。前调由风信子、木兰花与香草组成,味道独特而迷人;中调用铃兰、茉莉及紫罗兰,给人以纯净与高雅之感;基调则由蓝鸢尾花、木香及麝香组成,表达了沉净舒缓的感觉。瓶身设计表现了古驰一贯的大都会风格,整体修长而透明,如现代摩天大楼简洁利落的建筑风格,大方流畅又简单完美,使得这一款经典香水成为时尚界的宠儿(见图 8-34)。可以说,古驰"妒嫉"香水缔造了一个温暖、感性的世界,让人们在芬芳的香气环绕中,彰显自己的个性。

(二)"妒嫉我"(Envy me)女士香水

Gucci 继 1997 年推出了"妒嫉"香水后,在 2004 年又推出了新款时尚香氛"妒嫉我"女士香水。花果香调让人感到不一样的温柔和甜美,前调由牡丹、茉莉、红胡椒组成,中调混合了荔枝、石榴、黄梨、丁香和玉兰花的香味,最后则以檀香木、麝香收尾。这些极富有东方气息的花香,使这款香水与众不同,前调强烈,中调兴奋,尾香清新,体现出 21 世纪的流畅、性感、摩登的概念。

在造型上除了延续"妒嫉"的方正造型外,"妒嫉我"在瓶身的设计上独具巧思,巧妙地运用雾面包装和亮面 Logo,并搭配柔和的粉红色,呈现出明亮、清澈、透明的风格,表现出女人的感性和温柔(见图 8-35)。

图 8-34　"妒嫉"女士香水

图 8-35　"妒嫉我"女士香水

(三)"罪爱燃情"香水

2013 年,古驰推出了"罪爱燃情"香水,该香水分为女士香水和男士香水。前者传达着这样一种精神理念——永不为自己的快乐而感到有罪;后者表达了极具挑战的魅力男性的阳刚和奢华,个性鲜明,充满诱惑。这两款香水总能激发彼此最激情四射的一面。无法抗拒的魅力让它们相互吸引,大胆冒险,随时随地做好准备迎接挑战,超越一次又一次的极限。当独立存在时,它们摄人心魄;当"罪爱燃情"女士香水和"罪爱燃情"男士香水彼此相遇时,它们势不可挡。"罪爱燃情"女士香水是一款具有馥郁东方花香的香氛,如艳丽的红色一般热烈(见图 8-36)。

图 8-36　"罪爱燃情"香水

六、迪奥(Dior)

迪奥(Dior)是法国著名时尚消费品牌,由时装设计师克里斯汀·迪奥(Christian Dior)创立,总部设在巴黎。该品牌的标识简单直观而又清晰。"Dior",在法语中是"上帝"和"金子"的组合,金色后来也成了 Dior 品牌最常见的代表色。迪奥的很多产品系列还使用创始人的名字 Christian Dior 或首字母 CD 作为标识,以彰显其品牌的独特个性。

迪奥有三种标识:最常用的两种是 Dior 和 CD,这两种标识同时用在迪奥的香水、化妆品、配件等不同系列中;在时装上则单独使用 Christian Dior Paris 的标识。

1946 年,在好友的支持下,克里斯汀·迪奥先生终于开设了个人的高级订购时装专卖店。1947 年,迪奥在他的时装沙龙里举办了第一场发布会,为了配合他设计的时装系列而推出了迪奥的第一款香水——"迪奥小姐"(Miss Dior),这象征着迪奥品牌的诞生。这款香水为迪奥拉开了香水传奇的序幕,在接下来的数十年中迪奥推出了数十款香水,缔造了一个名副其实的香水王国。

克里斯汀·迪奥曾经说过:"香水是一扇通往全新世界的大门,所以我选择制造香水,哪怕你仅在香水瓶旁边逗留一会,你便能感受到我的设计魅力。我所打扮的每一位女性都散发出朦胧诱人的雅性,香水是女性个性不可或缺的补充。只有它才能点缀我的衣裳,让它更加完美,它和时装一起使得女人们风情万种。"

(一)"毒药"(Poison)香水

"毒药"香水是迪奥公司于 1985 年推出的女用香水,属东方香型。瓶身造型典雅,有红、绿、白、紫、蓝五种不同香氛的水晶包装。

"毒药"这个名字来源于一段法国宫廷秘史。当时的凯瑟琳王妃出生于意大利,从小受意大利文化的熏陶,1533 年与法国尚未登基的王储亨利四世结婚之后,进入皇宫中,开始了她在王宫里钩心斗角的生活。她的最大对手就是亨利四世的母亲——杰欧妮·阿尔伯特。当时,法国的上流社会非常流行使用皮革手套,来作为高贵身份的象征。但是手套的皮革有异味,为了遮盖手套上皮革的气味,并使手套显得更优雅,人们喜欢将手套浸在香水中,使其充满香气后再使用,这个传统来自格拉斯香水基地。相传,凯瑟琳曾献给母后一副由佛罗伦丁大师精心熏香并抹上剧毒的手套。母后在戴用了这副诱人的手套 4 天后,就身染怪病,高烧不退,不治而亡。凯瑟琳的心头之刺既已拔除,便顺利进入皇宫成为一国之

母,由佛罗伦丁设计的含有迷人浓香的毒药处方从此被束之高阁,再没有被使用。迪奥就把这种任何人都无法抵抗的魅惑配方流传下来,配制成让人交口称赞的经典香水,取名为"毒药"。

"毒药"香水系列问世于 20 世纪 80 年代,瓶身蜿蜒着性感妩媚的弧线(见图 8-37),香调则来源于同样的灵感,蕴含着各种层面的微妙欲望,鼓励女性最大限度地放大自己的魅力与诱惑,以延续着"毒药"难

图 8-37 "毒药"香水

以抗拒的不老传说。"毒药"香水系列共有五款:"紫毒"(Poison)、"绿毒"(Tendre Poison)、"红毒"(Hypnotic Poison)、"白毒"(Pure Poison)和"蓝毒"(Midnight Poison)。

"紫毒"香水于1985年推出,以花果辛香调为主香调。前调是莞荽,中调则由野莓、橙蜜和夜来香组成,后调为防风根。就是这样一种高贵、纯净而且非常独特的香熏,蕴含了诱人的浓郁香味,创造出性感神秘的非凡诱惑。紫罗兰颜色的瓶装设计赋予了本款香水一种神秘感。其香味持久而浓郁,给人神秘、诱人的感觉,适合隆重、盛大的场合。

"绿毒"香水为柑橘花香调,于1994年推出。前调中的白松香和红橘香给人明朗爽快的感觉,中调中的茉莉和小苍兰等传达出清新的花束香气,让人感到不一样的怡然快乐,最终以檀香和香草收尾,让人迷恋在轻盈而温柔的香气中。"绿毒"香水瓶身采用了清新凉爽的绿色,典雅的造型充满魅力。

"红毒"香水于1998年推出,主调是辛香花果调,给人神秘、奢华、野性而女性化的感觉,散发着浓浓的女人味。前调为马来西亚胡椒和铃兰肉桂,中调为橘花蜜、黑醋栗和卡他夫没药,后调由龙涎香、黎巴嫩蔷薇组成。这些不同的花香相互糅合,造就了"红毒"香水诱惑与迷人的非凡气息。红色的香水瓶给人强烈的视觉冲击,犹如红色魔石,点燃了狂野的蛊惑激情,令芬芳的神奇感性愈加强烈。

"白毒"香水于2004年推出,以东方花香调为主香调,温暖感性。前调为茉莉、甜橙、佛手柑和西西里柑橘,令人振奋,中调由橙花和水栽栀子花组成,再加上由檀香、白琥珀、龙涎香组成的后调,神秘又迷人,充满诱惑但不乏真诚。"白毒"纯洁明朗的美丽芬芳赋予现代女性不容置疑的温柔妩媚,这款香水因而被称为赋予人性的诱惑之水。洁白的包装犹如开放的白色花朵,重现诱惑的永恒传奇与魔力,叙述着又一个经典的香水童话。

"蓝毒"香水于2009年推出,以东方木质香调为主香调。前调为佛手柑、柑橘、橙子等,灵动而清新,中调中诱人的玫瑰香,在木味广藿香等的衬托下,彰显近乎危险的迷人特质,后调则由龙涎香、香草等组成。香水瓶以女性的打褶裙摆为设计灵感,造型优美,堪称杰作。玻璃制作过程中偶然加入的颜料演绎出无穷无尽的蓝色调,象征美妙的梦幻和午夜的诗意。

(二)"真我"(J'adore)香水

"真我"(J'adore)香水由迪奥于1999年推出,随即受到女性的追捧。"真我"香水前调为黄缅桂花、常春藤叶和柑橘,中调则由兰花、紫罗兰、玫瑰组成,配合以由大马士革玫瑰、黑莓麝香、圭亚那紫木组成的基调,表达了女性化的感性、妩媚、自信、能量,阐释出女人最真的情感和内心深处的真实自我,可谓是新世纪女人真我宣言。"真我"香水的瓶身造型,体现了迪奥香水一贯的格调,高雅而迷人(见图8-38)。细长的瓶颈,仿佛用金色的领巾环绕了一周,更加显得高贵不凡。瓶身光滑透明没有一点修饰,J'adore这几个字母很美地隐藏在水晶瓶盖上。犹如那句广告词:"这个世界不再是黑白两色,而是金色的。"

图8-38 "真我"香水

七、伊丽莎白·雅顿(Elizabeth Arden)

伊丽莎白·雅顿(Elizabeth Arden)是全球知名化妆品品牌,创立于1910年,总部设在美国纽约。其标识中间是一扇红色的大门,该设计灵感源于伊丽莎白·雅顿在纽约第五大道开设的第一家全方位的美容沙龙的大门。这个大门的设计以粉红色为基调,华丽高雅的装潢,代表了伊丽莎白·雅顿通向高端时尚的梦想之门。标识的底色为黑色,表现了品牌的深厚底蕴和庄重承诺。

(一)"第五大道"(5th Avenue)香水

"第五大道"(5th Avenue)香水于1996年推出。这是一款清甜东方花香调香水,前调是紫丁香、玉兰、法国铃兰等,给人清新甘甜的感觉;中调由保加利亚玫瑰、紫罗兰、桃花等组成,时尚的香气表现出女性自信、现代以及优雅的一面,深受女性的欢迎;最后以香草、龙涎香、檀香等收尾,悠长耐闻,给人温和淡雅的感觉。

"第五大道"香水的瓶身设计简洁大方,颇具现代节奏,以纽约曼哈顿的摩天大楼为瓶侧的线条,简单、利落、优雅、冷傲(见图8-39)。第五大道处于曼哈顿的中轴线,是纽约最繁华的街道。这款香水既表现了伊丽莎白·雅顿的事业发源地,又体现了创始人追求尽善尽美、不屈不挠、孤傲群雄的精神,自然成为那些自信、时尚、追求个性的女性的最爱。

全美最奢华的珠宝、服装和化妆品商店都集中在这里,第五大道也已成为高品质和高品位的代名词。"第五大道"香水完美诠释出了纽约第五大道的华丽和高贵,至今为止仍是一款在浪漫之都巴黎畅销的北美香水,也是伊丽莎白·雅顿最成功的经典产品之一。

(二)"粉漾红门"(Red Door Revealed)香水

伊丽莎白·雅顿在1989年推出"红门"香水后,于2004年又推出"粉漾红门"(Red Door Revealed)香水。这款香水以东方兰花香调为主香调,前调是绿色珊瑚兰、粉红牡丹和兰花;中调由宝石蓝、黄色金香木、紫洋兰、白保加利亚玫瑰和菊花组成;后调为地衣、黑琥珀、麝香。打开"粉漾红门",清甜柔美、浪漫芳郁的气息迎面而来,之后持久而温暖的华丽香味极具吸引力。瓶身采用了经典的粉红设计,清澈透明的瓶身上嵌缀Revealed的红色字体,"Red Door"的logo伴随着馥郁粉嫩的香味,展露着多变的粉漾风情,重新阐释了不一样的经典"红门"(见图8-40)。

图 8-39 "第五大道"香水

图 8-40 "粉漾红门"香水

(三)"绿茶"(Green Tea)香水

1993年推出的"绿茶"(Green Tea)香水灵感来源于古老的茶道传统,所以散发出淡淡的知性及高雅气氛。其全新概念的清新花香调,宛如雨后清晨般令人神清气爽、心旷神怡。前调含有葛缕子、大黄、柠檬、橙皮和佛手柑,散发出清新悦人的芳香;中调由绿茶、薄荷、茉莉、康乃馨、茴香组成,令人振奋的芳香沁人心扉;后调中的桦树苔、麝香和白琥珀令人身心舒缓,散发着温暖心灵的芳香。"绿茶"香水淡雅的瓶身设计(见图8-41),传递了简单自然的意念,其香味清新淡雅而脱俗,自推出后便受到消费者的青睐。

图8-41　"绿茶"香水

八、博柏利(Burberry)

博柏利(Burberry)即巴宝利,是一个极具英国传统风格的奢侈服饰品牌,由 Thomas Burberry 于1856年创立,总部设在英国伦敦。其品牌标识由一个"马背骑士"和 Burberry 的名称构成(见图8-42)。标识上方经典的"马背骑士"就像一个穿着盔甲的武士一样,保护着这个大不列颠联合王国的英伦品牌。而下方的 Burberry 用创始人的名字标出品牌的名字。

图8-42　博柏利品牌标识

Burberry 最早的香水是1924年推出的一款集玫瑰、茉莉、橘花之香的淡香水,在当时受到人们的普遍欢迎。20世纪90年代,Burberry 推出了第一款女士香水"伦敦"(London),清新的果香调和清爽自然的气质,流露出女性俏丽的特质,成为当年的经典作品。1998年,Burberry 推出"周末"(Weekend)女士香水,这款香水时尚清雅,给人们一种轻松愉悦之感,为当时的情人们周末出游增添了情趣和光彩。

(一)"伦敦"(Burberry London)女士香水2006新版

作为英国经典时尚品牌,Burberry 在2006年推出新款女性时尚香氛"伦敦"女士香水,这是一支淡雅而具现代感的花调香氛,前调融入了小柑橘、蔷薇和忍冬的雅致气息,清新可人;中调中的牡丹及茉莉香气给人惬意舒畅的感觉;后调中性感诱人的檀香、麝香及广藿香让人感到怡然自得。香水瓶上象征英伦风格的格纹图腾,更让 Burberry London 在年轻的气息里带着一点尊贵和迷人(见图8-43)。

(二)"伦敦"(Burberry London)男士香水 2006 年新版

"伦敦"男士香水的香调是琥珀木质。前调混合了清新佛手柑、强烈的黑胡椒、薰衣草气息和辛香的肉桂叶,高雅精致;中调包括了奢华的皮革、含羞草和独特的红葡萄酒,散发着诱人的性感气息;后调由烟草叶、陵香木、浓郁的橡木苔和甜没药树脂组成,构成了独特出众的英式香氛,流露出的经典香气沁人心脾。香水瓶身为一件放大尺寸的 Burberry 经典格纹布料,外盒包装运用著名的 Trompe-l'oeil 编织图案,和瓶身花纹相呼应,处处体现了忠于品牌的传统和创意精神,展现了 Burberry 经典高雅的英国风格(见图 8-44)。

| 图 8-43 "伦敦"女士香水 | 图 8-44 "伦敦"男士香水 |

九、娇兰(Guerlain)

娇兰(Guerlain)是享有国际盛誉的法国品牌,创立于 1828 年,总部设在巴黎。其标识最上方是一个蝴蝶形兰花图案,象征着美丽的愿景;下面大写的英文"GUERLAIN"是创始人的姓氏,凸显出这是一个以家族姓氏命名的品牌;下方一行小字"PARIS"表示娇兰的诞生地是充满浪漫色彩的法国巴黎(见图 8-45)。

图 8-45 娇兰品牌标识

1828 年,法国药剂师皮埃尔·佛朗索瓦·帕斯卡·娇兰在巴黎开了第一家香水店,就此展开了近 200 年传奇的华美篇章。由于品质优异,娇兰很快风靡巴黎上流社会,并获得欧洲王室的青睐。

迄今为止,法国娇兰为欧洲半数以上的贵族提供香水,比利时王后、俄罗斯公主等都和法国娇兰有着不解之缘。

(一)"一千零一夜"(Shalimar)香水

20世纪30年代,"一千零一夜"(Shalimar)香水诞生在香水世家娇兰。Shalimar是娇兰最著名的香水,也是香水历史上第一款东方香水。以东方调为主香调,前调是佛手柑,中调由玫瑰、茉莉组成,最后以香草、橡树苔藓、顿加豆和鸢尾花收尾。朦胧性感而浓郁的香气使人感到温暖浪漫。Shalimar不仅是一瓶香水,同时也代表着男人对女人的深情。它象征一则浪漫的爱情故事:传说印度大帝沙杰罕极宠爱他的妃子泰姬,这位在他的王国里呼风唤雨的帝王,依然如世间平凡男子般,竭尽所能地希望博得美人的欢心。为此,他下令建造了许多美丽的花园,在这里,他与泰姬携手漫步、絮絮低语、倾诉爱意,在这个女人眼中,他发现了另一个更美丽的世界。这些留下两人足迹的花园,就被命名为Shalimar。Shalimar是梵文,原意为爱的神殿。帝王与他的爱妃以及他们的王国,已随着岁月消逝,但是浪漫的爱情故事却成为人间传颂的美丽传说。香水大师Jacques Guerlain在这个美丽传说中找到了灵感,创造出Shalimar,于是这瓶诞生于爱情之中的香水,带着神秘的东方气息,世世代代飘香延续(见图8-46)。

图8-46 "一千零一夜"香水

(二)"帝王之水"(Eua de Cologne Imperiale)香水

在第二帝国时期,拿破仑三世在巴黎享受着他奢侈而豪华的宫廷生活。他热衷于举办各种各样的舞会,邂逅不同的美女、贵妇,直到他遇到生命中最重要的一个女人欧仁妮(Eugénie de Montijo),并封她为皇后。优雅而高贵的Eugénie皇后和宫廷中的美妇们将巴黎的皇宫变成了当时法国的时尚发源地,各种最新款的饰品、珠宝、香水都会第一时间出现在巴黎的宫廷之中。

而早已声名显赫的法国娇兰,自然也是这一场潮流盛宴的参与者。起初娇兰先生被Eugénie皇后的高贵气质和迷人光彩所震撼,为了表达对皇后的无限敬意,娇兰先生为

Eugénie 皇后量身订制了这款著名的"皇室蜜蜂"瓶身的香水——"帝王之水"(见图 8-47)。"帝王之水"是如此清新而又迷人,它混合了橙花、佛手柑、柠檬、熏衣草和迷迭香的味道,令人着迷。"帝王之水"为法国娇兰带来了无上的荣耀,获得皇室的最高嘉奖,成为"御用皇室香水制造商"。

(三)"香榭丽舍"(Champs-Elysées)香水

"香榭丽舍"香水于 1996 年推出,以纪念娇兰在香榭丽舍大道上开张的旗舰商店。它打破传统提炼香水的方式,前所未有地使用含羞草叶及花朵为主要成分。前调以清新的绿叶气息混合玫瑰花瓣与杏花的幽香;中调由充满阳光味的含羞草与银合欢、铃兰的清香组成;最后由芙蓉花的浓郁与龙涎香的幽香收尾,令人回味无穷。

"香榭丽舍"香水以法国巴黎著名的香榭丽舍大道为名,其瓶身由法国著名雕塑家 Robert Granai 设计,瓶底为三角锥体,再现了卢浮宫前的玻璃金字塔,优雅的宽边瓶盖正是凯旋门的印记,整个设计由香榭丽舍大道上的著名建筑巧妙组合而成(见图 8-48)。这款自由化身的香水凸显女人自主性的风格,给每位女性带来青春飞扬、前所未有的轻快感觉,让每个女人找到自我,深受女性的追捧。

图 8-47 "帝王之水"香水

图 8-48 "香榭丽舍"香水

十、爱马仕(Hermès)

爱马仕(Hermès)是一家忠于传统手工艺,不断追求创新的国际化品牌,由蒂埃里·爱马仕(Thierry Hermès)于 1837 年创立。其品牌标识主要由三个部分组成(见图 8-49)。一是马车图案,它是爱马仕以经营马具起家的悠久历史与精致品质的传统象征。在爱马仕家族收藏的名画中,最重要的是一幅阿尔弗雷德的水粉画。画中,一位小马夫在一辆维多利亚式的双座马车前等待他的主人,爱马仕马车商标的灵感就是由此而来的。二是爱马仕的大写签名"HERMÈS",表明了创始人对这个品牌的神圣责任。如果不是与马车图案一起出现,它通常会被安排在按扣或表面上。三是标识最下方的一行小字"PARIS",说明了它创立

图 8-49 爱马仕品牌标识

于巴黎。

  对于憧憬爱马仕的时尚迷而言,香水是进入爱马仕顶级花园的入门商品。爱马仕的香水不多,但是一贯保持着精致华丽的传统。爱马仕的香水并非浓得化不开,但总是让人一闻难忘。瓶身高贵华丽,雕花更是精致得无法用语言形容。其他的香水公司一般每两年推出一款新产品,但是爱马仕则采取十年一新的策略。

(一)"尼罗河花园"(Un Jardin Sur Le Nil)香水

  2005 年,爱马仕专属调香师艾雷纳(Jean-Claude Ellena)在游览世界上最长的河流——埃及尼罗河时突发灵感,遂以生生不息为主题,创作了限量版香水"尼罗河花园"(见图 8-50)。这款香水前调为灯芯草、埃及青檬果和柑橘,新鲜青涩的香气随之飘出;中调包含了夏天的茉莉、尼罗河睡莲和橙花,香气清新却不乏骄奢感;后调由无花果树、乳香脂树、西洋柏组成。这款香水加入中性气息,提醒人们这是一支男女都适用的香水。值得一提的是,莲花是埃及的圣花,是一种重生的象征,用来献给太阳神与法老。这支香水表达的是维系过去、现在与未来的永恒时间观。

图 8-50 "尼罗河花园"香水

(二)"驿马车"(Caleche)香水

"驿马车"香水是爱马仕于1961年推出的一款经典之作,有着爱马仕经典的传统,典雅奢华的设计,表达了自信迷人的风采,赢得了不少女性的芳心。这款香水以清新花香调为主香调,前调为白松香、橙花、玫瑰组成,清新自然;中调由橙花油、鸢尾草、五月玫瑰组成,香气令人无法抗拒;后调是西洋杉、橡树苔,传递出温和细致的气息。清新自然、温和细腻、委婉回春的香味,呢喃地诉说着少女的情怀,让那些年轻、自主、思想前卫的都市女子们无法抗拒。香水瓶身优雅简洁,简单流畅的线条,优雅中不失大方(见图8-51)。这款名贵的香水,有"液体钻石"之称。"驿马车"香水在当今世界上排列前十位的最昂贵的香水中排第6位,每盎司高达170美元。

(三)"相遇法布街24号"(24 Faubourg)香水

"24 Faubourg"是爱马仕在1995年出品的女士香水,中文名称为"相遇法布街24号"。"相遇法布街24号"的设计灵感来自热情浪漫的地中海、印度洋地区。这款香水以东方花香调为主香调,前调由香柠檬、柑橘、桃子、风信子组成,中调蕴含了鸢尾花、橙花和茉莉,最后以檀木、草香、广藿香和琥珀收尾,清纯独特的香气触动着心灵的最深处。这款香水的香气象征流畅、清澈、碧蓝的天空,时而散发着太阳的活力与明媚,时而呈现清晨的爽朗凉意,时而是中午时分的温暖与灿烂,给人以想象,给人以梦幻,让人迷醉又让人震撼。香水瓶身为浅金黄色,略带琥珀色泽,再加上爱马仕最经典的产品丝巾作为瓶身图案设计,散发出女性耀眼、神秘、性感的味道,绽放出金色的生命之光(见图8-52)。这款香水以爱马仕集团总部坐落的巴黎著名的法布大街命名,正像爱马仕CEO让-路易·杜迈说的,他们希望这款产品能历久弥新,恒久流传。该香水在1997年荣获FIFI Award香水大奖。

图8-51 "驿马车"香水

图8-52 "相遇法布街24号"香水

目标考核

初级目标考核:

请指出下列标志所代表的品牌。

G R A F F FRED LEIGHTON

London

Cartier **PIAGET**

HW

HARRY WINSTON
Rare Jewels of the World

B
BOUCHERON
PARIS

VC A

Van Cleef & Arpels

B V L G A R I

Chopard

DAVID WEBB

高级目标考核：

一对相恋了 8 年的异地恋人，终于决定于今年春节结婚，并打算在你工作的酒店（酒店位于哈尔滨市）订婚宴 20 桌，但是由于人在国外，因此希望酒店管家为他们推荐一个珠宝品牌，以方便他们订制婚戒。

请根据以上资料，为这对新人推荐一个珠宝品牌，并送上一份祝福。

第九章　投诉处理技能

第一节　认知投诉

一、关于投诉

(一)投诉的含义

《质量管理　顾客满意　组织投诉处理指南》(GB/T 19012—2019)将投诉定义为"就产品、服务或投诉处理过程,表达对组织的不满,无论是否明确地期望得到答复或解决问题",同时注明投诉可在组织或顾客互动中的其他环节产生,可以是直接或者间接的。酒店投诉是指客人对酒店设备或提供的服务不满或失望时,向酒店方提出的意见或建议。

(二)投诉的种类

1. 控告性投诉

控告性投诉的特点是:投诉人已被激怒,情绪激动,要求酒店给出某种承诺或解决方案。

2. 批评性投诉

这类投诉的特点是:投诉人心有不满,但情绪相对平静,只是把这种不满告诉酒店方,但不一定要其做出承诺。

3. 建议性投诉

这类投诉的特点是:投诉人一般不是在心情不佳的情况下投诉的,恰恰相反,这种投诉很可能是伴随对酒店的赞誉而产生的。如在表扬的同时提出了一些遗憾,这类投诉往往被酒店经营管理人员忽视。

(三)投诉的途径

酒店投诉的来源,可以归纳为以下几种,但不论是何种途径的投诉,酒店方都必须引起重视。

1. 口头投诉

口头投诉是指客人到服务台或直接向酒店各部门员工口头反映问题或表达其意见。

2. 电话投诉

电话投诉是指客人打电话向酒店有关部门投诉。

3. 信函投诉

信函投诉是指客人通过写信、发传真或填写《宾客意见表》等途径反映问题。

4. 自媒体投诉

自媒体投诉是指客人通过网络自媒体如微信、微博、抖音等途径进行的投诉。

二、对投诉的认识

(一)投诉会对酒店的形象和声誉产生一定的不良影响

酒店要正确处理客人的投诉,首先应对客人投诉有正确的认识。在通常情况下,客人投诉是酒店的大忌,是件坏事情。因为从某种角度上来说,投诉越多就意味着酒店产品的缺陷或服务不到位的地方越多。对酒店而言,争取和留住客人都是不容易的事,如果不能正确对待客人投诉,不能及时有效地处理客人的投诉,让客人因不满而离开酒店,真正受损失的是酒店。因为,有些客人对酒店心存不满时,不会选择向酒店投诉,而是把不满留在心里,本人拒绝再次光顾,甚至向其亲朋好友等宣泄,在更大的范围影响酒店的形象和声誉。

(二)投诉也是件好事情,也有积极的一面

1. 防止客人流失

在现实中,酒店提供的产品或服务不可避免地会出现低于客人期望值而造成其不满意的情况。因此客人投诉是难以避免的。相关研究发现,50%～70%的投诉如果得到解决,客户还会再次与企业交易;如果投诉得到快速解决,与企业再次交易的客户会上升到92%。因此,客人投诉其实是帮助我们发现工作中存在的问题与漏洞,是给我们改进工作、提高服务质量、改善宾主关系、恢复客户满意度的对最直接的补救机会。鼓励客人投诉并妥善处理,才能消除客人的不满情绪,重新赢得客人的信任和好感,改善客人对酒店的不良印象,才可以有效防止客人的流失。

2. 减少负面影响,改善酒店形象

不满意的客人不但会终止购买本酒店的产品和服务,转向其他的酒店,而且会向他人诉说自己的不满,给酒店带来负面的口碑传播。如果酒店能够鼓励客人在产生不满时及时向酒店投诉,为客人提供直接宣泄和酒店补偿的机会,客人的不满和宣泄就会处于酒店的控制之下,就会减少客人寻找替代性满足和向他人诉说的可能性;同时,客人都有受尊重的需求,

有效处理客人的投诉,才能使客人感受到他们受到了尊重,才能帮助酒店维护自身形象。

3. 预警危机,提供免费的市场信息

投诉是联系客人和酒店的一条纽带,它能为酒店提供许多有益的信息。酒店产品和服务必须能有效地满足客人的需求。客人投诉为酒店提供了预警信号,一方面让酒店及时发现经营过程中存在的问题与失误,使得酒店有机会及时处理、改进,避免产生更大的危机;另一方面还能反映出客人的潜在需求,为酒店提供非常有价值的市场信息,帮助酒店不断完善产品,不断提升服务品质。

因此,当客人向我们投诉时,千万不能有"客人投诉就是找酒店的麻烦""投诉的客人都是刁民"等想法。无论客人出于何种原因进行投诉,我们都要理解客人,决不能与其争辩或不理不睬,要充分重视客人的投诉,设身处地地为客人着想,及时查明原因,改善服务,真诚地帮助客人解决问题,尽可能使其满意。

第二节　投诉原因及心理分析

一、投诉原因分析

引起宾客投诉的原因很多,如设备设施运行不正常、有故障,清洁卫生工作马虎,客用品未及时更换、消毒、补充,服务过程中礼节礼貌不到位,不尊重宾客的风俗习惯,接待宾客不主动、不热情,未及时处理好宾客委托代办的事项,损坏、遗失宾客的物品,等等。不管宾客出于何种原因生气或向酒店投诉,有一点可以肯定的是宾客对酒店产品产生了不满意、失望的情绪。宾客投诉往往是因为酒店工作上的事、酒店与宾客双方的误解、不可抗力,或某些人的别有用心等因素造成的。按照宾客投诉的内容,可以将投诉归为酒店和宾客两方面的原因。

(一)酒店方面的原因

1. 酒店服务项目的设置未能满足宾客的需求

服务项目是酒店服务质量的重要组成部分,酒店服务项目的设置受制于酒店的规模、等级、可用资金、主要客源市场、设施设备、地理位置、员工素质等因素。宾客对酒店服务项目感到最不满意的是,他们所需要的,而且认为酒店理所当然应该设置的项目并没有设置,如理应有的热水供应,宾客沐浴打开水龙头时只有冷水;或者虽已设置却形同虚设,实际上不能发挥作用,如酒店所谓的热水供应,实际上却比冷水热不了多少,宾客怕着凉不敢沐浴。这两种情况都会使宾客失望。

2. 酒店设备设施出差错

酒店设施设备使用不正常、不匹配,让客人感到不便而造成投诉,如客房空调失控、大厅电梯无法正常运转、排水系统失灵等等。

3. 酒店员工的服务态度与宾客期望存在较大差异

从心理学角度分析,酒店员工的服务态度由以下三个部分组成:员工对宾客和自身工作的认知、情感、行为倾向。酒店严格的纪律,日复一日近乎机械、重复的简单操作以及宾客对酒店服务质量的期望,都会消磨员工的工作热情。而酒店宾客普遍有较强的尊重需求,他们对服务态度的不满常源自认为酒店员工对其不够尊重。因此十分重要的一环是强化员工对宾客尊重需求的认识,在服务过程中员工应尽一切可能避免有伤宾客自尊心的言行,努力提供个性化服务,以满足其尊重需求。

4. 酒店服务质量标准达不到宾客的期望

酒店的工作程序、操作规范和规章制度是在实践中逐步完善的,酒店的最根本目标是通过宾客对酒店产品质量满意而实现社会效益和经济效益,因此酒店的各项程序规范和规章制度都必须接受宾客的检验。当酒店服务质量标准太低达不到宾客的需求时,也容易引起宾客的投诉。

5. 员工服务语言使用不当

服务语言是酒店员工提供服务的必要手段。根据投诉统计资料,员工语言使用不当,刺伤客人自尊心而导致投诉的比例不低。过于随意的语言,机械使用礼貌用语,不理解中西方或各民族文化差异,当着宾客的面用方言交流,或说话时伴随着不恰当的体态语言等,都有可能导致宾客的反感和投诉。

6. 服务技能技巧欠缺,服务效率低

宾客的失望或不满也可能起因于员工生疏、笨拙的服务技能技巧和低下的服务效率。酒店员工良好的服务态度,只能给宾客以一般的印象,宾客是否真正满意还与员工的服务技能、他们需求获得满足所花费的时间即服务效率有关。如果不能用娴熟的技能为宾客服务、在最短的时间内满足宾客的需求,就是有再好的服务态度也无济于事。

(二)宾客方面的原因

1. 宾客与酒店之间存在误会

来自世界各地的海外宾客,其生活习惯、文化渊源与我国有较大的不同;来自五湖四海的国内宾客,东西南北的生活习惯、方言土语也大相径庭,这些差异都可能成为误会的原因。此外,人的生理和心理状况都在不断变化,也可能导致其他误会。酒店员工对待误会的态度应该是:一尽量避免误会发生,特别应避免可能导致严重后果的误会发生;二发生误会后应尽快予以纠正,努力不让宾客火气升级。

2. 宾客对酒店的期望过大

常言道,希望越大失望也越大。宾客如果对酒店的服务质量期望过大,或者由于酒店做了某些夸张的宣传,无形中提高了宾客对酒店的心理期望值,但在实际消费过程中并非如此,往往也容易引起宾客的投诉。

当然,也有可能是纯个人原因引起宾客的投诉。如宾客心情不佳,或个性怪癖,或性格暴躁,对酒店员工并无差错的服务有些挑剔或乱发无名火,甚至上升为投诉。对于这类投诉,酒店只要坚持"客人总是对的"原则,以真挚诚恳的态度道歉,在通常情况下可以缓解这些客人的不满。从另一方面分析,酒店碰到这类客人,正是酒店向社会显示其高明服务技巧、和优良服务态度的绝好机会。

二、投诉的表达方式

客人投诉往往有理智型、火爆型、失望痛心型这三种不同的表达方式。

(一)理智型

这类客人在投诉时情绪显得比较压抑,他们力图以理智的态度、平和的语气和准确清晰的表达向受理投诉者陈述事件的经过及自己的看法和要求,善于摆道理。这类客人的个性处于自我状态。

(二)火爆型

这类客人很难抑制自己的情绪,往往在产生不满的那一刻就高声呼喊,言谈不加修饰,一吐为快不留余地,动作有力迅捷,对支吾其词、拖拉应付的工作作风深恶痛绝,希望能干脆利落地彻底解决问题。

(三)失望痛心型

这类客人情绪起伏较大,时而愤怒,时而遗憾,时而厉声质询,时而摇头叹息,对酒店或事件深深失望,对自己遭受的损失痛心不已是这类客人的显著特征。这类客人投诉的内容是自以为无法忍耐的,或是希望投诉能达到某种程度的补偿。

三、投诉心理分析

酒店管家往往服务在酒店的第一线,因此,往往也是接受客人投诉的第一人,他们在与投诉客人初次接触时的态度、语言、行为等对投诉的处理起着关键的作用。处理客人投诉的过程实际上就是酒店不断权衡客人要求,并在一定程度上满足客人要求的过程。而对投诉客人心理状况与目的的了解与掌握,又大大有助于对客人投诉的妥善处理,达到事半功倍的效果。

(一)求尊重心理

有的客人在接受酒店服务的过程中产生了挫折和不快,本来这些完全可以在容忍的限度之内,但这些客人还是进行了投诉。这类投诉很大程度上是出于客人要求受尊重的心理。他们的投诉行为甚至是出于证明酒店是否重视客人的一种试探,如果酒店不能及时做出回应,他们就觉得没有受到尊重,容易造成投诉升级。对于这类要求受尊重的客人,只要表示出充分的理解、高度的重视、设身处地的关心、真诚地道歉,不需采取更多的措施,就能得到他们的谅解甚至成为酒店的忠诚客户。

(二)求发泄心理

这种心理的产生通常是客人在接受服务过程中因受到挫折而产生不满甚至愤怒的情绪,他们想通过投诉的方式发泄不满,以求得心理平衡。对于这类客人,首先要学会倾听,弄清问题的事实及本质,表示出对客人的理解及对其感受的认同;其次要对客人真诚地道歉,以缓解其不满的情绪。

(三)求补偿心理

这种心理的产生通常是由于客人在接受服务过程中受到了不公正待遇,不仅遭受了精神上的损失,还遭受了经济上的损失,希望通过投诉挽回自己的损失。对于这类要求补偿的客人,处理过程中一定要根据实际情况尽量考虑补偿其损失。对客人提出的要求不能敷衍了事,应给出明确的答复和结果。对于确因酒店方责任造成的不可挽回的损失,使用物质或经济补偿是常用的方法。但需要提醒的是,具体处理人员千万不要做没有把握的承诺,因为会给履约带来麻烦。

第三节 投诉的处理

在现实生活中,酒店的产品或服务出现问题是难以避免的。投诉产生后,追究其原因已经不再重要,重要的是该如何正确看待、面对客人的投诉,是否敢于正视问题并以积极的态度去应对,如何真正坚持"宾客至上"的经营理念,为客人提供最完善的服务,采取怎样的措施来有效解决客人的投诉。

投诉处理是酒店服务补救系统的终端,是向对酒店失望且采取投诉行为的客人提供第二次服务的绝佳机会。投诉处理的目的是解决问题,而不是制造问题。如果投诉处理不当,原来的问题没得到解决,新的问题又出现,就会陷入"制造问题"的境地。成功地处理客人的投诉,一定有成功的方法,而投诉处理的失败也必定有失败的原因。所以投诉处理必须了解处理投诉的原则和一般程序。

一、投诉处理的原则

(一)尊重原则

尊重客人,就是尊重自己,因为你尊重客人,客人才会尊重你。尊重就意味着宾客至上,要把对的让给客人,即"客人永远是对的"。即使客人是百分之百的错,他们一旦投诉了,在处理过程中就必须义无反顾地遵循"客人永远是对的"原则,这也是服务理念的具体展示,要让客人感受到他们对酒店经营来说是十分重要的。而尊重客人的基本点就是在任何时候都要真诚地对待他们,不能随意应付他们,更不能欺骗他们。客人的"挑剔"就是酒店经营需要完善之处,应虚心地接受,并尽最大努力去改善。

尊重客人不是口号,应时刻体现在对客人的服务过程中,具体体现如下:礼貌地让客人把话讲完,在此期间不插话、不辩解,对客人的遭遇表示同情,感谢客人对酒店的关心与信任,即使客人情绪激动,对酒店有误会,也不与客人争辩。如客人仍怒气难息,可请上级来处理。

(二)理解原则

理解原则的核心就是理解客人的需求,了解客人需要酒店为他做些什么?真正做到理解客人,是成功帮助客人的基本前提。因此,酒店管家应充分理解客人的心情,同情客人的处境,设身处地地站在客人的立场上,努力分辨和满足他们真正的需求,真心诚意地帮助客人解决问题。以下技巧可以帮助管家有效理解客人的需求。

1. 听

在接受投诉时,酒店管家应全神贯注地倾听客人的投诉内容,不管客人投诉的问题是否合理,注意绝对不能打断客人的陈述。在客人叙述的过程中,管家要保持与客人目光的接触,要边听边点头附和,要表示理解和同情,一定要耐心听完客人的所有讲话,其间不要进行任何解释,以缓解客人的抱怨情绪,并对客人所说的话给予恰当的回应,必要时还要对客人提到的问题做好记录。

2．问

酒店管家在倾听客人的投诉时，应恰当使用提问的技巧，准确地提出问题，以便迅速地发现客人的真正需求。

3．复述

酒店管家在与投诉客人的沟通过程中，对客人提到的问题要准确复述，以确认是否真正理解了客人的心理，是否真正明白了客人的需求，以便提供更优质的服务和更稳妥的解决办法。

管理人员在处理投诉时往往身兼两种角色：一是酒店的代表，代表酒店受理投诉，此时他必须考虑酒店的利益；二是客人的代表，代表客人向酒店追讨损失或赔偿。因此投诉受理人员必须以不偏不倚的态度，兼顾客人和酒店双方的利益，公正地处理投诉。

（三）及时处理原则

美国著名营销专家菲利普·科特勒教授对销售业的研究表明，如果对客户的投诉处理十分迅速得当，则有95％的客户会再次达到对企业的忠诚；若客户投诉最终能得到妥善解决，也会有50％～70％的客户选择再次购买原企业的商品。由此可见，一旦出现客户投诉事件，我们必须及时处理并采取适当的服务补救措施。

在处理投诉时，要明白"问题没解决就是制造问题"的道理。因此，及时处理原则意味着毫不拖延地处理客人的投诉，让客人在最短时间内满意。如果投诉处理不能让客人感觉很满意，就有可能造成投诉升级、问题升级，也就是制造问题。正确对待客人的投诉，要做到态度友善、立场客观、情绪稳定、言语礼貌、处理及时、效果良好。

（四）维护酒店利益原则

酒店管家在处理客人投诉时，一方面要注意客人的情绪，帮助客人解决问题；另一方面也要维护酒店的整体利益，运用一些处理问题的技巧。因此，管家在接受客人的投诉时，不管客人的言辞多么激烈、情绪多么激动，管家都不可以为了息事宁人，当着客人的面批评酒店其他部门或员工，也不能简单地把一切责任都归咎于酒店或推卸给其他部门，或随便贬低其他部门来暂时平息事件，或超出本人的职权给客人某些许诺甚至应答客人不合理的要求，而在实际工作中又不能完全兑现，以致产生新的问题，造成客人新的投诉。因此在处理投诉时，虽然应尽快解决问题，在最短时间内让客人满意，但作为管家也应尽力维护酒店的利益。一些虽能暂时消去客人怨气但却损害了酒店利益的做法，是不可取的。

二、投诉处理的一般程序

投诉处理的关键点就是要及时、有效，因此管家在接受客人的投诉后，应立即想办法解决投诉的问题。

（一）掌控情绪

掌控情绪的出发点是双向的，一是掌控自己的情绪，二是掌控客人的情绪。掌控自己的情绪相对来说容易些，可要掌控客人的情绪就比较困难。这时，我们可以做的就是先安抚，再循循善诱，把客人的情绪引向良性的状态。

客人投诉主要是由于酒店的硬件设施、软件服务或其他方面未达到其实际要求或偏离了其期望,心里有不满或怨气,难免会表现在言语行为之中。对待怒气冲冲的客人,管家首先要热情接待,根据具体情况给客人安排休息,递上毛巾、送上茶水等,不容许任何推诿和冷漠,理解客人,克制自己,心平气和地听客人把自己的遭遇讲完,并对客人表达歉意、理解和同情。如果客人情绪很激动,管家更应该注意言语细节,决不能与客人发生争执。一旦争执,就会给客人留下更糟糕的印象,很可能会使客人火上浇油、情绪失控,以致老问题未处理又添新问题或造成投诉升级。因此,管家一定要努力克制自己并设法平息客人的怒气。

(二)收集客人信息

收集客人信息的目的是希望更多地了解客人。只有收集客人的信息,才能更好地把握客人,掌握客人投诉的心理状态和投诉的目的与要求。管家在处理客户投诉的过程中,要认真倾听、及时记录,从而找到客户投诉的真实原因。

(三)分析客人类型

从气质的角度,可以将客人分为多血质型、胆汁质型、黏液质型、抑郁质型这四种类型(见表 9-1);从客人说话声音的强弱、语气的高低可以分辨出客人的四种情绪类型,即牢骚型、谈判型、理智型、骚扰型(见表 9-2)。处理投诉时,管家需要针对不同的客人类型采取恰当的行动方案,气质类型是大的范畴,情绪类型是小的范畴。也就是说,每个气质类型的客人都有可能表现出四种情绪类型。管家在辨别出客户的类型后,再有针对性地寻找解决之道。

有效收集客人信息的技巧

表 9-1　气质类型及表现特点

气质类型	表现特点
多血质型(活泼型)	反应迅速,有朝气,活泼好动,动作敏捷,情绪不稳定,粗枝大叶,喜欢交往,兴趣广泛但不持久
胆汁质型(兴奋型)	易兴奋,直率、热情,精力旺盛,自我控制能力较差,容易冲动,心境变化剧烈,脾气暴躁
抑郁质型(完美型)	敏感、多疑、孤僻,情感体验深刻但不外露,行动缓慢,外表温柔但怯懦
黏液质型(安静型)	安静、稳重,动作迟缓,沉默寡言,善于忍耐,情绪不外露,做事认真但不灵活,缺乏生气

表 9-2　情绪类型及表现特点

情绪类型	表现特点	
牢骚型	情绪激动,说话没有目的,只是发发牢骚,你说话他也认可,但从来不给你说的机会	情绪激动,但无明确目的
骚扰型	情绪温和,没有明确目的,思路比较清晰,喜欢绕圈子,爱钻牛角尖	情绪稳定,无明确目的
谈判型	情绪激动,目的明确,以自我为中心,一定要解决问题,不容易沟通,不接受任何意见	情绪激动,有明确目的
理智型	思维清晰、理智,有条理,目的非常明确,不容易被引导	情绪稳定,有明确目的

（四）掌握沟通技巧

在判断客人类型之后，就可以采取不同的沟通策略和技巧来应对。管家在工作之外可以随心所欲地表达个人的性格特点，但在受理客人投诉时，语言应该从"生活随意型"转到"酒店专业型"，必须注意接待用语使用的规范性和表达的准确性。面对个性、心境、期望值各不相同的客人时，管家既要进行个性化的表达沟通，又必须掌握共性的表达方式与技巧。

（五）领会客人动机与需求

管家在倾听、记录的同时就进入了沟通的阶段。但我们仍需要进一步了解客人的需求和动机。在需求确认的过程中，不要忘记有效倾听的重要性。你的目的是要了解客人的需求，正确解读客人的问题，以便为下一步工作奠定良好的基础。同时，你要听得出来客人投诉背后的动机，而这方面通常是无法通过直接提问得到的。

管家与投诉客人的沟通技巧

在辨认和领会的过程中，有几点需要注意：

（1）避免不了解客人的需求而直接进行投诉处理。

（2）避免一次提一个以上的问题。

（3）适当的沉默。不要以为你的提问可以挖掘出客人的所有需求和全部动机，适当地沉默，给客人思考和主动说话的机会，往往比你设计的任何问题都更有价值。

（六）谈判化解矛盾

谈判是整个投诉过程的核心阶段。首先，管家要了解酒店对此类问题处理的基本原则，因为你有义务维护酒店的利益。当然，这种维护是在客人能接受的前提下，否则造成的客人流失比任何损失都要大。其次，管家要明确自己手中的资源，在职权范围内给予客人必要的赔偿或优惠。如果超越了自己的权限，应上报给上级领导，由上级领导来决定。最后，管家要尽可能具备丰富的知识，因为在整个谈话过程中，节奏的把握十分重要，每个关键点都要把握好，要求管家在谈话过程中，能通过客人的情绪变化、形体表现、语音语调等，对客人的投诉心理和要求及时地进行判断，并据此形成较合理的解决方案。这就要求管家较好地掌握心理学、形体学等方面的知识。总之，这些都要求管家具有良好的基本职业素养。

（七）处理方案的落实

处理方案达成或落实工作一定要及时到位。越快处理投诉，客人的满意程度就越高。如果悬而未决，客人不仅会对酒店的办事效率产生疑问，也会加重不满情绪。

在处理投诉时可以先征求客人的意见，把将采取的措施和所需时间告诉客人，如果双方意见相左，要心平气和地与客人协商，但要注意不能作任何不切实际的承诺。如果涉及其他部门，应与相关部门取得联系，尽快帮助客人解决问题。如果客人始终不满意或涉及权限问题，应及时报告上级管理人员，由其处理。

（八）跟踪结果

投诉处理完毕后，过一段时间可通过电话、书信、邮件等方式与客人跟进回访，主动了解客人对处理结果的反馈信息，确认投诉处理的效果，对客人的宽容和合作再次表示感谢，这也是酒店有效的营销手段和以巧取胜的措施之一。不要小看回访的作用，它可以使客人对酒店的信任成倍增长，从而形成再次购买或正向的人际传播。

（九）存档

做好每一位客人的投诉档案管理工作，要定期进行分类、分析、总结经验，以防类似投诉的再次出现，利于今后改进工作。

三、投诉处理的七种方法

（一）以静制动

处理宾客投诉时，在没有调查清楚事情原委时，宜"以静制动"，先听取宾客的意见，在沟通中语速宜保持不变，面部表情和姿态也不宜变化太大。

（二）区别对待

处理宾客投诉时，应对情绪激动型的宾客和理智型的宾客区别对待。情绪激动型的宾客一般嗓门较大，有表现欲望，喜欢引起他人注意，喜欢向任何人倾诉，在解决投诉时应将其和其他宾客隔离，以免影响到其他宾客，投诉处理时要先解决他的情绪。理智型的宾客声音较轻，不愿让别人知道自己的相关情况，愿意坐下来交谈，投诉处理时要先解决的是他的问题。

（三）讨宾客欢心

宾客在投诉时往往情绪是负面的居多，处理中要想办法讨宾客欢心。比如，在沟通中多赞美宾客，赞美宾客要具体、有针对性，行为上多关心宾客，给宾客奉茶水和点心等。

（四）缓兵之计

当宾客情绪比较激动的时候，可以通过去茶水间给宾客准备茶点或者告诉宾客请领导过来处理投诉等理由让宾客独处几分钟，利用"缓兵之计"让客户的情绪暂时先平静下来，等客户情绪平静之后再沟通，效果会好很多。

（五）博取同情

在处理宾客投诉中，酒店服务人员可以将姿态放低一些，博取宾客同情，有时也能奏效。比如："先生，我还有一周就实习转正了，您也希望下次再来酒店我还能为您服务吧？"

（六）转移注意力

当宾客固执己见时，可以通过转移宾客的注意力来处理。比如，转移环境，原本在酒店大堂的宾客可以请到环境优雅的贵宾室；转移人员，当双方沟通僵持不下时可以通过请另外的工作人员来转移宾客的注意力；还可以通过赠送适当的小礼品来转移宾客的注意力。

（七）适当让步

在处理宾客投诉中适当让步也能让宾客感到酒店的诚意，进而转变看法。但适当让步要在不违背酒店相关规定的前提下。

总而言之，宾客是酒店利润的创造者，对酒店的经营和发展起到关键性的作用，及时妥善地处理宾客的投诉和树立酒店良好形象显得十分重要。

四、投诉处理技巧

在处理客人投诉的过程中，管家在工作态度及处理方式方面都需要有一定的技巧，这样才能圆满地解决投诉事宜。

(一)接受投诉时的技巧

(1)注意用恰当的方式称呼客人。

(2)根据客人的投诉方式采取不同的方法与技巧。

面对现场投诉的客人,应礼貌地请客人就座,最好能提供茶水或饮品服务,请客人慢慢说明事情原委及要求;如果客人情绪比较激动,可以请客人到比较偏僻的地方落座,不要造成对其他客人的困扰。

(二)处理一般投诉时的技巧

1.认真倾听,弄清原委

保持谦虚的态度,认真听取客人的叙述,才能全面了解客人所投诉的问题。在倾听客人的叙述时,应注视客户,不时地点头示意,让对方明白你在认真听取和对待他的意见。另外,边听边做记录,可以体现对客户的尊重和对其所反映问题的重视。倾听中的宜与忌如表9-3所示。

表9-3 倾听中的宜与忌

宜	忌
身体前倾,注视客人,适时点头	东张西望,心不在焉,伴随小动作
适当、简短地提问,询问对方未说清楚的主要问题和主要情节	打断对方谈话,自我解释
记录对方陈述的要点,并复述一遍,加以确认	阻碍对方话头
认真倾听,表示理解	转变他人话题,不给予反应

2.表示理解,不与客人争辩

倾听完毕,可以对客人说"我理解您现在的心情,我们一定会认真核实并处理这件事情的"。当客人情绪激动时,更要保持平和的心态和语气,决不能与客人争辩对错。当客人的认识和理解有误时,不宜当场纠正,更不能责怪客人,应站在为什么会导致客人产生误会的角度,从自身工作上找原因。

3.诚心致谢,勇于认错

要从思想上加强认识,客人向酒店投诉并不是找就酒店的麻烦,而是对酒店的信任。要把客人的投诉当成促进个人提高业务素质、促进酒店提高服务和管理水平的一个契机,发自内心地欢迎和感谢客人的批评和抱怨。受理投诉后,应向客人真诚致歉,确是酒店的责任应勇于认错。

4.区别对待,及时处理

对客人所投诉的事情进行核实后,就要及时采取行动,纠正错误,弥补客人的损失。对于只求获得尊重需求的客人,要夸奖他们看问题、提意见的思想深度和独到见地,给足面子和自尊心。对于经济上要求补偿的客人,要在酒店营销政策允许的范围内适当让步,使其获得心理平衡。要让客人知道并同意你的处理决定及具体措施,可以用征求意见的口气说:"如果我这样做,您看是否满意?"如果客户不满意,就要马上将意见反馈到上级领导处,尽量给上级领导留有处理的余地,不要超越职权范围随意表态或承诺。当场不能解决的,要在采取纠正措施后的第一时间向客人反馈,并征求意见,得到其认可。

5.反思工作,改进服务

在投诉处理完毕后,要把投诉作为案例,完整地整理归档,对投诉时间、地点、当事人、投诉的原因和处理结果做详细的记录。典型的案例要在工作例会上提出,共同寻找管理和服务的漏洞,从中吸取教训,改进服务,避免类似事件的再次发生,使酒店管理和宾客关系管理日臻完善。

6.学会以积极的方式来拒绝客人

有时客人提出的要求是我们无法做到的,此时,应以一种积极的方式来表示拒绝。

(1)向客人说明原因,获得客人的谅解。如果是酒店政策不允许,仅仅说明酒店政策是这样规定的还不够,最好还能说明酒店政策之所以这样规定的原因。

(2)对客人表示理解。

(3)尽量多地满足客人其他的需求。

(4)提供其他的选择。

接待客人投诉的宜与忌如表9-4所示。

表9-4　接待客人投诉的宜与忌

情　形	宜	忌
遇到客户情绪激烈、破口大骂时	"对不起,×先生/小姐,请问有什么可以帮助您的?"	"喂,嘴巴干净一点,这又不是我的错!"
遇到客人责怪受理人员动作慢、不熟练时	"对不起,让您久等了,我将尽快帮您处理。"	"喂,不好意思,我是新手啦!"
遇到客人投诉之前受理人员态度不好时	"对不起,由于我们服务不周给您添麻烦了,请您原谅。您能否将详细情况告诉我?"	"喂,刚才的电话不是我接的呀!""他这个人就是这样,客人都反映他的服务态度不好。"
遇到无法当场答复客人投诉时	"很抱歉,×先生/小姐,多谢您反映的意见,我们会尽快向上级领导反映,并在×小时之内给您明确的答复,谢谢您,再见。"	"我也不清楚,你过会再来吧。""我也没办法答复你,负责人不在,要不你过会再来吧。"
在客人投诉受理结束时	"再见,多谢您的宝贵意见,我们会尽快向上级领导反映,谢谢您,再见。"	"喂,没事了吧,您挂电话吧!"
遇到客人提出建议时	"谢谢您提出的宝贵意见,我们将及时反馈给相关部门和领导,再次感谢您对我们工作的关心和支持。"	不可以没有感谢和赞扬

(三)特殊客人投诉处理技巧

特殊客人表现为:有的客人按照自己认为合理的方式和要求去和酒店沟通协商,有的客人过于强调个人的价值,以个人的意志强迫别人,有的客人则投诉成瘾。遇到这些特殊客人的投诉是酒店员工非常头疼的一件事情,处理不妥可能会给酒店和品牌带来极不利的影响。当然,处理妥当的话,可能会将危机转化为商机。

1. 特殊客户投诉的类型

(1)感情用事型。感情用事型的投诉客人往往在面对酒店员工时情绪激动,喋喋不休,听不进别人的劝说,恨不得把所有的不满都归咎于酒店或受理人员,甚至会威胁受理人员。酒店管家在面对这种类型的客人时,如果处理不妥或稍有不慎,他们就会大吵大闹。因此,在处理这类投诉时,最重要的是先平复客人的情绪,再来解决问题。

(2)固执己见型。固执己见型的投诉客人通常表现为:认为自己说的都对,别人说的都不对,坚持自己的观点和想法,听不进别人说的话,气势和语言都显示出只有让别人接受他的观点才是唯一的解决方法。酒店管家在面对这种类型的投诉客人时,不应该把他们看成是在故意刁难,因为这是这种客人的性格特征。面对这样的客人,最重要的是选择恰当的处理方法,如果能圆满解决这样的投诉,就有可能让客人保持对酒店的长期忠诚。

(3)无理取闹型。对于那些无中生有、把自己的意志强加给你的无理取闹型的投诉客人,你此时最重要的是保持冷静,以不变应万变。在真诚地向客人解释说明没有效果的时候,需要给对方一个思考的时间,然后再来处理。

(4)暴力倾向型。暴力倾向型的投诉客人往往容易激动,一不满意就使用暴力,要求马上解决问题。管家在面对这样的客人时,最好的方法是根据客人的非语言表现——眼神、语音、语调等,判断客人潜在的暴力倾向,同时要注意客人是否有吸毒、酗酒的迹象。假如客人变得难以自控或对自己进行威胁、恐吓,应及时寻求援助。在处理投诉时,管家首先要保证自己的安全,在客人不冷静的时候再多的解释都是没有效果的。

(5)有备而来型。有备而来型的投诉客人往往对投诉的程序和所得利益有一定了解,他们了解《消费者权益保护法》等相关法律法规,了解酒店产品或服务的相关知识和标准,甚至会记录与酒店员工的谈话内容或进行录音,不达目的决不罢休。面对这类投诉客人,管家一定要掌握酒店的服务政策、服务标准及相关的法律法规,并且在提出解决方案前必须先了解是否与该客人有过沟通或曾经做过处理。了解清楚事情的前因后果,避免承诺没有兑现或多人说法不一致而埋下客人二次投诉或法律仲裁的隐患。

(6)宣传扩大型。宣传扩大型的投诉客人往往会利用媒体的宣传来对酒店施压,如果处理不当有可能遭到媒体曝光,给酒店带来极大的负面影响。在当下自媒体时代,每位投诉者都有可能成为宣传扩大型客人。面对这样的客人,优质服务是非常重要的,态度真诚、服务体贴、言行谨慎,出现问题要迅速高效地进行内部解决。

2. 应对难缠客人的注意事项

(1)说话不触及个人,应做到就事论事。管家在接受特殊类型的客人投诉时,不应该把矛头指向个人,从而导致双方的沟通不再是就事论事,而是变成互相之间的一种人身攻击。例如:"你怎么这样!我头一回见你这样的酒店员工!""我也没见过你这样的客人!别人什么事都没有,怎么就你这么多事啊!"或者,"我不是已给你解决了吗,你干嘛还不满意?"等等。管家在说话时始终不能触及客人个人。因为客人不是对你有意见,而是对酒店的产品或服务有意见,至少从表面上看是这样的。因此,管家要不断提醒自己,你的工作是要解决问题,尤其是在处理投诉的时候,当你把客人反映的问题解决了的时候,投诉自然就被化解了。

(2)征求对方意见。在处理投诉时,对解决方案应主动征求客人的意见,看看怎样做才能让对方满意。征询意见一方面是为了了解客人的真实想法,另一方面也可以让客人感受到自己受到了尊重,受到了重视。例如:"×先生,您看怎么做才能让您满意呢?""您觉得怎么处理会比较好呢?""除了刚才提的两点以外,您还有没有我们双方都能接受的建议呢?"

(3)礼貌地重复已定的解决方案。当客人坚持他的要求,而这种要求根本就不能满足时,客人就会不断地提出。这个时候,如果管家一味地坚持自己的意见,客人很容易翻脸,甚至造成投诉升级或搞出更大的动静来。因此,这时要避免客人有爆发性的投诉,怎么做呢?管家可以礼貌地重复已定的解决方案,对客人坚持其无理的要求不说行也不说不行,采取冷处理的方式,不要和客人正面冲突,不要直接回绝。要不断重复告诉客人你能为他做些什么,而不是不能做什么。如果客人不再坚持他的要求,投诉处理就结束了。如果客人依然不放弃,就告诉客人问题需要转由上级主管解决,请他谅解。

3. 对待"吹毛求疵"客人的技巧

遇到这样的客户,建议管家及时采取"三换法则",以避免问题升级:一是把问题转给他人,如主管或者专业部门(即换个人/部门);二是换个时间;三是换个地点。

4. 应对生气客户的技巧

客户在投诉过程中难免会有生气、发怒的情形,有时是因为我们服务中的失误所致,有时并不是我们的服务有问题,而是实际的服务不符合客人的期望。面对生气的客人,我们可以采用以下的技巧。

(1)保持冷静。作为管家,在处理客人投诉时,务必保持冷静和耐心,以便找出客人生气的原因,并针对其原因进行解决。如果客人有什么过激的言行,要理解他们并不是针对你个人,他们只是发泄受挫的情绪。如果将客人的怒气视为是针对你个人的,就容易报之以消极的举动。

①转移注意力。转移注意力,就是要使自己的注意力从客人的消极言行转移到他的需求上来,集中于你可以做些什么来帮助客人。这是努力使自己保持冷静的一种方法。

②暂时离开。如果感到自己有情绪失控的迹象,最好以查找资料等借口暂时离开片刻,借此机会使自己平静下来,然后再回来继续处理眼前的情况。

③鼓励自己。遇到生气、无理的客人时,可能觉得自己难以保持冷静友好的态度。此时不妨告诉自己:"坚持住,过几分钟他就要走了,不要因为这件事情影响了我的心情。"

(2)平息客人的怒气。客人过于激动会使宾主之间的沟通难度增加。因此,解决问题之前首先要消除客人的怒气,平复其情绪。平息客人怒气,管家可以试试以下几种方法。

①让宾客发泄不满。当宾客感到不满时,会试图表达自己的感受,甚至将怒气发泄到别人身上,以减轻自己的沮丧感。阻止宾客说话、打断宾客的话、过多地解释都会使宾客变得更加生气。让客人"竹筒倒豆子"般说完他想说的话,这是平息客人怒气非常有效的一种方法。

②表达对客人的理解。站在客人的角度考虑问题,理解客人的感受。对客人表示理解并不意味着赞同他的观点,而是表示我们尊重并理解他的感受,愿意与他共同解决问题。

③转移客人的注意力。努力使客人的注意力转移到如何解决当前问题上来。要做到这一点,我们需要对谈话进行引导,例如:"我怎样做才能帮您解决这个问题?""您有什么想法?""您认为怎样的解决办法比较好?"

④遵守规定,应付无礼客人。如果客人表现出粗暴无礼的言行,经努力仍无法使他配合工作,则可以告知对方,在这种状态下,你是无法帮助他解决问题的,请他先离开,另找时间商谈,或按照规定请酒店有关部门处理。

(3)找出问题所在。仔细倾听客人的描述,有针对性地向其提问,以确定发生问题的原因,并复述客人的话,已确认你听到的信息。

(4)制定并实施解决方案。在获得足够信息后,要与客人一同寻找最合适的解决方案。这种参与感与责任感能平息客人先前的怒气,并帮助你找到能令客人满意的方案。在双方就方案达成共识后,按步骤实施,并通过电话、邮件、拜访等方式跟进,确保解决方案已经生效。

五、投诉处理完毕后酒店应采取的措施

(1)了解分析投诉形成的原因,尽快执行酒店制度。涉及部门、个人责任的,按酒店制度对有关责任部门及人员进行惩罚;涉及酒店制度中存在漏洞的,应查缺补漏、完善制度。

(2)找出投诉较多的问题与环节。应统计投诉,找出被投诉最多的部门、个人及问题;应统计宾客意见书上的意见,确定哪个部门、个人存在的不足最多;请受理投诉的员工列举酒店投诉较多的问题。

(3)补充完善客人投诉档案。根据投诉处理的记录及其他资料,补充完善客人投诉档案。

(4)改进提高服务质量。把投诉的统计、分析、处理经过以及客人对处理的意见反馈到有关部门,以便这些部门改进工作;针对薄弱环节,加强对员工的培训。

【综合案例分析】

W 酒店自助餐厅简介:

宁波 W 酒店隶属于 W 国际集团,是一家五星级商务型酒店。其自助餐厅位于酒店一楼,占地约 232 平方米,可容纳 158 人同时用餐,是一个集自助餐和西餐于一身的餐厅。餐厅主要分为五个区域:B 前区、B 后区、F 区、G 区和 H 区。B 前区由于座位有限,视野广阔,主要接待一些零散的顾客,B 后区和 G 区因餐位较多,以接待团队客人为主,F 区和 H 区主要是接待自助餐散客。餐厅 24 小时营业,主营早、中、晚餐,午餐和晚餐以海鲜自助为主,为客人提供各种各样的美味海鲜。除此之外,还为客人提供宁波家常菜、独特的日本料理和各类精致绝美的小甜品等。

【分析】

一、W酒店自助餐厅顾客投诉问题及原因分析

(一)设施和菜品问题

1. 餐厅设施设备老化

宁波W酒店自助餐厅开业于2008年,设施设备虽然齐全,但使用年限较长,导致设备老旧磨损,例如桌椅掉漆、沙发破皮、餐垫陈旧等问题。这些现象严重冲击了顾客的视觉感受,无法让顾客感觉到五星级酒店餐厅的档次和品质,从而导致顾客满意度降低,引起顾客投诉。

2. 餐厅面积小,容量不足

餐厅面积明显偏小,这点在节假日体现得更为明显。节假日每天早上的用餐人数为400~500人,而餐厅最多只能容纳158人同时用餐,除去翻台,还要使大部分顾客等待较长时间,这会严重影响顾客情绪,甚至有一些住店顾客宁可选择去酒店外面消费也不来餐厅用餐。

3. 菜品一成不变,缺乏创新

良好的产品质量是顾客满意的直接因素,一个餐厅的菜品也同样如此。在笔者实习期间,发现该餐厅的菜品并没有什么大的变化,每天固定菜式,导致不少顾客反映菜品单一。即使如此,厨房方面也没有什么改进,因此遭到顾客投诉,流失了不少顾客。这些问题虽然细小繁杂,但这些正是优质服务的检验标准,细节决定品质。

(二)员工服务水平不高

随着物价水平的提升,很多高星级酒店为降低成本,会选择与一些学校合作,请一些实习生,宁波W酒店也不例外。雇用实习生虽然有一定的优点,但缺点也是不可避免的。在宁波W酒店自助餐厅里,实习生占服务人员比例较高,由于他们未曾正式步入社会,所以缺乏一定的社会经验和工作经验,也不习惯服务他人,对于工作中的各种技能也不太熟悉。虽然实习生的学习能力强、上手快,但很多学生的实习期仅为半年,刚刚熟练就面临离开,服务水平很难持续提升;再加上酒店培训成本较高,短时间内很难进行细致、系统的培训,导致了服务技能和水平的缺失,从而导致服务质量下降,使得顾客在享受服务的过程中产生不满,引发顾客投诉。

(三)投诉处理流程不完善,缺乏投诉管理部门

酒店自助餐厅的顾客投诉处理流程也不完善。当顾客对某个菜品或某项服务不满意时,会告诉餐厅的服务人员。有的服务人员认为是由于自己的原因导致顾客不满意,担心告诉主管或经理被责骂,往往选择隐瞒;有的服务人员根本不把顾客的建议放在心上,只是听听也不上报;只有一小部分服务人员会告诉自己的经理或主管,但当时可能已找不到投诉者,所以错过了解决问题的最佳时机。即使服务人员将这些情况告诉了主管,但是由于每个人的处理方式不同,同样会给顾客留下一种处理混乱、没有重视自己所提问题的不良印象。

此外,自助餐厅并没有专业的投诉受理部门和投诉处理的人员,当顾客在用餐期间或者用餐结束后向餐厅提供一些建议时只能通过服务人员进行传递,以致这些建议很大部分都无法到达餐厅负责人那里。用餐不满意的顾客如果投诉无门就会选择在微博、

QQ等社交软件上宣泄自己的糟糕体验和不良情绪,这就会使餐厅形象受损;在美团或者大众点评等软件上购买餐券的顾客在用餐结束后会在上面写一些评价,如果没有专门的部门去关注这些评价,就很容易被餐厅忽略,从而导致餐厅错失一些有用信息,使得顾客满意度降低,进而造成客源流失。

（四）缺乏精细化服务

自助餐厅拥有的顾客信息主要是来自酒店的住客信息,这些住客是餐厅早餐的主力军。但是对于午餐和晚餐并没有详细的客史信息,尤其是常来用餐的一些散客。这样就导致对顾客不了解,无法根据顾客喜好为顾客提供满意的、更加精细化的服务,甚至由于不了解顾客口味而弄巧成拙,引起顾客不满,导致投诉。

二、W酒店自助餐厅顾客投诉问题的解决对策

（一）提高餐厅体验度

完善的设施设备是餐厅赖以生存和发展的基本保障之一,也是餐厅服务质量的重要组成部分。一个餐厅,在拥有了完善的设施设备的基础上,还要定期对其进行维修。五星级酒店的餐厅更应如此,因为它不仅仅代表着酒店的外在形象,更重要的是还关系着顾客的人身安全。酒店自助餐厅必须积极完善更新设施设备,为顾客提供一个高端优雅的就餐环境,只有这样才能减少顾客投诉,提升顾客满意度和忠诚度,从而增加餐厅收益。

另外,菜品创新是一家餐厅经营的重要策略,也是其持续发展的动力。首先,从菜品原料来说,只要对所研究的新菜品有利,无论是本地材料还是外国原材料都可以使用。其次,口味的创新。例如,厨师可以在地方传统口味基础上借鉴西餐的调味料,进行中西结合的创新。最后,烹饪技法方面,在烹饪过程中注重菜品的质量,充分保证菜品营养,使其向精细化的方向发展。

（二）培养员工服务意识

要培养员工的服务意识,树立顾客为先的服务理念。首先要做到真心实意为顾客着想,用心对待顾客,尤其是针对特殊群体的顾客和"有小洁癖"的顾客,要尽自己最大的限度努力满足其需求;充分了解顾客信息,在为其提供标准化服务的基础上尽可能地提供精细化服务,让"顾客为先"的理念成为餐厅的品牌,从而培养顾客长久的忠诚度。另外,加强对基层员工的培训,如果他们能够以优质的服务、专业的技能赢得顾客的满意,会向顾客传递酒店"以人为本"的服务理念和W集团的核心价值观。

（三）建立投诉受理部门及投诉责任制

酒店自助餐厅因为缺乏独立的投诉受理部门,当顾客对餐厅的产品或服务感到不满意时,只能向身边的服务人员或者是值班主管进行反映,这些意见比较零碎、复杂,无法形成科学系统的解决方案。在餐厅建立独立的投诉受理部门,将这些意见集合起来进行整理、分析,找到顾客不满意甚至投诉的原因并加以改正,给顾客一个合理的交代,从而提升顾客满意度,吸引更多的顾客前来用餐。

当然,投诉责任制的建立也很重要。对餐厅服务人员按区域进行划分,每个区域的服务人员负责该区域的顾客。假如某个区域的顾客进行投诉,就要从多个角度进行分析,经过调查分析后,如果确定是该服务人员的问题,就需要该服务人员承担一定的责任,严重的话需要对该服务人员进行重新培训,以免给餐厅造成不良影响。投诉责任制的建立有助于明确分工,当问题发生后也可以避免服务人员之间的相互推诿,有利于餐厅的长远发展。

(四)建立完善的客史档案

完善客史档案,可以针对客人进行精细化服务。首先对餐饮客源进行分类,如分为大客户(VIP)、普通客户和普通散客三类。其次要进行顾客信息的收集,这就需要餐厅的服务人员更加用心地为客人服务,尽自己最大的努力让客人满意,并与他们建立良好的关系,获取更多、更完善的顾客信息。除此之外,餐厅的服务人员还可以通过向顾客发放资料卡或问卷表的方式获取顾客信息,然后进行客史档案的建立;餐厅在收取了足够的顾客信息之后,专门的工作人员要对信息进行筛选整理,录入系统。最后就是对客史档案的补充、更新和管理,这是一项长久的工作,需要在日常工作中进行收集和积累。

顾客投诉是顾客给予酒店的一份珍贵礼物,它所反映的是一个酒店的服务质量、水平和能力。顾客投诉也是酒店在发展过程中不可避免的一个环节,关键之处在于如何正确处理投诉,有效提升顾客满意度。如果酒店能够通过合理、高效的方法处理好顾客投诉,对于酒店的发展将会大有裨益。

资料来源:王蔚,张阳荷,赵添添,等.宁波 W 酒店自助餐厅顾客投诉问题研究[J].经济研究导刊,2020(11).

目标考核

初级目标考核:

通过提问的方式对学生进行初级目标考核,可以要求每位同学只能回答一个要点以扩大考核面。

1. 如何认识和对待客人的投诉?
2. 请对客人投诉的心理进行分析。
3. 投诉处理应遵循哪些基本原则?
4. 简述投诉处理的一般流程。
5. 请列举投诉处理的一般技巧。
6. 请列举处理特殊客人投诉的技巧。

高级目标考核:

以小组为单位,每组派出 3 名同学,分别扮演客人、酒店服务员、酒店大堂副理(主管),设计具体的投诉问题,集体编写投诉处理的文案并进行现场演练,由老师和同学共同对每组的文案及演练进行点评和评分。

参考文献

[1] 丁雯,卢朝荣.客户服务实务[M].3版.大连:东北财经大学出版社,2016.

[2] 费明卫,唐燕.饭店康乐服务[M].重庆:西南师范大学出版社,2014.

[3] 甘敏军,蒙启成.礼仪与沟通[M].北京:清华大学出版社,2012.

[4] 郭霖,张美华,曾婧,等.人际沟通与公众表达[M].重庆:重庆大学出版社,2018.

[5] 郭学贤.现代礼仪[M].北京:北京大学出版社,2013.

[6] 国英.公共关系与现代礼仪案例[M].北京:机械工业出版社,2004.

[7] 韩红月.每天学点礼仪学[M].北京:新世界出版社,2009.

[8] 何春晖,彭波.现代社交礼仪[M].杭州:浙江大学出版社,2005.

[9] 黄安民,吴耿安,黄丽娟.酒店康乐服务与管理[M].重庆:重庆大学出版社,2016.

[10] 黄震方.酒店管理概论[M].北京:高等教育出版社,2001.

[11] 蒋丁新.酒店管理概论[M].大连:东北财经大学出版社,2000.

[12] 蒋璟萍.礼仪的伦理学视角[M].北京:中国社会科学出版社,2007.

[13] 金正昆.商务礼仪教程[M].3版.北京:中国人民大学出版社,2009.

[14] 金正昆.涉外礼仪教程[M].2版.北京:中国人民大学出版社,2008.

[15] 柯玲.英国牛津民俗谈[M].上海:上海人民出版社,2018.

[16] 来承强.现代酒店管理[M].北京:高等教育出版社,2003.

[17] 雷石标.康乐服务与管理[M].北京:北京师范大学出版社,2011.

[18] 李惠民.公共关系实务基础教程[M].保定:河北大学出版社,2004.

[19] 李树民.现代酒店管理概论[M].西安:西北大学出版社,2002.

[20] 李天纲.中国礼仪之争[M].北京:中国人民大学出版社,2019.

[21] 李彦芳.优秀主管商务礼仪必修16课[M].北京:中国纺织出版社,2002.

[22] 连娟珑.国际礼仪[M].天津:天津科学技术出版社,2005.

[23] 刘德枢,刘宇红,于波,等.宴席设计实务[M].重庆:重庆大学出版社,2015.

[24] 刘江海,胡国勇.康乐服务与管理[M].桂林:广西师范大学出版社,2014.

[25] 吕建中.现代酒店管理北京[M].北京:中国旅游出版社,2004.

[26] 罗峰,杨国强.前厅服务与管理[M].2版.北京:中国人民大学出版社,2019.

[27] 毛锦华.商务沟通与礼仪实务教程[M].北京:电子工业出版社,2013.

[28] 潘斌.经学·礼学与中国社会[M].南京:南京大学出版社,2020.

[29] 钱柿,李伟.酒店管销学[M].北京:北京旅游教育出版社,2001.

[30] 宋海燕,纪亚飞.销售礼仪标准培训[M].北京:中国纺织出版社,2015.

[31] 宋清涛.文化差异与跨文化商务沟通研究[M].西安:陕西三秦出版社,2015.

[32] 苏伟伦.宾馆酒店经营管理[M].北京:中国纺织出版社,2001.

［33］涂明祥. 现代企业管理［M］. 北京：中国商业出版社，2002.

［34］王春凤，曹薇，范伶俐. 客户关系管理［M］. 上海：上海交通大学出版社，2016.

［35］王建平. 酒店新论［M］. 北京：中国财政经济出版社，2003.

［36］王岚. 现代社交礼仪［M］. 北京：科学出版社，2011.

［37］王明景. 旅游服务礼仪［M］. 北京：科学出版社，2012.

［38］魏小安. 中国旅游酒店业的竞争与发展［M］. 广州：广东旅游出版社，2001.

［39］翁海峰. 职业礼仪规范［M］. 北京：机械工业出版社，2009.

［40］吴蕴慧，徐静. 现代礼仪实务［M］. 上海：上海交通大学出版社，2009.

［41］徐桥猛. 现代酒店管理［M］. 北京：高等教育出版社，2004.

［42］杨红颖，王雪梅. 旅游服务礼仪［M］. 重庆：重庆大学出版社，2016.

［43］姚丽霞. 浙商政治心理研究［M］. 杭州：浙江工商大学出版社，2014.

［44］姚群. 商务文书与公关礼仪［M］. 北京：北京大学出版社，2007.

［45］叶秀霜. 客房运行与管理教程［M］. 杭州：浙江大学出版社，2018.

［46］尹喜艳，熊畅. 商务礼仪［M］. 2 版. 北京：北京大学出版社，2014.

［47］于立新. 国际商务礼仪实训［M］. 北京：对外经济贸易大学出版社，2009.

［48］余兵，杨芳. 现代商务礼仪［M］. 天津：天津大学出版社，2011.

［49］袁锦费. 沟通与礼仪［M］. 北京：电子工业出版社，2013.

［50］袁雪良. 高职大学生形象礼仪教程［M］. 北京：北京理工大学出版社，2014.

［51］张建宏. 现代商务礼仪教程［M］. 北京：国防工业出版社，2011.

［52］张立君. 现代社交礼仪［M］. 北京：人民邮电出版社，2015.

［53］张利民，王素珍. 酒店管理概论［M］. 北京：北京大学出版社，2008.

［54］张清江. 信仰、礼仪与生活［M］. 北京：中国人民大学出版社，2020.

［55］张彤. 社会礼仪与交往艺术［M］. 北京：北京理工大学出版社，2012.

［56］张岩松. 现代交际礼仪［M］. 3 版. 北京：中国社会科学出版社，2005.

［57］张智慧，闫晓燕. 康乐服务与管理［M］. 北京：北京理工大学出版社，2011.

［58］浙江省旅游局人事劳动教育处. 四、五星级酒店业务知识［M］. 杭州：浙江人民出版社，2002.

［59］只海平. 现代礼仪基础［M］. 北京：机械工业出版社，2014.

［60］周朝霞. 人际关系与公共礼仪［M］. 杭州：浙江大学出版社，2005.

［61］周朝霞. 营销礼仪［M］. 北京：中国人民大学出版社，2006.

［62］周丽洁，酒店管理概论［M］. 长沙：中南大学出版社，2005.

［63］周敏. 现代公务礼仪［M］. 杭州：浙江大学出版社，2007.

［64］周思敏. 你的礼仪价值百万［M］. 北京：中国纺织出版社，2010.

［65］周艳波. 沟通与演讲实用教程［M］. 合肥：安徽人民出版社，2005.

［66］朱建新，刘玉君，孙建光，等. 跨文化交际与礼仪［M］. 南京：东南大学出版社，2019.

［67］邹益民，张世琪. 现代酒店房务管理与案例［M］. 沈阳：辽宁科学技术出版社，2003.